'웰빙 라이프'를 위한

# 노인 영양과 복지

저자와 협의하여
인지를 생략합니다.

'웰빙 라이프'를 위한

# 노인 영영과 복지

초판 1쇄 인쇄 2006년 12월 20일
초판 1쇄 발행 2006년 12월 26일

지은이 박명윤 · 이건순
펴낸곳 박 정 태

펴낸이 광 문 각
출판등록 1991. 5. 31. 제12-484호
주소 서울 마포구 구수동 42-2 영풍빌딩 2층
전화(代) 02)713-2122
팩스 02)713-2125
E-mail e-mail | kwangmk@unitel.co.kr


• ISBN : 89-7093-401-4 93590
값 12,000원

잘못 만들어진 책은 바꾸어 드립니다.

'웰빙 라이프'를 위한

# 노인 영양과 복지

NUTRITION AND WELFARE FOR THE ELDERLY

박명윤 · 이건순

光文閣
www.kwangmoonkag.co.kr

# 책을 내면서

급속한 고령화 사회의 가장 큰 문제점은 노인 복지이다. 노년기 생활은 육체적·정신적·사회적·경제적 측면 등 다양성을 내포하고 있다. 이들 욕구를 충족시킬 수 있도록 노년기 건강 유지와 생활 안정에 필요한 노인 복지 서비스를 제공하여야 한다.

사람은 누구나 늙기를 싫어하고 더욱이 죽는 것을 두려워한다. 그러나 사람은 태어나는 순간부터 늙음을 향해 가고, 죽음으로 접근해 가고 있다. 따라서 사람들은 '웰빙'과 '웰빙 라이프'를 추구하고 '웰다잉'을 희망한다.

이에 이 책은 노년기 건강·영양·복지 문제를 종합적으로 다루었다. 이 분야를 전공하는 대학생과 대학원생들에게 교재로 활용되고, 또한 60대 이상 노년층과 행복한 노후를 준비하는 40대·50대 중년층에게 유익한 최신 정보를 수록하였다. 수록된 내용을 일상생활에 활용하여 어르신들의 '삶의 질' 향상에 도움이 되기를 바란다.

끝으로 이 책이 출판되도록 배려해 주신 도서출판 광문각 박정태 사장님께 감사드린다.

2006년 12월

대표 저자 **박명윤**

Contents

# 차 례

CONTENTS

Chapter 1

# 고령화 사회와 웰빙

## 1. 노인 인구

인간은 두 번 태어난다고 한다. 첫 번째 탄생은 존재를 위한 것으로 타율적 생물학적인 것이라 할 수 있고, 두 번째 탄생은 생존을 위한 것으로 자율적 사회학적인 것이라 할 수 있다. 또한 전자는 단독의 생인데 비해 후자는 사회 속의 생을 뜻하는 것이기도 하다.

사람은 누구나 영유아기, 아동기, 청소년기, 청년기, 장년기, 노년기를 거쳐서 생존기의 삶을 이어간다. 연령층에 따라 건강 상태나 사회적 기여의 측면과 정도가 다르고 사회적 위치가 달리 설정되기도 한다. 최근 노년기의 '삶의 질'이 중요한 사회 문제로 대두되고 있으며, 이에 노인의 건강과 영양에 대한 관심이 증가하고 있다.

의학의 발달과 사회・경제 수준의 향상은 인간의 평균 수명을 연장시켜 전 세계적으로 노인 인구가 증가하고 있다. 이에 현대를 고령화 사회라고 부른다. 고령(高齡) 사회는 평균 수명의 연장과 출생률 저하에 기인한다. 우리나라도 급속히 고령화 시대로 접어들면서 고령자 자신과 가족, 그리고 사회 전체와 관련해서 많은 문제점이 제기되고 있다.

통계청이 발표한 장래 인구 추계에 따르면 2005년 4천 813만 8천 명인 우리나라 총인구는 2018년 4천 934만명으로 정점에 도달한 이후 감소세를 보여 2030년 4천 863만 5천 명, 2050년 4천 234만 3천 명으로 줄어드는 것으로 예측된다.

한편 통계청이 발표한 '2005년 생명표'에 의하면 2005년에 태어난 아이의 예상되는 평균 수명은 78.63세(남아 75.14세, 여아 81.89세)로 10년 전보다 5.11년 더 오래 사는 것으로 나타났다. 우리나라 여자의 기대 수명은 경제협력기구(OECD) 30개 회원국 평균(81.1세)보다 0.8년 높지만, 남자는 평균(75.4세)보다 0.3년 낮았다. 기대 수명은 2005년 78.6세에서 2030년 83.1세, 2050년 86세까지 늘어날 것으로 예상된다.

생명표(生命俵)란 국민들이 신고한 사망신고 자료를 기초로 연령별 사망률을 산출해 평균 몇 세까지 살 수 있는지를 분석한 자료이며, 기대 여명(餘命)이란 암, 교통사고 등 각종 사망 원인을 고려해 산출한 연령별 평균 잔여 생존 기간을 말한다.

2005년 현재 65세인 남자는 앞으로 15.8년을, 여자는 19.9년을 더 살 것으로 전망된다. 노년기 나이별 기대 여명은 <표 1-1>과 같다.

지난 2000년 65세 이상 고령 인구 비율이 7%를 넘어 '고령화 사회'에 진입한 우리나라는 2005년 9.1%에서 2018년 14.3%에 달해 '고령 사회'에 진입하고, 2026년에는 20.8%로 본격적인 '초고령 사회'에 도달된다. 즉, 우리나라는 2000년 고령화 사회에서 18년만인 오는 2018년 고령사회(14%), 다시 8년만인 2026년에 초고령 사회(20%)에 각각 진압하게 된다. 이러한 추세는 일본과 미국이 고령 사회에서 초고령 사회에 이르는데 각각 12년, 21년이 걸릴 것으로 예상되는데 비해 매우 짧은 기간이다.

낮은 출산율과 빨라진 고령화로 인해 2050년 우리나라 인구 10명 중 4명(38.2%)이 65세 이상 노인이 될 것으로 전망된다. 즉, 출생아 수

<표 1-1> 나이별 기대 여명(2005년 기준)

(단위 : 년)

| 나 이 | 남 자 | 여 자 |
|---|---|---|
| 0세 | 75.1 | 81.9 |
| 50세 | 27.8 | 33.6 |
| 55세 | 23.6 | 28.9 |
| 60세 | 19.6 | 24.3 |
| 65세 | 15.8 | 19.9 |
| 70세 | 12.4 | 15.7 |
| 75세 | 9.4 | 11.9 |
| 80세 | 7.0 | 8.7 |

는 2005년 43만 명에서 2050년에는 22만 명으로 격감한다. 반면, 고령자 수는 같은 기간 436만 7000명에서 2050년 1615만 6000명으로 3.7배 급증한다.

우리나라 고령 인구 비율을 선진국과 비교해 보면 2005년에는 9.1%로 프랑스(16.6%), 일본(19.7%), 이탈리아(20%)보다 낮지만 2030년에는 24.3%, 2050년에는 38.2%로 선진국들보다 높아진다.

급속한 고령화 사회의 가장 큰 문제점은 경제 활동을 할 수 있는 생산 가능 인구가 줄어든다는 점이다. 따라서 생산 가능 고령자와 아동(0~14세)을 부양하는 부담이 커진다. 이에 우리나라는 2000년 9.8명의 젊은이가 노인 한 명을 부양했지만 2005년에는 7.9명이, 2030년에는 2.7명이, 2050년에는 1.4명이 노인 1명을 떠맡아야 한다는 계산이 나온다.

## 2. 삶의 질

유엔개발계획(UNDP)은 매년 1인당 국민소득과 교육 수준, 수명, 문맹률 등을 종합해 전 세계 국가의 삶의 수준을 비교 평가하고 있다. 종합적인 생활 수준인 '2006년 인간개발지수(HDI)'에서 한국의 순위가 2005년 28위에서 2006년에는 세계 26위를 기록했다. 즉, 한국은 평균수명 77.3세, 15세 이상 문자 해독률 98.0%, 1인당 국민소득 2만 499달러 등으로 종합 순위 26위로 평가됐다. 일반적으로 지수가 0.900점 이상인 국가를 선진국으로 평가하는데, 한국은 0.912를 받았다.

인간개발지수에 따를 경우 세계에서 가장 살기 좋은 국가는 노르웨이다. 북해 유전으로 석유가 풍부하고 복지가 잘 갖춰진 노르웨이는 지난 2001년부터 6년째 줄곧 1위를 차지하고 있다. 노르웨이에 이어 아이슬란드, 호주, 아일랜드, 스웨덴, 캐나다, 일본, 미국, 스위스, 네덜란드 등이 10위 안에 들었다. 아시아에서는 일본(7위), 홍콩(22위), 싱가포르(25위)에 이어 한국은 네 번째로 살기 좋은 지역이라고 보고서는 밝혔다. 중국은 81위, 인도는 126위를 기록했다.

'삶의 질'이란 신체적, 정신적, 사회적 상황 속에서 개인이 표현한 경험과 주관적인 만족이라고 Johnson(1982)은 정의하였으며, Padilla(1985)는 정신적 건강, 신체적 건강, 신체상에 대한 관심, 사회적 관심, 진단 및 치료에 대한 반응들을 평가하는 것으로 신체적, 정신적, 사회적 측면에서 삶의 질(質)을 정의하였다.

Kalish(1975)는 '성공적인 노화'를 네 가지로 정의하였다. 즉 1)노인 집단에서 사회적으로 바람직하다고 생각되는 것, 2)중년기의 활동을 유지할 수 있는 방법, 3)자신의 현재 지위의 활동에 대한 만족감, 4)자신의 인생에 대한 행복감 만족도 등이다. Havighurst(1977)는 성공적 노화를 노화 과정에서 노인들 스스로가 자신과 사회에 대한 성공적인 적응을 해나가는 것으로 보았다. 이러한 적응 문제는 개인의 성격, 사회적 환경, 신체적 건강 상태 등 세 가지 요소가 조화를 이루어야 한다.

노인의 신체적 건강과 정신적, 그리고 사회적 건강은 서로 밀접한 관련성을 가지고 상호 작용하며, 그 결과로서 노인의 건강 상태를 나타낸다. 노년기의 건강의 중요성은 절대적이며 행복하고 바람직한 삶을 유지하는데 가장 기본적이고 필수적인 요소이다.

남철현 등(2005)이 우리나라 대도시 거주 노인 750명을 대상으로 실시한 삶의 질 수준 조사 결과에 따르면 60.8점(100점 만점으로 환산)으로 낮은 수준이다. 100점 기준으로 일의 만족도는 55.7점, 여가 생활 만족도는 62.0점, 경제적 상태는 61.1점, 주거 환경 만족도는 66.4점, 의생활 만족도는 64.0점, 사회 참여 만족도는 50.8점으로 나타났다. 삶의 질 수준은 건강 상태가 좋을수록 높았으며, 또한 영향을 미치는 주요 요소에는 생활 만족도, 경제 상태, 일상생활 활동 등이다.

노인의 삶의 질 수준을 향상시키기 위하여 적절한 노인 보건교육 프로그램을 통하여 생활습관병을 예방할 수 있도록 건강 관리 서비스를 제공하고, 노인 일자리 창출, 노인 요양 서비스 개선 등을 할 수 있도록 제도적으로 뒷받침하여야 한다.

오늘의 노인 세대는 자식들에만은 가난과 무식을 물려주지 말아야겠다는 일념으로 소 팔고 논밭 팔아가며 교육열을 발휘하여 우리 사회를 고학력 산업사회로 탈바꿈시켜 놓은 주역들이다. 그러나 대가족 제도의 붕괴와 산업사회로의 탈바꿈이 이들 노인들은 버림받은 세대로 만들었다.

오늘날 한국의 노인들은 돈도 없고 갈 곳도 없을 뿐만 아니라 젊은이 주도의 핵가족화로 인해 가정에서의 역할마저 상실해 가족들에게도 환영받지 못하고 있다. 대부분의 노인들이 고독과 무료함, 그리고 질병에 시달리고 있다. 따라서 고령층 문제는 육체적·정신적·사회적 측면에서 질병의 치료, 고통 및 장애의 완화, 존엄성의 유지, 새로운 생활 지식과 기능의 부여, 인생 설계의 조정 등 많은 내용을 지니고 있다.

고령층 문제 대책을 위해서는 강력한 실천력을 지닌 법적 제도적 장치가 필수적이다. 고령화 시대로 접어들면서 고령층 문제에 대한 대응은 사회복지정책 중 가장 중요한 것으로 등장하고 있다.

## 3. 노후 생활비

늘어나는 평균 수명, 한편 짧아지는 퇴직 연령으로 인하여 노후 생활 자금에 대한 고민이 깊다. 스스로 준비하지 않으면 아름다운 황혼기를 보낼 수 없다. 노후 자금은 종신연금보험에 60%, 투자형 상품에 40% 비율로 분산 투자하는 것이 바람직하다.

통계청에 따르면, 도시근로자 가구의 월 평균 소득은 340만 원 정도이다. 퇴직 후 생활 자금을 현재 수입의 70%로 잡으면 월 238만 원 정도가 필요하다. 55세 퇴직 후 30년을 더 산다고 봤을 때, 총 5억 3074만원이 생활비로 들어 간다. 이 돈을 35세부터 모으면 월 102만원씩 모아야 한다. 반면 10년 늦게 45세부터 시작하면 10년 동안 발생하는 수익률 격차 때문에 월 290만 원을 저축해야 한다. 따라서 노후 자금 준비는 빨리 시작하는 게 가장 중요하다.

최근 우리나라 일부 은퇴자들이 '월 200만 원으로 상류층 노후생활이 가능하다'는 동남아(東南亞)로 떠나고 있다. 그러나 동남아가 물가는 싸겠지만 말이 안 통하고 음식 문화가 달라 오래 살기에는 적당하지 않다. 따라서 병원이 가깝고, 친구들 많고, 자녀가 찾아오기 쉬운 시골 고향이 더 낫다. 생활비도 월 100만~200만 원이면 충분하다.

연금을 어떤 방식으로 받을지도 미리 정해야 한다. 연금 지급 방식에는 사망 때까지 연금을 계속 받을 수 있는 '종신형', 미리 정한 기간 동안에만 받는 '확정형', 살아 있을 때는 연금을 받다가 사망 때 유산으로 목돈을 물려주는 '상속형' 등이 있다. 한편 퇴직금이나 저축으로 모은 목돈을 한꺼번에 넣고 다음달부터 매월 연금을 받는 '일시납 즉시연금보험'도 있다.

노동부의 '임금구조기본통계조사' 자료에 의하여 샐러리맨들의 평생소득(향후 임금 인상률을 반영하지 않은 단순 추정치)을 계산해 보면 25세부터 59세까지 직장생활을 하는 대졸 샐러리맨은 평생 14억 5683만 원의 소득을 올린다. 구조조정과 명예퇴직 바람이 불어대는 요즘엔, 대졸 샐러리맨의 직장 생활 가능 기간은 30~54세(고졸은 25~54세) 정도로 가장하면 대졸 샐러리맨들은 평생 10억 9418만 원의 소득(고졸은 7억 3937만 원)을 올린다. 여기에서 생활비를 쓰고 자녀 학자금을 댄다. 도시에 사는 샐러리맨들은 교육비로 자녀 1인당 1억~1억 5000만 원(대학 교육비 6000만 원 포함)을 쓴다. 생활비로 한 달에 200만원 씩만 써도 25년(30~54세)이면 6억 원이 들어가며, 여기에 자녀 교육비로 2억~3억 원(2명 가정)을 쓴다면 직장을 나올 때 저금통장이 텅 빌 수밖에 없다. 노후가 불안해진다.

일본은 2006년 4월 '고령자 고용안정법'을 개정해 정년 폐지, 정년 60세에서 65세까지로 연장, 재고용 또는 근무 연장 등 3가지 제도 중 하나를 의무적으로 선택하도록 했다. 일본 주요 기업 중 90% 이상이 60세 이상 임직원에 대한 재고용 제도를 채택하고 있다. 이는 숙련 기술자들을 저임금으로 활용하겠다는 기업이 늘고 있기 때문이다.

요즘 미국은 조기(早期) 은퇴의 전통 대신 월급이 깎이더라도 직장생활을 계속하거나 은퇴 후 새로운 일을 찾으려고 노력한다. 일을 해야 육체적 정신적 건강을 유지할 수 있고, 또한 의료비 상승, 부모에게 의존하는 '캥거루족(族)' 자식의 증가로 은퇴 후 재취업은 필수가 되어 가는 추세다. 이에 한때 잘 나가던 노인들이 동네의 주차요원, 톨게이트의 시간제 매표원 등으로 일하는 노인들이 점점 늘고 있다.

## 4. 노인 학대

우리나라는 전통적으로 가정이나 사회에서 지위와 권위를 인정받으며 존경의 대상이었던 노인들이 산업화, 도시화 등 사회 환경의 변화와 더불어 지위와 역할이 약화되었을 뿐만 아니라 노인에 대한 존경심과 부양 책무감도 상당히 약화되었다.

또한 1997년 말 국제통화기금(IMF) 체제 이후 지속된 경기 침체는 사회적 약자인 노인들의 삶을 더욱 어렵게 하고 있다. 그 결과 상당수 노인들은 빈곤, 건강 문제, 역할 상실, 소외 등의 고통을 겪고 있다.

오늘날 사회적 관심이 높아지고 있는 노인 문제 가운데 하나는 '노인 학대'이다. 노인 학대는 아동 학대, 가정 폭력 등에 비해 그동안 사회적 관심이 상대적으로 낮았으나, 2000년대 들어오면서 관심이 높아지고 있다. 정부도 노인 학대의 심각성을 인지하고 2004년부터 전국 16개 시·도에 '노인학대 예방센터'를 개설하여 운영을 지원하고 있다.

노인 학대(Elder Abuse)를 정의하는 기준은 사회, 문화, 환경적 차이와 더불어 국가에 따라, 학자들에 따라 다양하게 정의되고 있다. 시퍼로(Shiferaw, 1994)는 노인 학대를 학대, 착취, 방임의 세 가지 유형으로 분류하였으며, 미국 캘리포니아주(2000)에서는 노인 학대를 정서적, 언어적, 육체적 학대와 경제적 착취, 방임, 유기 등으로 구분하고 있다.

'정서적 학대'는 공포심을 유발하거나 성가시게 하거나 혹은 위협이나 협박을 통하여 정서적으로 스트레스를 받게 하는 것을 포함한다. '언어적 학대'는 욕설이나 마음에 상처를 주는 언어적 행동을 하는 것이며, '육체적 학대'는 밀치기, 구타, 구속, 성폭행 등을 말한다. '경제적 착취'는 노인 당사자의 승인이나 의지와 상관없이 노인의 돈이나 재산 등을 빼앗는 것을 말한다. '방임'은 의복, 주거 공간, 의료 서비스 등을 제공하지 않거나 영양불량 상태로 방치하는 것을 포함한다. '유기'는 노인을 돌보아야 할 사람이 노인을 길거리나 시설에 버리는 경우를 말한다.

대구 노인학대 예방센터가 대구 지역 노인 508명을 대상으로 실시한 조사(2005년)에 의하면 30.1%가 학대를 경험한 적이 있다고 응답하였다. 노인 학대 유형으로는 언어 및 정서적 학대가 45.2%로 가장 많았으며 방임(38.0%), 신체적 학대(8.3%), 경제적 착취(5.1%), 유기(3.9%) 순으로 나타났다.

노인 학대 가해자로는 장남, 맏며느리 순이었다. 이는 맏아들 부부가 노부모를 모시고 살거나 생계를 책임지고 있는 현실적 상황과 밀접한 관련이 있다. 학대의 원인으로는 모든 학대 유형에 걸쳐 '경제적 어려움'이 가장 높으며, 그 다음으로는 '노인을 모시는 것에 따른 스트레스', '가족 불화' 순으로 나타났다. 피해 노인들의 대응으로는 모든 학대 유형에 걸쳐 '그냥 참았다'가 가장 높게 나타났다.

이에 노인 학대 예방 및 완화를 위하여 절대적 빈곤층에 속하는 노인들에 대하여 경제적 지원을 강화하며, 아울러 노부모를 부양하고 있는 자식들에 대한 실질적 도움을 줄 수 있는 구체적 대안 마련이 절실하다.

## 5. 아름다운 시니어 시티즌

노년층을 지칭하는 용어가 '노인', '황혼'이라는 말이 '실버(silver)', '시니어(senior)'로 바뀌고 있다. 일본에서는 노년(老年)을 실년(實年)으로, 프랑스에서는 '제3의 인생' 또는 '황금 인생'이라 부른다. 우리나라 지하철 노약자석에도 '시니어 시티즌(senior citizen)'으로 표기되어 있다.

심지어 상업 마케팅 용어로 '애플(APPLE)족'으로 불린다. 즉, 활동적이고(Active) 자부심이 강하고(Pride) 안정적으로(Peace) 고급문화(Luxury)를 즐기는 경제력(Economy) 있는 노인층을 말한다.

따라서 노인층은 더는 우리 사회의 주변인이 아닌 사회 속에 무게감 있는 존재이다. 즉, 노년층은 젊은이에게 부족한 어려움을 잘 견디는 인내심과 큰 흔들림 없이 관조할 줄 아는 여유를 지니고 있다. 따라서 노인들은 제2의 인생, 새로운 인생을 준비하여야 한다.

아름다운 시니어가 되려면 용감하게 나이의 벽을 넘어야 한다. 인간의 인지 기능은 50~60대에 절정을 이룬다. 즉, 뇌에 들어오는 직접적인 정보뿐만 아니라 가공해 분석할 수 있는 능력이 극대화된다.

서울대학교 2007년 하반기부터 중산층 은퇴자를 위한 '제3기 인생대학' 강좌를 개설한다. 즉, 은퇴자들이 풍요롭고 의미 있고 활기 찬 노년을 보낼 수 있게 인문, 사회, 자연과학 분야의 6개월 또는 1년 과정 교양 강좌 커리큘럼을 만든다. '제3기'는 10~20대의 '교육기', 30~50대의 '직장 생활기'에 이은 '은퇴 생활기'를 말한다. 무료한 은퇴 생활을 보내지 않고 늙어서도 자기 계발을 할 수 있는 기회가 주어져야 복지사회다.

미국 시사주간지 〈유에스 뉴스 앤드 월드 리포트〉는 대학에서 강의를 듣는 은퇴자들이 늘고 있다고 보도했다. 대학에 등록한 65세 이상 노인은 4만 7000명(2004년 가을 현재)이며, 청강생까지 포함하면 대학 수강 노인의 수는 훨씬 더 많다. 은퇴자 학생들에게 인기 과목은 문학, 역사, 철학 등이다. 은퇴자 청강생들이 몰려들자 일부 대학은 각 수업마다 노인들의 수가 재학생의 10%를 넘지 않도록 규제하고 있다. 미국에는 은퇴 노인을 격려하는 '2Y2R(too yong to retire)'이란 말이 있다. 이는 은퇴자도 새 인생을 개척해 볼 시간이 많이 남아있다는 뜻이다.

외모는 자신감과 직결되므로 잘 관리하여야 한다. 규칙적인 운동으로 체력을 유지하는 것 못지않게 몸매나 외모도 가꾸어야 한다. 탄력 있고 깨끗한 피부를 위해 의료적인 도움도 받을 수 있다.

사회적으로 기여하고 싶은 일에 대한 목표를 세우는 것 역시 아름다운 시니어를 만든다. 이루고 싶은 일이 있다는 것만으로도 가슴속에 열정이 생긴다. 우리 사회에는 여전히 시니어의 목소리를 필요로 하는 곳이 많다. 편향된 인식과 사고가 팽배할수록 균형을 잡아두는 성숙한 눈이 있어야 하고, 그 몫은 시니어의 것이다. 여전히 경제 활동에 자신 있고 적극적으로 참여하기를 원하면 방관하고 묻혀 지내며 끌려다니는 시니어가 되어서는 안 된다.

미국의 빌 클린턴 전 대통령은 2차대전 직후 미국 번영을 주도하여 경제대국을 만들어낸 베이비붐 세대의 상징이다. 미국 언론들은 그의 환갑(2006년 8월 19일)을 계기로 베이비붐 세대가 60대가 됐다고 대서특필하고 있다. 클린턴은 2001년 대통령직에서 물러난 뒤 쓰나미와 카트리나 구호 활동, 에이즈 예방 등 자원봉사 활동으로 새로운 삶을 살고 있어 환갑인데도 불구하고 1992년 46세의 나이로 세계 최강국의 대통령이 됐을 때의 열정과 에너지가 그대로 살아 있다.

## 6. 시니어 르네상스

미국, 일본 등 선진국은 이미 '시니어 르네상스(Senior Renaissance)'에 진입하고 있다. 미국의 베이비부머(Babyboomer, 1946~1964년생) 6200만 명은 전체 가구의 37%를 차지하고 있으며, 그중 54% 이상이 연 10만 달러 이상의 소득이 있어 벌써 소비시장의 새 주역으로 떠오르고 있다. 이들이 보유한 구매력은 1조 7000억 달러 규모로 평가되고 있다.

일본의 베이비부머에 해당하는 단카이 세대(전쟁 직후인 1947~1949년생)의 은퇴가 소비시장의 기대를 모으고 있다. 일본의 60세 이상 인구 1인당 저축은 17만 달러에 이르며, 퇴직금도 1인당 18만 달러에 이른다. 이에 2006년부터 2010년까지 5년간 풀리는 퇴직금으로 인해 일본 은퇴 계층의 전체 구매력은 6,580억 달러 증가할 것으로 예상되고 있다.

한편 우리나라의 베이비부머(1955~1976년생) 세대는 현재 전체 인구의 약 38%를 차지하고 있다. 이들 중 한국전쟁(1950~53) 직후 태어난 1955~56년생들은 예비 고령층인 50대에 접어들었다. 이들은 기존 고령자들이 갖고 있는 검약과 소박의 정신과 보수적, 비관적인 인생관 대신에 합리적, 미래 지향적인 성향이 강하여 남은 인생을 여유롭게 즐기고자 하는 욕구가 강하며 또한 재정 능력도 있다.

이들이 본격적으로 은퇴를 시작하는 2010년부터 20여 년간 1800만 명에 이르는 거대한 소비 집단을 맞이하게 된다. 2005년 현재 50세 이상 연령층의 가계 소비 규모는 83조 7000억 원이며, 2010년에는 130조 원, 2030년에는 432조 5000억 원으로 팽창할 것으로 전망된다.

우리나라 '대통령자문 고령화 및 미래사회위원회'는 65세 이상 고령자를 대상으로 하는 고령 친화형 산업 시장 규모가 2010년 31조 원에서 2020년에는 약 116조 원으로 급증할 것으로 전망하고 있다. 이에 고령 친화형 산업의 고용 창출 효과가 2002년 17만 명에서 2010년 41만 명, 2020년 66만 명으로 급증할 것으로 예상하고 있다.

기존의 고령층이 노년기를 '인생의 종말기'로 생각하지만 베이비부머를 중심으로 한 새로운 고령층은 이 시기를 '제3의 인생', '자기 실현의 기회'로 생각한다. 또한 자녀에게 의지하지 않고 계획적으로 노후를 설계하며, 재산도 자녀에게 상속하지 않고 스스로를 위해 처분하며 고급 브랜드 제품을 선호한다. 직장 생활로 시간에 쫓겨 배우지 못한 학문 등 교육에 대한 열의도 높다.

Chapter 2

# 노인 복지

## 1. 노인 복지와 노인복지법

우리는 예부터 동방예의지국(東方禮義之國) 효(孝)의 나라로 알려져 왔다. 즉, 부모에 대한 효도(孝道)를 중요시하였다. 삼국사기(三國史記)에 의하면 고구려, 백제, 신라의 왕들은 사신을 보내 전국을 순행하면서 백성의 질병과 고통을 위로하고 홀아비, 홀어미, 부모 없는 어린 아이, 자식 없는 늙은이로서 스스로 생활할 수 없는 사람에게 관곡(官穀)을 지급하는 등의 구제 활동을 펼쳤다. 삼국시대를 거쳐 고려에 이르는 동안 역대조가 실시한 정책은 점차로 전문적 형태로 발전하였다. 조선시대에는 유교문화와 어우러지면서 구체화된 법적 제도가 마련되었다. 1470년에 완성된 경국대전(經國大典)에는 노고수용(老苦收容)에 관한 규정이 있고 각종 구휼(救恤)제도를 다루었다.

현대 산업사회에서 노인 문제는 사회 문제의 하나로 수용되고 있으며, 우리나라는 1970년대 중반 노인 문제가 사회 문제로 등장하였다. 노인들이 직면하고 있는 문제들을 4고(苦)라고 하여 빈곤, 질병, 역할상실, 소외감 등 4가지를 말하고 있다. 의학의 발달, 식생활의 향상 등으로 인하여 평균 수명이 늘어남에 따라 총인구에서 65세 이상인 고령자(高齡者)의 인구 비율의 점차 높아져 가는 고령화 사회(高齡化社會)

로 진입하면서 고령자의 생활 보장, 건강 유지, 사회 참가의 추진 등 노인복지를 위한 사회보장 제도가 사회 문제로 대두되었다. 또한 산업화, 도시화, 핵가족화로 인한 가족 구조의 변화, 경로효친 사상과 부양 의식의 감퇴 등이 노인 문제가 사회문제로 된 배경이다.

노인 복지(老人福祉)란 노인의 건강 유지와 생활 안정을 위하여 필요한 노년기 생활의 보장 및 복지 서비스를 말한다. 노년기 생활은 육체적・정신적・사회적・경제적 측면 등 다양한 측면을 내포하고 있기 때문에 노인 생활의 일부만의 충족을 위한 것이 아니라 전(全) 생활적 측면에서의 욕구를 충족할 수 있도록 노인 복지 서비스가 제공되어야 한다.

우리나라 노인 문제 해결과 노인의 복된 생활의 보장을 위한 복지 시책을 위하여 노인복지법(老人福祉法) 제정에 대한 논의는 1969년부터 시작되었으나 여러 가지 사정으로 입법화가 되지 못하다가 1981년 5월 18일 당시 보건사회부 노인복지법안이 국회를 통과하였다. 노인복지법(老人福祉法)은 1997년 8월에 전문이 개정된 후 1999년 2월과 2000년1월에 일부 개정되었다. 이 법에서는 노인의 건강 유지와 생활 안정 시책을 위하여 필요한 조치를 취하게 하고, 국가와 지방 공공단체의 책임을 명시하여 노인 복지 향상과 보전을 위한 정책과 행정감독을 실시할 기틀을 마련하였다.

노인복지법은 노인의 질환(疾患)을 사전 예방 또는 조기 발견하고 질환 상태에 따른 적절한 치료, 요양으로 심신의 건강을 유지하고, 노후의 생활 안정을 위하여 필요한 조치를 강구함으로써 노인의 보건복지(保健福祉) 증진에 기여함을 목적으로 한다.

국회 보건복지위원회는 전체회의(2006년 9월 18일)를 열어 치매 환자의 장애인 인정 내용을 골자로 한 노인복지법 개정안을 여야 합의로 가결하였다. 개정안(案)에 따르면 치매를 퇴행성 뇌질환 또는 뇌혈관계 질환 등으로 기억력, 언어 능력, 판단력 및 수행 능력 등 기능이 저하돼 일상생활에서 지장을 초래하는 후천적 다발성 장애로 규정해 법적으로 장애에 포함시키고 있다.

최근 세계적 추세는 2001년 5월 세계보건기구(WHO) 총회에서 국제생활 기능분류(ICF : International Classification of Functioning, Disability and Health)가 장애인에 대해 소위 말하는 정상화(normalization)의 철학에서 접근하고 있다는 사고를 감안하여 우리 사회에서도 노인을 포함한 장애인에 대한 새로운 접근이 바람직하다.

노인복지법은 사회복지법(社會福祉法)의 한 영역으로서 사회보험, 공공부조법과는 다른 사회복지 서비스법으로서 특성을 지니고 있다. 즉, 노인복지법은 노인들이 가진 욕구 중 비(非)경제적 욕구에 속하는 심리적·정신적·사회적 서비스 급여에 관한 내용을 담고 있다. 따라서 노인복지법은 노인복지 전문가 또는 사회복지 전문가를 위시하여 관련 전문가들이 함께 서비스를 제공하는 실천적 개입을 중시하는 법이다.

노인복지법의 기본 이념은 노인(老人)은 후손의 양육과 국가 및 사회의 발전에 기여하여 온 자로서 존경받으며 건전하고 안정된 생활을 보장받으며, 그 능력에 따라 적당한 일에 종사하고 사회적 활동에 참여할 기회를 보장받는다. 이에 국가 또는 자방자치단체는 노인의 지역봉사활동 기회를 넓히고 노인에게 적합한 직종의 개발과 그 보급을 위한 시책을 강구하며 근로 능력이 있는 노인에게는 일할 기회를 우선적으로 제공하도록 노력하여야 한다.

한편 노인은 노령(老齡)에 따르는 심신의 변화를 자각하여 항상 심신의 건강을 유지하고, 그 지식과 경험을 활용하여 사회의 발전에 기여하도록 노력하여야 한다.

국가와 국민은 경로효친(敬老孝親)의 미풍양속에 따른 건전한 가족 제도가 유지, 발전되도록 노력하여야 하며, 국가와 지방자치단체는 노인의 보건(保健) 및 복지(福祉) 증진의 책임이 있으며, 이를 위한 시책을 강구하여 추진하여야 한다. 이는 노인복지에 있어서 선(先) 가정 보호 후(後) 사회 보장이라는 기본 방향을 제시한 것이다.

국가 또는 지방자치단체는 65세 이상의 생활보호대상자, 65세 이상의 소득이 기준 금액 이하인 자에게 경로연금(敬老年金)을 지급한다. 경로연금의 지급액은 국민연금법상 특례노령연금의 최저 지급액을 감안하여 예산의 범위 안에서 매년 보건복지부장관이 결정한다.

국회 보건복지부위원회는 2008년부터 65세 이상 노인 60%에게 공적 보조금 성격의 '기초노령연금'을 지급하는 내용의 기초노령연금법 제정안을 표결로 처리하여 법제사법위원회로 넘겼다. 이 법안이 시행되면 2008년부터 65세 이상 노인 중 하위 소득 60%인 약 300만 명이 월 8만 9,000원씩 받게 되고, 2010년에는 312만 명의 노인이 10만 원가량을 받을 것으로 예상된다. 부부가 함께 받을 때는 연금 지급액을 각각 16.5%씩 감액한다.

현재 65세 이상 노인에게 지급되는 현금 수당들은 <표 2-1>과 같다.

**<표 2-1> 노인에게 지급되는 현금 수당**

| 구분 | 수급자 수 | 지원금액 | 향후 지급여부 |
|---|---|---|---|
| 기초생활급여 | 40만 4000명 | 1인 가구 최고 : 41만 8000원<br>2인 가구 최고 : 70만 원 | 기초노령연금액 만큼 빼고 지급(검토중) |
| 경로연금 | 62만 5000명 | 3만~5만 원 | 폐지 |
| 교통수당 | 460만 명 | 7000~1만 8000원(평균 1만 원) | 계속 지급(예정) |

재료 : 보건복지부, 2006년 기준

노인복지법에는 노인에 대한 사회적 관심과 공경 의식을 높이기 위하여 매년 10월 2일을 '노인의 날'로, 매년 10월을 '경로의 달'로 정하였다. 또한 부모에 대한 효 사상(孝思想)을 앙양하기 위하여 매년 5월 8일을 '어버이날'로 정하였다. 국가 또는 지방자치단체는 65세 이상 노인에 대하여 경로우대(敬老優待)를 하고 건강진단과 보건교육을 실시할 수 있다.

노인의 복지를 담당하게 하기 위하여 시·군·구(市郡區)에 노인복지 상담원을 둔다. 노인복지 상담원은 사회복지사(社會福祉士) 3급 이상의 자격증 소지자 중에서 구청장·시장·군수가 공무원으로 임명한다. 상담원은 노인 및 그 가족 또는 관계인에 대한 상담 및 지도, 노인복지에 필요한 가정 환경 및 생활 실태에 관한 조사, 노인 전용 주거시설에 의한 복지 조치에 필요한 상담 및 지도, 노인의 단체 활동 및 취업의 상담, 기타 노인의 복지 증진에 관한 사항 등의 직무를 담당한다.

## 2. 보건 복지 조치

노인복지법에 규정되어 있는 보건 복지(保健福祉) 조치는 노인복지법의 핵심적인 조치 사항으로 노인의 사회 참여 지원, 생업 지원, 경로우대, 건강진단, 상담 및 입소 등의 조치, 치매 관리사업, 노인 재활요양사업 등이 있다.

사회 참여 지원 : 국가 또는 지방자치단체는 노인의 사회참여 확대를 위하여 노인의 지역 봉사활동 기회를 넓히고, 노인에게 적합한 직종의 개발과 그 보급을 위한 시책을 강구하며, 근로 능력이 있는 노인에게 일할 기회를 우선적으로 제공하도록 노력하여야 한다.

생업 지원 : 국가 또는 지방자치단체 기타 공공단체가 설치·관리하

는 공공시설 안에 식료품·사무용품·신문 등 일상 생활용품의 판매를 위한 매점이나 자동판매기의 설치를 허가 또는 위탁할 때에는 65세 이상 노인의 신청이 있는 경우 이를 우선적으로 반영하도록 노력하여야 한다.

경로 우대 : 65세 이상의 노인에 대하여는 대통령령(令)이 정하는 바에 의하여 국가 또는 지방자치단체의 수송시설, 기타 공공시설을 무료로 또는 그 이용 요금을 할인하여 이용하게 할 수 있다. 국가 또는 지방자치단체는 노인의 일상생활에 관련되는 사업을 경영하는 자에게 그 이용 요금에 관하여 노인의 할인 우대를 권유할 수 있으며, 또한 노인에게 이용 요금을 할인해 주는 자에 대하여 적절한 지원을 할 수 있도록 법적으로 규정하고 있다.

건강진단 : 65세 이상의 노인에 대하여 건강진단과 보건교육을 실시한다. 2년에 1회 이상 국·공립병원, 보건소 또는 보건복지부령이 정하는 건강진단 기관에서 건강진단을 실시한다.

상담과 입소 등의 조치 : 노인복지 실시 기관은 노인에 대한 복지를 도모하기 위하여 필요하다고 인정한 때에는 다음의 조치를 하여야 한다. 즉, 65세 이상의 자 또는 그를 보호하고 있는 자를 관계 공무원 또는 노인복지 상담원으로 하여금 상담·지도하게 하는 조치 및 65세 이상의 자로서 신체, 정신 또는 환경상의 이유 및 경제적 이유로 거택에서 보호를 받기가 곤란한 자를 노인 주거복지시설 또는 재가 노인 복지시설에 입소시키기거나 입소를 위탁하는 조치이다.

치매 관리사업 : 국가 또는 지방자치단체는 치매(癡呆) 예방 및 퇴치를 위하여 치매 연구 및 관리사업을 실시하여야 한다. 또한 시장·군수·구청장은 관할 보건소에 치매 예방 및 치매환자 관리를 위한 '치매상담신고센터'를 설치하여야 한다.

노인 재활요양사업 : 국가 또는 지방자치단체는 신체적·정신적으로 재활요양(再活療養)을 필요로 하는 노인을 위한 재활요양사업을 실시할 수 있다. 이를 위해 복지 실시 기관은 보건소 또는 노인 복지시설에 대하여 노인 건강 증진 및 노인성 질환 예방 등 노인 재활 요양에 필요한 전문 인력 및 장비를 지원할 수 있으며, 노인 재활요양을 위한 프로그램을 개발·보급하여야 한다.

## 3. 노인 복지시설

노인 복지시설(福祉施設)은 노인 복지를 증진하기 위해 다양한 서비스를 제공하기 위한 사회적 장치이다. 노인복지법에 의하면 노인 복지시설은 노인 주거 복지시설, 노인 의료 복지시설, 노인 여가 복지시설, 재가 노인 복지시설 등 4가지로 대별된다. 그리고 이들 노인 복지시설은 다양한 기능을 수행하는 시설별로 세분된다.

노인 주거(住居) 복지시설은 양로시설, 실비 양로시설, 유료 양로시설, 실비 노인 복지주택, 유료 노인 복지주택로 세분된다. 양로(養老)시설은 노인을 입소시켜 무료 또는 저렴한 요금으로 급식 기타 일상생활에 필요한 편의를 제공한다. 실비(實費) 양로시설은 저렴한 요금으로, 유료(有料) 양로시설은 소요되는 일체의 비용을 입소한 자로부터 수납하여 운영한다. 실비 노인 복지주택은 보건복지부장관이 정하는 일정 소득 이하의 노인에게 저렴한 비용으로 분양 또는 임대 등을 통하여 주거의 편의, 생활 지도, 상담 및 안전관리 등 일상생활에 필요한 편의를 제공한다. 유료 노인 복지주택은 노인에게 유료로 분양 또는 임대하는 시설이다.

국가 또는 지방자치단체는 노인 주거 복지시설을 설치할 수 있으며, 국가 또는 지방자치단체 외의 자가 노인 주거 복지시설을 설치하고자 하는 경우에는 시·도지사에게 신고하도록 되어 있다. 노인 주거 복지시설의 시설 기준, 직원 배치 기준 및 운영 기준과 설치 신고 등에 관하여 필요한 사항은 보건복지부령으로 정한다.

노인 의료(醫療) 복지시설에는 노인 요양시설, 실비 노인 요양시설, 유료 노인 요양시설, 노인 전문 요양시설, 유료 노인 전문 요양시설, 노인 전문 병원이 있다. 노인 요양(療養)시설은 노인을 입소시켜 무료 또는 저렴한 요금으로 급식, 요양 기타 일상생활에 필요한 편의를 제공한다. 실비 노인 요양시설은 저렴한 가격으로, 유료 노인 요양시설은 소요되는 일체의 비용을 입소한 노인으로부터 수납하여 운영한다. 노인 전문(專門) 요양시설은 치매(癡呆), 중풍(中風) 등 중증의 질환 노인을 입소시켜 무료 또는 저렴한 요금으로 급식, 요양 기타 일상생활에 필요한 편의를 제공한다. 유료 노인 전문 요양시설은 소요되는 일체의 비용을 입소한 노인으로부터 수납하여 운영한다. 노인 전문병원(老人專門病院)은 주로 노인을 대상으로 의료를 행하는 시설이다.

국가 또는 지방자치단체는 노인 의료 복지시설을 설치할 수 있으며, 그 외의 자가 노인 의료 복지시설을 설치하고자 하는 경우에는 시·도지사에게 신고하여야 한다. 다만, 노인 전문병원은 의료법에 의한 의료기관을 개설할 수 있는 자(치과의사 및 조산사를 제외한다.)에 한하여 시·도지사의 허가를 받아 설치할 수 있다.

정부는 '노인 요양제도'를 도입하기 위해 2005년부터 시범 사업을 실시하고 있다. 노인 요양 문제는 장애 노인에 대한 수발에만 국한되는 정책이 아니라 개인의 일생과 연관된 통합적인 시각에서 보건, 건강, 요양을 비롯하여 편안한 죽음을 맞이할 때까지 일련의 연장선상에서 접근해야 한다. 노후생활에 대한 준비 없이 노후를 맞고 있는 현재의 노년층에 도움이 되는 노인 요양제도의 정착이 기대된다.

노인 여가(餘暇) 복지시설에는 노인 복지회관, 경로당, 노인 교실, 노인 휴양소가 있다. 노인 복지회관(福祉會館)은 무료 또는 저렴한 요금으로 노인에 대하여 각종 상담에 응하고, 건강의 증진, 교양, 오락 기타 노인의 복지 증진에 필요한 편의를 제공한다. 경로당(敬老堂)은 지역 노인들이 자율적으로 친목 도모, 취미 활동, 공동 작업장 운영 및 각종 정보 교환과 기타 여가 활동을 할 수 있도록 하는 장소를 제공한다. 노인 교실(老人教室)은 노인들에 대하여 사회 활동 참여 욕구를 충족시키기 위하여 건전한 취미생활, 노인 건강유지, 소득 보장, 기타 일상생활과 관련한 학습프로그램을 제공한다. 노인 휴양소(休養所)는 노인들에 대하여 심신의 휴양과 관련한 위생시설, 여가시설 기타 편의시설을 단기간 제공한다.

국가 또는 지방자치단체가 노인 여가 복지시설을 설치할 수 있고, 그 외의 자가 노인 여가 복지시설을 설치하고자 하는 경우에는 시장·군수·구청장에게 신고하여야 한다. 노인 여가 복지시설의 시설기준 및 설치 신고 등에 관하여 필요한 사항은 보건복지부령으로 정한다.

재가(在家) 노인 복지시설에는 가정 봉사원 파견시설, 주간 보호시설, 단기 보호시설이 있다. 가정 봉사원(家庭奉仕員) 파견시설은 신체적, 정신적 장애로 일상생활을 영위하기 곤란한 노인이 있는 가정에 가정 봉사원을 파견하여 노인의 일상생활에 필요한 각종 편의를 제공하여 지역사회 안에서 건전하고 안정된 노후생활을 영위하도록 한다. 주간(晝間) 보호시설은 부득이한 사유로 가족의 보호를 받을 수 없는 심신이 허약한 노인과 장애노인을 낮 동안 시설에 입소시켜 필요한 각종 편의를 제공하고 이들의 생활 안정과 심신 기능의 유지, 향상을 도모하고, 그 가족의 신체적, 정신적 부담을 덜어주기 위한 시설이다. 단기(短期)보호시설은 일시적으로 보호가 필요한 노인을 단기간 입소시켜 보호함으로써 노인 및 노인 가정의 복지 증진을 도모하기 위한 시설이다.

국가 또는 지방자치단체가 재가 노인 복지시설을 설치할 수 있다. 그 외의 자가 재가 노인 복지시설을 설치하고자 하는 경우에는 시장·군수·구청장에게 신고하여야 한다. 재가 노인 복지시설의 시설 기준 및 설치 신고 등에 관하여 필요한 사항은 보건복지부령으로 정한다.

재가 노인 복지시설에서는 여러 가지 서비스를 제공한다. 그중 가정봉사원(家庭奉仕員) 파견서비스는 가정봉사원이라는 준(準)전문가 혹은 케어워커(care worker)에 속하는 사람이 보통 자원봉사자와 함께 노인이 살고 있는 가정에 정기적으로 직접 찾아가서 노인이 필요한 서비스를 제공하고 있다. 이때 제공되는 서비스는 주로 가정봉사원에 의하여 결정된다. 따라서 가정봉사원이 효과적으로 노인들의 욕구를 충족하고 해결하기 위해서 요청되는 전문적 서비스를 제공하려면 적절한 교육과 자격을 갖추어야 한다.

## 4. 연금제도 및 사회보험

우리나라의 연금(年金)제도는 역사도 짧고 범위도 좁은 실정이다. 1960년부터 시행된 공무원 연금제도, 1963년의 군인 연금제도, 1975년의 사립학교 교직원 연금제도 등이 대표적이다. 일반 근로자 및 일반 국민의 노후를 위한 국민연금제도는 1973년에 '국민복지법'의 제정으로 1974년부터 시행할 예정이었으나 여러 가지 이유로 수차 연기되어 1986년에 '국민연금법'으로 개정하여 1988년에 실시되었다.

국민연금(國民年金) 가입 요건은 국내에서 거주하는 18세 이상 60

세 미만의 국민으로서 공무원 연금법, 군인 연금법, 사립학교 교직원 연금법의 적용을 받지 않는 자이면 가입이 가능하다. 가입자는 사업장 가입자, 지역 가입자, 임의 계속 가입자로 구분한다. 연금의 급여 형태는 현금이며, 급여의 종류는 노령연금, 장애연금, 유족연금, 반환일시금의 4종류가 있다.

국민연금에 소요되는 비용은 가입자의 보험료, 사용자의 부담금 및 사용자가 사업장 가입자에게 장래에 지급할 퇴직금의 준비금에서 전환하여 납부하는 퇴직금 전환금으로 충당된다.

공무원연금은 1960년 사회보장보호법으로 제정된 공무원연금법에 의하여 지급된다. 적용 대상은 국가공무원법, 지방공무원법, 교육공무원법에 의한 공무원 및 대통령이 정하는 국가 또는 지방자치단체의 기타 직원이다. 공무원연금은 특정직에 종사하는 사람들에 대한 연금이어서 국민연금과 달리 급여의 종류도 많고 직무상에 관한 장애, 질병, 사망에 대하여 요양 급여 및 보상을 하고 있다.

사립학교 교직원연금은 1975년부터 교원에게 적용되었고 1978년부터 사무직원에게까지 확대 실시되고 있다. 연금 비용은 교직원의 부담금, 학교법인 부담금, 국가 부담금 및 운영 수익금으로 충당된다. 군인연금은 중사 이상의 현역 또는 소집되어 실역에 복무하는 군인에게 적용된다. 군인연금의 비용은 군인의 기여금, 국가의 부담금 및 그 이자로 충당된다.

노인복지를 위한 사회보험으로 의료보험(醫療保險)과 의료보호(醫療保護)가 있다. 우리나라 의료보험 제도는 1963년 12월 의료보험법 제정으로 1964년 6월부터 실시되었으나 임의 가입 형식을 통한 시범사업의 양상을 띠고 실시되어 오다가 1976년 전면적으로 개정하여 1977년 7월 1일 당시 500인 이상 사업장 근로자를 대상으로 하는 제1

종 의료보험이 실시되었다. 1979년 1월부터는 공무원 및 사립학교 교직원 의료보험이 실시되었다.

1979년 7월 300인 이상 사업장 근로자 당연 적용, 1981년 1월 100인 이상 사업장 근로자 당연 적용, 1981년 12월 직종별 제2종 의료보험 실시, 1982년 2월 5인 이상 사업장의 근로자 임의 적용, 1983년 1월 16인 이상 고용사업장을 강제 적용시키도록 하였으며 1988년 1월부터는 농어촌 지역 의료보험이 시행되었다. 1988년 8월부터 5인 이상 고용 사업장까지 확대 적용하였으며, 1989년 7월 1일부터는 도시 지역의 자영업자 등 990만 명에 대한 지역보험을 실시함으로써 전 국민 의료보장을 실시하게 되었다.

의료보호(醫療保護)는 1961년 '생활보호법'에 의해 실시되어 오다가 1979년 '의료보호법'이 제정됨에 따라 그 시행이 본격화되었다. 의료보호 사업은 대상자를 1종, 2종, 3종으로 구분하고 대상자 종류별로 급여 수준에 차이를 두었다. 1983년에는 기존 3종 대상자를 2종 대상자에 포함시켰다.

의료보호 대상자의 책정은 보호 대상자의 거주지를 관할하는 시장, 군수가 매년 세대별 소득 재산 등의 생활 실태를 조사하여 기준에 부합하는 자를 책정하게 되며, 그 기준은 보건복지부 장관이 결정하여 시달한다.

의료 급여제(給與制)는 의료비(醫療費)를 낼 수 없는 이들에게 국가가 의료비를 제공하는 제도로 1977년 제한적으로 도입된 후 점진적으로 확대됐다. 기초생활보장 수급자 및 사회복지시설 보호 대상자 등 진료비를 전액 면제 받는 1종 수급자와 약간의 진료비를 내는 차상위(次上位)계층 만성질환자 등 2종 수급자로 나눠진다. 2005년 말 현재 전체 수급자는 176만 명이었다.

의료급여 예산은 매년 20% 안팎으로 가파르게 증가해 2006년에는 보건복지부 전체 예산(10조 4000억 원)의 36%에 달하는 약 3조 5000억원을 쓸 것으로 추정된다. 이들이 쓰는 1인당 연간 진료비는 222만 9,000원으로 건강보험 대상자(52만 3000원)보다 3.6배나 많다. 이는 의료급여 대상자 중 65세 이상 노인이 전체의 약 25%를 차지해 이들의 진료비 증가는 어쩔 수 없는 측면이 있다.

## 5. 고령 사회 기본 계획

우리나라 정부는 '저출산 고령 사회 기본 계획'을 확정하여 2006년 7월 14일에 발표했다. 2010년까지 32조 원을 들여 앞으로 다가올 저출산 고령 사회에 대비한다는 내용이다. '고령 사회 대책'으로는 국민연금과 공적 연금 개혁 추진, 퇴직연금제 활성화, 노인 수발 보험제도 시행, 노인 일자리 창출 등의 방안이 포함되어 있다.

우리나라 사회보장 제도는 '일반 국민'을 대상으로 한 국민연금, 건강보험, 고용보험, 산재보험 등 4대 사회보험과 '절대 빈곤층'을 대상으로 한 국민 기초생활 보장제의 두 기둥으로 이뤄져 있다.

보건복지부의 중앙생활보장위원회는 2007년 최저 생계비 및 기초생활보장 현금 급여 기준을 결정했다. 4인 가구에 대한 최저 생계비가 2006년 117만 422원에서 2007년 120만 5,535원으로 오른다. 1인 가구 기준 최저 생계비는 43만 5,921원, 2인 및 3인 가구는 73만 4,412원, 97만 2,866원으로 인상된다.

최저 생계비(最低生計費)는 기초생활수급자 기준으로 사용되며 소득 인정액(재산을 소득으로 환산한 금액에 실제 소득을 더한 금액)이 최저 생계비에 못 미치면 수급자로 선정돼 장애 및 경로 수당 등 각종 사회보장 혜택을 우선적으로 받을 수 있다.

절대 빈곤층(絶對貧困層) 바로 '차상위(次上位) 계층'은 지원과 보호의 울타리 밖에 놓여 있다. 이들을 절대 빈곤층으로 떨어지지 않도록 일하는 저소득 계층에게 정부가 일정 수준 소득을 보장해주는 '근로소득지원세제(EITC)'를 2008년부터 시행할 계획이다. 미국 · 영국 · 프랑스 등은 1970년대부터 빈곤층을 일하게 만드는 생산적 복지제도를 시행하고 있다.

근로소득지원세제(EITC · Earned Income Tax Credit)란 저소득 근로자 및 자영업 가구에게 일할 의욕을 고취시키면서 현금 지급 또는 세금 감면 등의 방식으로 생활비를 지원해주는 복지제도다. 일하지 않는 빈곤층까지 지원해주는 기초생활 보장제도와 달리, 일자리를 갖고 있는 사람을 지원 대상으로 사는 것이 특징이다.

사회복지 지출이란 한번 늘리면 줄이기 힘들다. 복지병(福祉病)을 앓고 있는 복지 선진국의 고민이 거기에 있다.

## 6. 보건 · 복지 서비스 연계

우리나라는 현재 보건의료 전달 체계와 사회복지 전달 체계가 별개의 제도로 운영되고 있다. 예를 들면 요보호 노인 개인 한 사람의 생활문제와 의료에 대한 욕구를 복지, 보건의료 기관이 각각 서비스를 제공하고 있다. 이런 서비스 전달 체계 시스템은 한 사람의 욕구를 종합적이고 포괄적으로 보는 시각이 결여될 수 있다.

노인은 나이가 많아짐에 따라 신체적 · 정신적 허약성이 증가하여 80세 이상이 되면 일상생활에서 다른 사람의 도움이 필요하게 된다.

따라서 수명이 길어질수록 장기적인 치료와 요양을 요하는 만성퇴행성 질병에 이환될 가능성이 높아진다. 이는 보건의료와 복지의 연계 필요성이 높음을 보여주는 것이다.

이미 고령화 사회(aging society)로 진입한 우리나라는 초고령 노인과 장애 노인의 인구가 점차 늘어나 이러한 필요성이 더욱 증가하고 있다. 다양한 욕구를 가진 노인의 생활 문제는 대부분 복합적이고 복잡해서 어느 한 가지만의 개선으로 해결되지 않으므로 관련 서비스들의 적절한 연계가 필요하다. 따라서 노인들의 다양하고 복합적인 복지 욕구를 충족시키기 위해서는 방문(간호) 서비스 제공은 매우 중요하며, 재가 노인 복지 서비스와 체계적인 연계가 필요하다.

재가(在家) 노인 복지 서비스는 신체적·정신적인 이유로 일상생활을 수행하기 어려운 노인의 가정에 필요한 각종 서비스를 제공함으로써 노인이 지역사회에서 안정된 생활을 영위할 수 있도록 하는 것을 목적으로 한다. 재가 복지라는 용어는 가정 보호(home care)와 지역사회 보호(community care)를 포함하는 의미로 사용되고 있다.

현재 우리나라 노인들의 다양하고 복합적인 욕구를 어떻게 효율적으로 충족시키느냐가 중요한 관심사가 되고 있다. 복합적 욕구를 가진 노인의 일상생활 문제는 어느 한 가지 개선 만으로 해결되지 않는다. 따라서 대부분의 노인들이 갖는 복지 서비스와 보건의료 서비스의 문제는 통합적으로 보는 시각이 필요하다.

## 7. 실버산업

우리나라 국민의 소득 수준이 향상되고, 노인의 욕구도 다양해지고 삶의 질을 추구하는 노후 생활의 추세에 따라 노인을 대상으로 하는 '실버산업'의 발전 가능성이 더욱 커지고 있다.

우리나라에서는 실버산업(silver industry)이라는 용어를 사용하지만 영어권의 나라에서는 'elderly market(노인 시장)' 또는 'mature market(성숙인 시장)'이라는 용어를 쓰고 있다. 또한 실버산업의 대상이 되는 사람은 반드시 65세 이상 노인이 아니라 50세 이상을 말하는 경우가 많다.

따라서 실버산업은 '현재 50세 이상의 사람들이나 50세 이상의 사람들을 위해 구입하는 상품과 서비스 또는 앞으로 50세 이상이 되었을 때 효력을 발생하는 상품이나 서비스의 생산과 소비의 체계 또는 그런 상품과 서비스의 매매가 이루어지는 구체적 또는 추상적 장소'라고 말할 수 있다.

영리 단체 또는 시장이 제공하는 서비스가 적어도 공적 복지 서비스로 제공되는 경우 보다 효과적이고 효율적일 때나 또는 그렇게 예상되는 때에는 영리 단체나 개인에 의해 제공되는 서비스도 복지 서비스의 영역에 포함시킬 수 있다. 즉, 영리를 추구하는 시장도 국민 복지를 위한 한 공급 주체가 될 수 있으며, 이들의 활동도 사회복지 활동이 될 수 있다.

따라서 실버산업은 경제 시장 안에서 공급되는 서비스이기 때문에 이윤을 추구하는 영리성을 지니는 한편 그것을 취약한 노인들의 공통적 욕구해경 책임의 일익을 담당하고 있다는 의미에서 또한 사회복지의 성격을 갖고 있다.

향후 10~20년간에 걸쳐 예상되는 우리나라 노인인구의 급속한 증가와 선진국에서 나타났던 변화를 고찰하면 실버산업의 발전이 왜 필요한가를 알 수 있다. 서구 복지 국가에서 1970년대부터 노인 복지 부문 예산의 증대로 복지 재정 증대의 한계를 경험하였다. 이에 서구에서는 경제력 있는 노인들의 욕구 충족을 위한 서비스는 경제 시장에서 해결하도록 하고 있다. 우리나라도 향후 복지재정이 크게 팽창되어야 하지만 복지 재정의 한계를 경험하게 될 것이다.

노인이 필요로 하는 서비스를 시장에서 구입하려면 국가의 의료보험이나 장기요양보험으로 해결되지 않는 것이 많아 비용이 별도로 많이 들게 된다. 따라서 노인 복지를 위한 국가의 서비스는 기본적이고 공통적인 욕구를 국민적 최저 수준으로 제공하고, 다양한 욕구에 대하여 보다 질적으로 만족스런 서비스는 개인적으로 시장에서 구해야 할 것이다.

우리나라의 노인 인구 증가율은 세계적으로 유례를 찾기 어려울 정도로 빠르다. 이에 노인들의 문제와 노인들의 욕구가 다양해 질 것이다. 특히 85세 이상의 초고령(超高齡) 노인의 증가율은 더욱 빨라 의료 서비스와 더불어 보호(수발) 서비스도 크게 필요하게 될 것이다. 따라서 노인들의 다양한 문제와 욕구를 가족이나 국가가 해결할 수 없게 되고 필요한 서비스를 시장에서 구입하지 않을 수 없게 될 것이다.

우리의 전통적인 가치관인 가족주의와 경로효친(敬老孝親) 사상의 약화와 더불어 산업화, 저(低)출산, 핵가족화, 여성의 경제 및 사회활동 참여 증가 등으로 노인을 가족이 보호하기 점점 어려워지기 때문에 가족의 역할을 일시적 또는 장기적으로 대신할 서비스의 개발이 필요하다. 이에 다양한 서비스가 시장에서 공급될 수밖에 없을 것이다.

자녀와의 별거 노인의 증가로 이들에게 필요한 여러 가지 건강보호 관련 서비스와 노인이 편하게 살 수 있도록 설계된 노인 전용주택도 많이 필요하게 되고 소위 '실버타운' 같은 노인 집단 주거시설도 필요하게 될 것이다. 초고령 노인이 크게 증가하여 보호(수발)를 필요로 하는 허약 노인, 거동 불능 노인, 치매노인, 독거 노인 등이 급증할 것이다. 따라서 노인의 건강 보호 욕구나 보호(수발) 업무를 담당할 전문 인력과 전문적 재택(在宅) 서비스 수요도 크게 늘어날 것이다.

우리나라 개인 금융 자산은 약 1,167조 원으로, 이중 65세 이상 노인들이 약 300조 원을 소유하고 있다. 인구 고령화와 함께 금융상품 고객의 연령층이 높아가는 가운데 앞으로 노인층의 금융자산 비중은 더 늘어날 전망이다. 나이가 들면 금융과 관련된 사고능력이 떨어지므로 주의하여 금융상품을 선택하여야 한다. 우리나라보다 앞서 고령 사회에 진입한 일본의 금융회사들은 노인 투자자들을 보호하기 위한 제도를 도입하고 있다.

고령화 추세로 노인복지에 대한 관심이 높아지면서 노인들의 복지수준을 높일 다양한 제품이 나오고 있다. 최근 광주에서 개최된 2006년 국제실버박람회에는 한국, 일본, 중국, 독일, 핀란드, 스웨덴, 태국, 네덜란드에서 출품한 제품을 실버기기, 용품, 의료, 식품, 차량 등으로 주제를 나눠 부스가 설치됐다.

실버 제품에는 노인들의 편의나 보건에 도움을 주는 기기가 많다. 즉, 전동 휠체어, 전동 침대, 전동 승강의자, 마사지용 의자, 기능성 가발, 쑥뜸기, 의료용 압력스타킹, 산소 발생기, 온열 찜질기, 압봉, 안마매트, 허리보호대, 귓속형 보청기, 당뇨환자용 혈당관리제품, 기능성 의약품, 심리안정치료기, 환자용 목욕탕, 배변 보조용품, 성인용 기저귀, 전동 스쿠터, 복지 차량 등이다.

고령화에 따르는 신체적 노화는 필연적으로 노인들의 보건의료 수요를 증대시킨다. 기존의 병원에서는 노인들만을 위한 의료 서비스를 제공하는데 한계가 있으므로 가정용 치료기기, 휴대용 건강 정보 시스템 등 의료기기 시장도 활성활 될 것이다. 이에 한국의료기기공업 협

동조합은 이 부분의 시장 규모가 2020년에는 2조 원에 이를 것으로 전망하고 있다.

새로운 노년층은 활동적이며 적극적인 소비 성향을 갖고 있으며 탄탄한 구매력을 바탕으로 소비 시장을 주도할 것이다. 이들 시니어층은 건강하고 젊게 노후를 즐기고자 하는 성향이 강하다. 이에 재가(在家) 요양, 원격진료, 노인 전문 헬스케어(health care), 항노화(anti-aging) 산업 등이 발전할 것으로 전망된다. 또한 은퇴한 시니어들이 여유로워진 시간을 활용하여 즐길 수 있는 여행, 레저산업, 쇼핑 및 엔트테인먼트 서비스산업도 활성화 될 것이다.

실버산업의 분야는 다양하다. 실버산업 분야와 해당 산업의 예를 들면 다음과 같다.

- 건강보호 서비스(노인병 전문의료 서비스, 주간보호(day care) 시설, 단기보호 서비스(short-stay service), 방문 간호 서비스, 이동 목욕 서비스 등)
- 건강 보호 관련 장비 및 기기 공급(신부전증 환자용 가정용 및 휴대용 투석장치, 수동 및 자동 휠체어, 조정 침대, 변기, 혈압계, 당뇨 측정기, 보청기 등)
- 의약품 및 건강식품 공급(성인병 및 노인성 질환에 대한 치료 약품, 건강기능식품, 의약품 등)
- 운동 기구 및 체중 조절 서비스(노인들에게 적합한 운동기구 및 체중 조절 프로그램과 서비스, 가정용 운동기구 등)
- 금융 서비스(개인연금 서비스, 일반 의료보험, 장기요양보호 보험, 자동차 보험, 부동산 관리 및 부동산 담보 대출 등)
- 주거 서비스(노인 전용 단독주택 및 집합주택, 양로시설, 실버타

운 등)

- 정보 관련 서비스(노인 대상 출판물, 컴퓨터 네트워크, 휴대전화기 등)
- 여행 및 레저(학습 여행, 스포츠 지도, 골프, 게이트볼 등 야외 스포츠 등)
- 식품 및 음료(슈퍼마켓 서비스, 식당업, 식사 배달업 등)
- 자동차 분야(노인을 위한 승용차 및 레저 자동차 등)
- 의류 및 패션(노인의 체형, 기능적 장애 조건, 선호하는 색상 및 디자인을 고려한 의류 등)
- 화장품(노인용 화장품, 노화방지 화장품 등)
- 교양 및 자기개발(교양 증진 프로그램, 평생교육 서비스, 미술, 공예 등)
- 배달 서비스(의약품, 음식, 책, 비디오 테이프, CD, 세탁물 등에 대한 배달 서비스)

실버산업은 노인과 앞으로 노인이 될 사람들의 생활 편의와 삶의 질 향상을 위한 시장경제 활동인 동시에 사회 공익과 복지활동도 되는 두 가지 성격을 지닌 활동이다. 따라서 국가(중앙 및 지방자치단체)와 민간 기업이 장기적인 안목으로 계획하고 실천하면 국가의 산업 발전에도 기여하고 노인 복지에도 기여할 수 있다. 예를 들면 중·저가의 대중적 '실버주택' 사업 및 상설 간병인을 제공하는 '요양소(nursing home)' 사업 등은 단순한 돈벌이가 아니라, 효(孝) 문화의 확산이라는 측면에서 접근하는 것이 소비자에게도 좋고 사업적으로도 성공 가능성이 높다. 따라서 기업이나 개인이 특정 분야의 실버산업을 준비하여 실행한다면 전망이 좋고 이윤도 크게 얻을 수 있는 산업이 될 것이다.

미국에는 '선 시티(Sun City)'라고 부르는 직장에서 정년퇴임한 사람들이 들어가 살 수 있는 노인 자치시(自治市)가 있다. 이곳에서 자조·자활·자치하며 여생을 산다. 이탈리아에는 교회마다 유료·무료의 노인방(老人房)을 운영하고 있다. 프랑스에서는 노인방을 '레지당스'라고 하는데 'A형'은 공동으로 식사, 의료, 오락 등을 받는데 비해 'B형'은 고독과 소외감을 면하게 해주어 노인들에게 활기를 넣어주는데 주력하는 노인방이다.

우리나라 노인방 문화는 2품 이상의 벼슬을 하다 정년퇴직을 하거나 장수(長壽)를 한 임금들이 드나들며 소외감을 달랬던 기로소(耆老所)는 상류사회의 노인방이였다. 한편 서민들의 노인방으로는 마을마다 회갑이 지난 노인들이 모이는 노사랑(老舍廊)이 있었다. 향약(鄕約)을 보면 마을에서 과일이 처음 나면 반드시 노사랑에 바쳐야 하고 생일·제사·푸닥거리가 있으면 한 상 차려 보내야 한다. 또한 마을에서 추렴으로 돼지를 잡으면 그 내장은 노사랑의 노인들 몫이었다. 요즘은 산업화·도시화로 인하여 옛날 노사랑은 도시화·산업화로 사라지고 갈 곳이 없는 도시 노인을 위한 유료 탁로방(託老房) 개설되고 있다.

최근 노인복지사(老人福祉士) 양성 과정이 개설되고 있다. 노인복지사 자격증은 사단법인 한국민간자격협회가 인증한 민간 자격증으로 학력, 연령, 경력에 상관없이 응시가 가능하다. 응시 교과는 사회복지개론을 포함한 총 6과목으로 100점 만점에 60점 이상이면 합격하는 절대평가제이다. 노인복지사는 전문지식을 바탕으로 정신적, 육체적, 경제적 도움을 필요로 하는 노인들을 위해 상담뿐만 아니라 생활상의 도움을 주는 일을 할 수 있다. 노인 복지사는 노인복지관, 지역사회 복지관, 사회복지시설, 노인 전문병동, 실버산업 관련 단체 등에서 활동할 수 있다.

Chapter 3

# 노화

## 1. 늙는다는 것

사람은 누구나 늙기를 싫어하고 더욱이 죽는 것을 두려워한다. 사회조사에서 사람들에게 '무엇을 가장 원하느냐'고 물으면 대개가 '건강과 장수'를 꼽는다. 그러나 사람은 태어나는 순간부터 늙음을 향해 가고 있으며 죽음으로 접근해 가고 있다. 이에 늙음은 자연의 이치이고 피할 길 없는 인생의 과정이다.

그리스 철학자 아리스토텔레스(Aristotle, 384~322 B.C.)는 시(詩)의 은유법을 설명하면서 인생의 노년기는 하루의 황혼기에 해당하니까 '인생의 노년'이라는 표현과 '인생의 황혼'이라는 표현은 결국 같은 뜻이라고 말했다. 그리스 작가 소포클레스는 "늙어가는 사람만큼 인생을 사랑하는 사람은 없다."라는 명언을 남겼다.

옛날 진(秦)나라 시황(始凰)이 불로초(不老草)를 구하기 위해 동방의 선경(仙境)으로 수많은 사람을 보냈다는 고사는 천하를 통일하고 영토를 넓힌 후 만리장성(萬里長城)을 쌓은 진시황에 한한 심회는 아닐 것이다. 진시황은 무병장수의 꿈을 실현시키지 못하고 49세로 세상을 떠났다.

늙음이란 사회적으로 어떤 의미를 갖는 것일까? 첫째로 사람은 늙으면 노동을 덜하게 되고 또한 노동을 떠나게 된다. 이에 정년퇴직을 하고 은거 생활을 한다. 둘째로 늙으면 사회적으로 소외된다. 사람은 가정으로부터 사회로부터 소외를 당하면 한없는 고독을 느끼게 된다. 셋째로 사람은 늙어지면 같은 또래 나이의 일가친척 친구들이 하나 둘 죽게 됨을 경험하게 된다. 그때 노인은 황혼의 쓸쓸함과 무상함을 절감하게 된다.

그러나 인생의 보람을 찾기 위해서는 젊을 때 성실히 부지런히 일하고, 그 과정에서 축적된 지식이나 경험을 위시하여 재물과 명예까지도 늙어지면 그 모두를 가족을 위해, 그리고 사회를 위해 환원하면 매우 가치 있고 자랑스러운 일이 된다.

인류의 역사와 문명은 이때까지 이 세상에서 태어나서 죽어간 사람들의 정신적·물질적 창조와 생산의 축적에서 마련된 것이다. 따라서 우리는 역사와 문명을 이룩하는데 긍정적으로나 부정적으로 기여하면서 살아왔고 현재도 살아가고 있다.

우리는 늙는다는 것을 나이로 생리적으로 생각하기 쉽지만 중요한 것은 정신적인 것이다. 마음이 늙지 않고 젊음을 유지하며 건강하면 자기 나름의 창조와 생산을 할 수 있다. 사회를 위해 이바지하면서 봉사한다는 것은 그 자체가 스스로의 젊음을 유지시키는 길이다.

옛날에는 노대인(老大人), 노련(老鍊), 노숙(老熟), 노성(老成), 노마지지(老馬之智) 등의 낱말이 뜻하는 것처럼 나이 먹은 사람이 결코 푸대접을 받는 것은 아니었다.

“세월 앞에 장사(壯士)가 없다.” 어릴 때 어른들이 하시던 이 말씀을 온전하게 이해할 수 있는 시기는 그 말씀을 한 어른들의 나이가 되었을 때이다. 산이라도 뽑을 것 같던 그 팔팔하던 힘과 용기가 조금씩 세월에 바래지면서 언제부터인가 ‘나도 나이가 들어가는구나’ 하는 생각이 문득문득 들어가는 것이 노화 과정이다.

서구 선진국의 경우 '중년'을 '45세에서 60세까지'(58년판 미국학 대사전), '40세에서 60세까지'(웹스터 20세기 영어사전)로 정의하고 있다. 한편 우리나라 국어사전은 '중년'이라는 단어를 '40세 전후'로 규정하고 있다. 예를 들어 《민중 에센스 국어사전》은 중년을 '청년과 노년 사이의 나이로 마흔 안팎의 나이'로 정의했다. 이웃 나라 일본의 사전은 《고지엔》이나 《이와나미 국어사전》은 옛날 정의대로 '40세 전후'라는 정의를 답습하고 있지만 88년 초판이 나온 《다이지린》은 '40세 전후에서 50대 후반까지'라고 풀이했다.

이에 우리나라도 고령화 사회에 어울리게끔 중년과 노년의 의미를 새롭게 바꾸어야 한다. 옛날에야 마흔이면 노인네 취급을 받았지만, 요즘은 60세를 '장년'이라 불러도 전혀 어색하지 않을 정도다.

## 2. 노화의 정의

사람의 몸은 출생 후 발육-성장-성숙-노화의 과정을 거쳐 결국 죽음에 이르게 된다. 넓은 의미의 노화(老化)는 인간이 수태(受胎)가 된 때부터 생명(生命)이 다할 때까지 가령(加齡)을 말하며, 좁은 의미의 노화는 성숙기(成熟期) 이후에서 사망(死亡)할 때까지를 말한다. 즉, 나이가 들어가는 '가령'과 늙어가는 '노화'는 구분하여 사용한다.

흔히 노화라 함은 사람의 일생 중에서 성숙 단계가 지나서 나타나는 노쇠 현상(senescence, senility)을 말한다. 노쇠란 신체 구조 및 기능면에서 질병이나 상처 등의 퇴행성 변화를 복귀시키는 능력이 점차 비효율적으로 되며 결국에는 완전히 상실하게 되는 과정이다. 즉, 좁은 의미의 노화는 바로 이 노쇠 단계만을 말한다.

사람마다 차이는 있지만 대개 20대를 성숙기에 달한 것으로 본다. 따라서 20대 이후에는 신체의 생리기능은 감소되고, 정신적으로도 신중이라는 표현으로 점차 움츠러든다. 노화 현상은 흔히 40~50대에는 완만한 수준으로 진행되며, 60~70대에는 급격히 증가하여 노화 현상과 질병의 구분이 쉽지 않다.

노화(老化)는 시간의 흐름에 따라 유기체(有機體)의 세포, 조직 또는 유기체 전체에 일어나는 점진적 변화이다. 노화(aging)된다는 것은 나이가 들어감에 따라 신체 전반에 걸쳐 일어나는 기능, 구조 및 생화학적 변화를 말한다. 노화의 특성에는 우리 모두 늙어가는 보편성, 개개인이 다 다르게 늙어가는 고유성, 세월에 따라 늙어가는 진행성, 그리고 늙을수록 질병에 걸릴 확률이 높아지는 유해성 등이 있다.

각 기관의 기능이 점차로 감소되기 시작하는 것은 곧 노쇠의 시작을 가리킨다. 한 개체 내의 모든 기관들은 같은 속도로 노화되지 않으며, 또한 한 개체의 어느 한 기관도 반드시 다른 개체의 것과 같은 속도로 노화하지 않는다.

또한 인간의 노화는 생물학적 변화 이외에도 여러 가지 다른 인자들이 복잡하게 관여된 복합적인 과정이다. 사회적 동물인 사람은 가령에 따라 사회, 경제, 심리 상태 등의 변화도 함께 일어난다. 이러한 환경의 변화들은 상호 작용할 뿐 아니라 식생활, 질병 신체 활동, 공해 등도 노화에 영향을 미친다. 각종 질환의 발생을 증가시키는 환경적 스트레스는 개인의 노화 속도를 빠르게 한다.

따라서 노화는 인간의 정상적인 성장과 발달 과정 전체의 한 부분이며 적어도 세 가지 면에서의 변화 과정을 포함하여야 한다. 즉, 생물학적 노화, 심리적 노화, 사회적 노화 과정을 포괄하여 이해해야 한다.

생물학적 노화는 인체의 기관과 기능이 시간의 경과에 따라 변화하는 것이며, 심리적 노화는 축적된 경험에 의한 행동, 자각 능력, 자아에 대한 인식 등이 시간의 흐름에 따라 변화하는 것을 의미한다. 사회적 노화는 생활주기를 통하여 발생하는 사회적 지위, 역할의 변화 등을 의미한다.

## 3. 노화 이론

노화의 원인은 아직 확실하게 밝혀져 있지 않다. 하지만 많은 학자들은 노화 현상이 어느 한 가지가 원인이 아니고 유전적인 성향, 환경 요인, 생활습관 요인들이 서로 영향을 주며 나타나는 결과라고 말한다. 즉, 노화는 각 개인의 유전인자, 돌연변이, 세포 내의 독소의 축적, 면역기능의 감퇴 등 여러 요인들의 상호작용에 의한 결과이므로 노화를 전부 설명할 수 있는 단일 이론은 아직까지 없다.

이에 노화의 원인이나 과정에 대한 가설에 따라 프로그램 이론(programmed theory), 프로그램 소모 이론(running-out of program theory), 마모 이론(wear-and-tear theory), 유전자 이론(gene theory), 체세포 돌연변이 이론(somatic mutation theory), 교차연결 이론(cross-linkage theory), 결체조직 이론(connective tissue theory), 산화기 이론(free radical theory), 수갑 이론(clinker theory), 착오 이론(error catastrophe theory), 면역 이론(immunity theory) 텔로미어 이론(telomeres theory) 등이 있다. 노화 과정을 이해하고 설명하려는 이론들은 많이 있지만 아직도 정확한 기전은 밝혀지지 않고 있다.

노화의 원인을 설명하는 이론은 많지만 크게 '프로그램 이론'과 '손상 이론'으로 나눌 수 있다.

'프로그램 이론'이란 인체가 미리 시간 계획이 정해진 프로그램이나 생물학적인 요인에 의해서 노화가 진행된다는 것이다. 즉, 생물학적 노화를 미리 짜여진 유전적 계획에 따라 일어나는 것으로 보며 모든 세포는 일정 시간이 지나면 작동이 멈추도록 프로그램이 되어 있다는 것이다.

예를 들면 인체의 면역 체계는 나이가 들면서 그 기능이 점점 약해져 질병에 걸리게 되고, 결국에는 노화와 사망을 초래하게 만든다고 주장하는 학자들이 있다. 또 일생을 거쳐 분비되는 인체의 각종 호르몬의 변화가 노화를 촉진시키는 방향으로 프로그램이 되어 있다는 주장도 있다.

'손상 이론'이란 환경 요인에 의해 노화가 진행되면서 인체가 손상을 입고 정상적인 기능까지 잃는다는 것이다. 예를 들어 소모 이론에서는 인체의 각 세포와 조직은 시간이 흐르면서 소모되는 필수적인 부분을 가지고 있다고 주장한다. 또 다른 이론에서는 세포의 정상적인 대사작용에서 생기는 부산물(프리래디칼 등), 각 세포의 정상적인 기능을 손상시키고 결국에는 그 장기가 기능을 하지 못하게 만든다고 설명을 한다.

그리고 햇빛, 각종 독소 등과 같은 환경 요인들도 프리래디칼을 유발시켜 각 세포의 손상을 촉진시키는 원인인 것으로 알려져 있다. 뿐만 아니라 단백질 합성의 오류와 같은 유전적인 변화도 세포 손상을 일으키는 원인 중 한 가지인 것으로 여겨지고 있다.

노화의 이론은 원인이나 과정에 대한 학설들이 많이 있지만, 어떤 이론일지라도 복잡하고 다양한 노화 현상의 모든 측면을 완전히 설명하지 못하고 있다.

노화에 관한 유전 이론 가운데 하나는 노화와 전형적으로 관련되는 생물학적 변화들, 즉 머리카락이 세어지고 여성의 경우 폐경이 되거나 신체 세포 기능의 일부 또는 전부를 잃게 하는 노화 유전자들로 인하여, 우리 몸의 기능이 젊었을 때에 비해 더 약해지거나 기능이 없어지는, 즉 노화 유전자들의 유전 명령으로 인해 나타나는 여러 가지 현상을 노화라고 정의하는 것이다.

또 다른 유전 이론은 우리의 유전적 장치가 성장 및 재생산을 하도록 고안되어 있다고 보고, 일단 이 주요 과업이 달성되면 유기체는 유용한 정보를 다 사용해버리고 마치 더는 태엽이 감기지 않는 시계처럼 정지해 버린다고 본다.

## 4. 노화 지연

졸업한지 40여년 된 초등학교 동창생 모임에 가보면 각자의 천차만별한 모습에 서로 놀라기도 하고 신기해 하기도 한다. 아직도 40대 초반의 팽팽하고 정력적인 풍모로 좌중을 압도하는 동창이 있는가 하면, 칠순 노인네처럼 자글자글하고 꼬부라져서 동년배보다 20년 이상 늙어 보이는 동창도 있다. 이와 같이 사람마다 다르게 늙어가며 노화의 진행은 심한 격차가 생길 수 있다.

노화는 나이를 먹어감에 따라 발생하는 보편성의 생물학적인 자연현상으로 점진적인 장기 조직의 쇠퇴와 변질 및 노쇠와 더불어 진행성으로 나타나는 현상이다. 한편 노화를 막아보려는 연구들이 세계 여러 나라에서 진행되고 있다.

전세계적으로 항노화(抗老化) 연구를 이끌고 있는 곳은 미국 국립

노화연구소(National Institute on Aging)이다. 이 연구소는 1958년부터 미국인 1천 명 이상을 대상으로 건강진단, 신체 변화, 생체기능 변화 등 정상에서 노화로 인한 사망 전 과정을 추적 조사하고 있다. 또한 이 연구소는 노인 질환 연구와 더불어 식이요법, 운동 등 예방 활동을 적극 홍보하고 있다.

항노화에 관한 연구는 인간의 행동 양식을 변화시키는 노력, 호르몬 등 생체 조절 물질을 균형화 시키는 노력, 노화 관련 유전자 발굴 등 크게 3가지 방향으로 진행되고 있다.

세월은 누구에게나 공평하며 나이란 누구에게나 부담스러운 것이다. 그러나 '60 청춘'이라는 말 그대로 나이를 잊고 젊음을 오래도록 지키면서 즐겁고 건강하게 사는 사람들도 많다. 이들이 젊게 사는 비결은 항상 웃으며 밝게 생활하고 규칙적인 운동으로 체력을 단련하는 것이다. 웃을 때 생성되는 엔돌핀은 젊음을 유지시키는 보약이다.

미국 캘리포니아대학 병리학(病理學) 및 노화학(老化學) 교수 로이 월포드 박사는 '영양 장애 없는 영양 감소'가 수명 연장의 좋은 방법이며, 필수 영양소는 줄이지 않고 전체적인 칼로리만 줄이는 것이 좋다고 했다. 섭취하는 칼로리의 양을 5년간에 걸쳐 정상 수준의 60%선까지 내리는 것이 바람직하다. 그러면 면역 체계의 기능은 증강되는 반면 대사과정에서 생성되는 유리기(遊離基)가 감소해 수명연장 효과를 가져 올수 있다.

미국 하버드대 의과대학의 노화 연구가 존 로 박사는 감정과 삶에 임하는 태도, 그리고 타인과의 교류가 노화를 좌우하는 핵심 요소라고 주장하고 있다. 특히 고독이라는 요소가 노화를 앞당기고 죽음을 재촉하는 방아쇠 역할을 한다.

남들로부터 소외되거나 오랫동안 해로(偕老)해 오던 배우자를 여의

고 나면 갑자기 엄습해오는 스트레스로 인해 뉴로펩티드라는 뇌의 신경 전달물질이 대량 분비된다. 이 호르몬은 혈압을 높이고 심장기능을 약화시키는 한편, 인체 면역 체계를 손상시켜 림프구의 숫자가 줄어들면서 결국 노화를 급속히 진행시킴과 동시에 각종 질병에 취약한 체질로 변하게 된다.

미국 뉴욕마운튼시나이대학 의대 연구팀의 조사 결과에서도 상처(喪妻)한 노인을 대상으로 14개월 후에 이들의 림프구 생산 능력을 조사했더니 상처 이전에 비해 심각하게 저하돼 있었다는 사실을 발견했다.

세계 여러 나라의 보건의료 연구기관과 단체들은 나름대로 갖가지 생활 수칙을 내놓고 있다. 이들 수칙들은 다소 다른 내용을 담고 있기는 하나 건강·장수법의 요체는 결국 식생활과 운동, 스트레스의 해소, 정기적인 건강검진 등이다.

식생활 습관과 관련하여 노화(老化) 전문가들이 주로 거론하는 것은 소식(小食) 또는 절식(節食)이다. 소식이 장수 비법 중 하나로 권장되는 것은 그 효과가 동물실험에서 입증됐을 뿐만 아니라 1백 세 이상 장수한 노인들의 입을 통해서도 뒷받침되고 있다. 세계 최고령의 장수자(長壽者)로 기록되어 있는 일본의 이즈미(121세로 1986년 사망)옹은 식사량은 배를 70~80% 정도만 채우는 소식(小食)이 오래 산 비결 중 하나라고 생전에 밝혔다. 미국의 노화학자 제임스 비렌 박사는 평소 요구 열량(칼로리)의 60%까지 줄여도 건강에 아무 지장이 없을 뿐만 아니라 장수에 보탬이 된다고 주장한다.

미국 반더빌트대학 조지만 교수(생화학)는 해산물을 주 3회 이상 섭취하면 혈액순환을 촉진하여 노화 방지에 도움이 되며, 골다공증 예방을 위해 칼슘을 충분히 섭취하고, 과일과 채소류를 충분히 섭취하여 비타민과 무기질 부족을 방지하는 것이 중요하다고 말했다.

'침팬지를 연구하는 여류 학자'로 알려져 있는 제인 구달(Jane Goodall) 박사는 1986년부터 강연, 강의, 회의, 로비 활동 등으로 연중 300일 정도를 영국에 있는 자기 집이 아닌 타지에서 보내고 있다. 2002년에는 국제연합(UN)에서 '평화의 메신저(Messenger of Peace)'로 임명을 받아 세계 여러 나라를 방문하고 있으며, 우리나라도 거의 정기적으로 찾아와 강연도 하고 여러 환경 보호 행사에도 참가하고 있다.

구달 박사는 2005년에 음식에 관한 저서인 《희망의 밥상(Harvest for Hope)》에서 영국의 자택에 머물 때 먹는 식단(소박한 밥상)을 소개하였다. 채식주의자인 구달 박사는 먹고 싶은 것을 가능한 한 유기농 식품으로 적당히 먹는다. 즉, 아침에는 오렌지 마멀레이드를 바른 통밀 토스트 반쪽과 커피 한 잔을, 그리고 점심에는 브로콜리 또는 다른 야채, 살짝 데친 토마토 또는 껍집을 반쯤 벗기고 치즈를 얹은 토마토, 커피 한 잔, 그리고 초콜릿 한두 쪽을 먹는다. 저녁은 스크램블드에그(계란)와 아침에 남긴 토스트 반쪽, 적포도주 한 잔을 마신다. 저녁 식사를 하기 전에 꼭 스카치위스크를 한 잔씩 마신다. 간식으로 과자 몇 조각, 사과 한 알 또는 오렌지 한 개를 먹는다.

농약을 비롯한 화학물질로 오염된 식품을 먹는 것이 위험하다는 사실을 이해하는 사람들이 점점 늘어나면서 유기농 식품 소비가 늘고 있다. 미국과 영국에서는 유기농(organic)이라고 부르고 그 외의 유럽 국가에서는 바이오푸드(biofood)라고 부른다. 〈소비자 리포트〉 잡지를 비롯한 공중보건 단체들은 특히 과일과 채소에 농약 잔유물이 많으므로 내 고장에서 자연 친화적인 농법으로 재배된 신선한 유기농 식품을 먹도록 권장하고 있다.

음식의 먹는 양에 못지않게 중요한 것은 염분(나트륨)의 섭취량을 낮추는 것이다. 우리나라 사람들은 짠 음식을 지나치게 먹는 사람이 많아 평균 섭취량이 하루 20g에 달한다. 고혈압 등 성인병의 위험 인자로 밝혀진 소금 섭취량을 줄이는 것이 좋다. 세계보건기구(WHO)는 하루 소금 섭취량을 5g 이하로 할 것을 권장하고 있다.

적절한 영양 섭취에 못지않게 노화 억제 효과가 높은 것이 운동이다. 운동은 신체 각 기관과 근육 기능의 향상을 통해 수명을 늘릴 수 있는 요소를 제공해 준다. 노화 현상의 하나인 골다공증은 운동으로 상당부분 예방할 수 있다. 미국 국립노화연구소(NIA)에 의하면 주 3회 이상 매번 30~45분간 운동을 1년 이상 꾸준히 한 노인들은 인체에 해로운 LDL-콜레스테롤 과잉을 막을 수 있다.

현대 산업사회에서 경쟁에 부대끼며 사는 사람들에게 가장 큰 건강 위해 요소 중 하나로 작용하는 것은 스트레스다. 세계의 유명한 장수촌이 모두 산골에 위치하고 있으며 스트레스가 적은 지역이라는 것은 잘 알려진 사실이다. 이에 스트레스 해소 방안이 강구되어야 한다.

Chapter 4

# 장수촌

## 1. 무병장수

모든 사람들은 건강하게 오래 살기를 소원하지만 모두가 그렇게 되는 것은 아니다. 그렇다고 무병장수(無病長壽)가 어쩌다가 얻는 행운만도 아니다. 사람은 정교한 기계와 같아서 섭생(攝生)을 잘하고 관리를 잘하면 병 없이 오래 살 수 있지만, 그렇지 못하면 잦은 병치레를 하다가 일찍 죽는다. 또한 욕심내지 않고 순리대로 살며 무리하지 않고 순명의 길을 가는 사람은 그렇지 않은 사람보다 오래 건강하게 산다.

누구나 건강할 때엔 죽음이란 꽤 먼 미래의 이야기로 생각한다. 또 죽음은 남의 일이고 자신과는 무관한 것으로 착각하는 수가 많다. 예를 들면 담배를 피우고 술을 많이 마시고, 자동차 운전을 과속으로 하면 병도 많이 생기고 빨리 죽는다는 엄연한 사실을 결코 자신에게는 적용할 생각을 하지 않고 있다는 점이다.

이러한 착각 또는 거부는 죽음에 대한 두려움의 표현이며 이는 오래살 수 있다는 장수에 대한 동경과 호기심으로 드러난다. 따라서 오래 사는 사람, 오래 사는 사람들이 모여 있는 마을인 '장수촌(長壽村)'은 흥미와 의학적 연구 차원에서 많은 사람들이 관심을 끌고 있다.

직장에서 은퇴하여 일에서 멀어진 사람들에게는 그동안 생활을 받혀 주던 일정한 틀이 없어져 생활 리듬이 깨지고 규칙적인 일상생활을 할 수 없게 된다. 이러한 생활 리듬의 파괴는 신체와 심리 상태에 불건전한 영향을 미쳐 각종 질병의 이환 또는 무기력 상태를 야기한다. 이에 이러한 문제를 해결하기 위해서는 삶의 규칙성을 되찾고, 실제로 보람 있는 일을 하여야 한다.

통계청이 발표한 '100세 이상 고령자 조사 결과'에 따르면 우리나라에서 100세 이상인 장수(長壽) 노인은 961명인 것으로 조사(2005년 11월 1일 현재)됐다. 최고령자는 111세 할머니로 2명이었으며, 남자 최고령자는 107세였다. 또 부부가 모두 100세 이상인 커플은 남편 105세, 부인 101세로 서울에서 해로(偕老)하는 것으로 확인됐다.

100세 이상자의 숫자는 2000년의 934명보다 약간 늘어났으며, 여자가 857명으로 남자 104명보다 8배나 많았다. 이웃 일본의 100세 이상 장수 노인은 2만여 명이다.

100세 이상이 가장 많은 지역은 전남 순천(18명), 제주도 제주시(15명), 전남 여수시(14명), 서울 강서구(14명), 광주 북구(13명) 순으로 나타났다. 인구 10만 명당 100세 이상자 비율로는 충남 당진군(9.8명)이 가장 높았고, 이어 전남 순천시, 충남 아산시, 전남 여수시 순이다.

이는 65세 이상자 중 85세 이상의 비율이 높은 순서로 따지는 현재 '장수 마을'의 기준과는 다소 다른 결과이다. 이 기준으로 꼽은 장수 마을은 북제주군, 남제주군, 제주시, 서귀포시였는데 이들 지역은 7~9%가 85세 이상이었다. 또 지리산 부근의 전라도 지역도 '장수벨트'로 꼽힌다. 담양군, 순창군, 보성군, 장성군 등으로 이들 지역 장수자들은 공기가 맑고 환경오염이 안 된 곳에서 농사일을 하고 있다는 공통점을 갖고 있다.

세계적인 장수촌인 일본 오키나와(Okinawa)는 161개의 크고 작은 섬으로 구성되어 있다. 오키나와의 130만 인구 중에서 400명 이상이 100세 이상 노인이다. 이들 노인들 중 대다수가 건강하고, 활동적이며, 독립적으로 살고 있다. 즉, 대부분의 오키나와 장수 노인들은 오래 사는 동시에 질병이 없고 튼튼한 몸을 갖고 있다.

오키나와 주민들은 수세기 동안 내려오는 전통과 지혜에 기초를 둔 일상 식생활, 운동 습관, 스트레스를 줄이는 정신심리학적 방법, 도움이 되는 관습 등 기본을 충실히 지켜 건강한 삶을 유지하고 있다. 무병장수(無病長壽)는 건강한 하루하루가 평생 동안 쌓여 만들어지는 결과이다.

오키나와 북부에 위치한 오기미 마을 해변에 있는 기념비에는 다음과 같은 고대 오키나와의 속담이 새겨져 있다.

"70세에 당신은 어린아이에 불과하다. 80세에 당신은 청년이다. 90세에 조상들이 당신을 천국에 초대한다면, 100세까지는 기다리라고 말해라. 100세가 된다면 한번 고려해볼 만하다."

## 2. 장수자의 삶

장수자라고 모두 건강한 것은 아니었다. 100세 이상 장수자 절반 이상이 질병을 앓고 있었는데 치매, 골관절염, 고혈압 순으로 많았다. 이들에게 앞으로의 소망을 묻자 '편안하게 빨리 죽고 싶다'는 응답자가 24%나 됐다. 오래 살고 싶다는 응답자는 4%에 불과했다.

이들의 건강 관리는 '평소대로 생활한다'는 대답이 50%였고 식사조절, 운동·산책 등의 순이었다. 장수 사유를 묻자 소식(小食), 낙천적인 성격, 규칙적인 생활, 유전적 특성, 원만한 가족 생활 등이라는 대답이 나왔다. 가족력도 장수 요인으로 꼽혔다. 고령자의 부모·형제 중에서 85세 이상 장수한 사람이 있는 경우는 36%나 됐다.

좋아하는 음식은 채소·야채류가 가장 많았고 다음으로 육류, 생선, 두부 등 콩제품 등으로 조사됐다.

최근 미국에서 10년간 100세 이상 노인들의 장수 비결을 연구한 결과 긍정적인 사고, 봉사정신, 신앙심을 가진 사람이 장수한다는 것이 밝혀졌다.

일본 후생병원 하루야마 시게오 원장은 그의 저서 《뇌내 혁명》에서 긍정적인 사고의 중요성을 강조하였다. 즉, 화를 내거나 남을 미워하며 불평, 원망하는 등 부정적인 생각을 하면 질병 치료에 탁월한 효과를 내는 베타-엔도르핀이 분비되지 않지만, 매사를 긍정적으로 생각하며 플러스 발상을 하도록 노력하면 베타-엔도르핀이 분비된다.

여든이 넘는 나이에도 건강하게 활동하고 있는 지미 카터 전(前) 미국 대통령은 그의 저서 《나이 드는 것의 미덕(美德)》에서 건강하게 오래 사는 방법으로 약이나 치료에 매달리는 대신 자원봉사 등 다양한 활동을 즐기라고 권하고 있다.

웃음은 행복의 샘을 솟게 한다. 우리는 웃어서 좋은 일이 생기는 것이지 좋은 일이 있어 웃는 것만은 아니다. 좋은 일, 행복한 일, 유익한 일 등 웃을 일이 있을 때만 웃는 것이 아니라 실패, 역경, 고난 속에서도 긍정적인 사고와 희망을 가지고 웃으면 행복한 일이 생긴다.

독일인 정신과 의사 미하엘 티체 박사는 웃음이 스트레스를 진정시키고, 혈압을 낮추고, 혈액순환을 개선하며, 면역 체계와 소화기관을 안정시키는데 그 이유는 웃을 때 통증을 진정시키는 호르몬이 분비되기 때문이라고 말했다. 일반적으로 15초 동안 웃으면 9분 동안 유산소 운동을 한 것과 같은 효과가 있다. 미국의 패트릭 플래너간(Flanagan) 박사는 '억지웃음'도 '진짜 웃음'과 비슷한 화학적 반응이 체내에서 일어난다고 주장한다.

웃음과 유머는 최고의 스트레스 해소책이다. 캐나다의 심리학자 허버트 레프코트(Lefcourt)와 로드 마틴(Martin)은 스트레스를 해소하는 많은 방법 중에서 유머와 웃음이 가장 훌륭한 결과를 가져다준다고 하였다. 일상적인 상황에서도 유머를 만들어 낼 수 있는 능력이 있는 사람들이 스트레스의 부정적인 효과에 더 잘 적응한다는 사실을 밝혀냈다. 또한 유머는 스트레스 해소뿐 아니라 작업 능률도 향상시키는 효과가 있다는 것을 입증했다.

스트레스(stress)는 불안증, 공포증 등 정서적인 문제들을 야기하고 만성 스트레스인 경우에는 우울증뿐 아니라 심혈관질환, 당뇨, 고혈압, 비만, 대사성 증후군 등 성인병의 주요 요인으로 작용한다.

현대인은 스트레스가 물밀 듯 밀려오는 세상에서 살고 있다. 밀려오는 스트레스를 우리가 받고 안 받고 선택할 수 있는 능력은 없다. 그러나 스트레스를 긍정적으로 해석할지 부정적으로 해석할지 선택할 수 있는 능력이 우리에게 있다는 사실을 기억하여야 한다. 따라서 스트레스도 긍정적으로 해석하고 대처하면 오히려 삶의 활력소가 될 수 있다.

백세 장수인(長壽人)들의 삶이 순탄하기만 한 것이 아니라 그들은 여러 가지 어려움과 괴로움을 극복해 낸 사람들이다. 실제로 장수인들이 많이 사는 장수촌이 반드시 공기 좋고, 물 좋고, 기후 좋은 곳만은 아니다. 때로는 장수촌이 험한 산속 마을이기도 하고, 기후가 아주 춥거나 더운 지방인 것을 보면 지형적 · 기후적인 요인들이 반드시 중요한 것은 아니다. 즉, 장수인들은 여러 가지 어려운 환경을 극복하고 효율적으로 살아남는 방법을 터득한 것이다.

장수를 위한 또 다른 중요한 사실은 얼마나 의미 있고 보람 있는 삶을 영위할 수 있는가에 있다. 의미 있는 장수를 위해 꼭 필요한 점은 어울림과 믿음이며, 어울림의 충분 조건으로 나눔이라는 명제가 있다. 신앙 속에서 지역사회에 봉사하고 나눔을 실천하는 삶이 장수의 첩경이다.

백세 장수인들은 젊었을 때부터 연로한 지금까지 동네 온갖 궂은일들을 도맡아서 처리해 왔기에 동네 사람들은 그들에게 감사한 마음을 간직하고 있다. 또한 장수인들은 소유하고 있는 것이 많고 적음에 상관없이 나누어 줄 수 있는 여유를 보여 주고 있다. 장수인들의 생활에서 신앙이 차지하는 요인이 강력하다. 이들은 오늘의 삶보다는 내일의 삶, 하나님 나라에서의 삶에 대한 강한 집념을 보여 주고 있다. 이에 종교를 갖고 있는 사람들이 장수할 수 있었던 요인에는 신앙의 힘이 크다.

## 3. 행복한 노후를 위한 '장수 십계명'

우리 선조들의 지혜(智慧)가 담긴 '건강 10계명(健康十則)'은 식생활, 운동, 정신건강 등에 관한 수칙을 제시하고 있다.

① 소식다작(少食多嚼): 음식은 적게 먹고 많이 씹는다.
② 소육다채(少肉多菜): 고기는 적게, 채소는 많이 먹는다.
③ 소당다과(少糖多果): 당분은 적게, 과일은 많이 먹는다.
④ 소염다초(少鹽多酢): 소금은 적게, 신것(식초)을 많이 먹는다.
⑤ 소차다보(少車多步): 자동차는 적게 타고, 많이 걷는다.
⑥ 소의다욕(少衣多浴): 의복은 적게 입고, 몸을 자주 씻는다.
⑦ 소노다소(少怒多笑): 노여움은 적게 하고, 많이 웃는다.

⑧ 소번다면(少煩多眠): 적게 번민하고, 잠을 충분히 잔다.
⑨ 소욕다시(少慾多施): 자기 욕심은 적게 부리고, 남에게 많이 베푼다.
⑩ 소언다행(少言多行): 말은 적게 하고, 행동은 많이 한다.

미국 의학자 벨록 박사팀이 캘리포니아에서 6,928명의 성인을 대상으로 5년 6개월 동안 어떤 생활양식이 건강에 이로운 것인가를 조사 연구한 결과 다음 7가지 생활 습관이 '장수 비결'이라는 결론을 내린 바 있다.

① 담배를 피우지 않는다.
② 주 3회 이상 규칙적으로 운동을 한다.
③ 아침식사를 거르지 않는다.
④ 간식을 하지 않는다.
⑤ 술을 마시지 않거나 절제한다.
⑥ 정상 체중을 항상 유지한다.
⑦ 하루에 7~8시간의 수면을 취한다.

예를 들면 45세 남자의 경우 위의 7가지 중 3가지 이하를 실천하는 사람의 예상 수명은 67세였으나, 6가지 이상을 실천하는 사람은 78세로 무려 11년의 차이를 보여 주었다. 이에 일상적인 생활 습관이 건강 유지 및 수명 연장에 직결된다. 건강을 위해서는 절제하는 생활을 하고, 질병을 미리 예방하는 것이 중요하다.

대한의사협회 산하 국민의학지식향상위원회(위원장 윤방부)는 건강한 노후 생활 설계의 기본이 되는 '장수 건강 5계명'을 제정 · 발표했다.

### 1 매사 긍정적으로 사고하고 즐거운 삶을 갖자

매사 긍정적으로 사고하고 많이 웃는 습관은 노인 건강에 매우 중요하다. 밝은 생각과 웃음이 노인에게 중요한 이유는 젊을 때보다도 체력이 떨어지고 스트레스에 민감하게 되면서 쉽게 비관하기 때문이다. 증가하는 노인 자살도 알고 보면 마음의 병, 우울증이 주된 원인이다.

### 2 지적 활동을 통한 뇌기능을 유지하라

두뇌 운동을 하면 뇌기능이 저하되는 현상을 예방할 수 있다. 흔히 나이가 들수록 뇌기능이 저하되면서 기억력 감퇴, 지적 능력 및 감각 능력이 저하된다고 알고 있다. 그러나 생활 속에서 뇌를 자극하는 두뇌 운동을 해준다면 충분히 뇌의 노화 현상을 늦출 수 있다.

### 3 근력을 강화시키는 운동으로 전신 건강을 다져라

근육량이 줄면 단순히 물리적인 체력 저하 현상만이 아니라 근육에 의해 운동하는 심장 등의 장기 기능에도 악영향을 준다. 또 균형 감각 및 순발력이 줄면서 낙상 등의 사고가 일어날 가능성이 높아진다. 평소 근육량 및 근력을 강화시켜주는 운동을 통해 신체 기능의 급격한 저하를 방지할 수 있다. 걷기는 노인의 골다공증 진행을 막아줄 뿐만 아니라 체중 조절에 매우 좋은 유산소 운동이다.

### 4 고른 영양 섭취는 건강의 기초다

노인의 영양 상태는 건강 상태를 좌우하는 결정적 요인이다. 음식을 통한 고른 영양분 섭취는 질병에 대항해 우리 몸을 방어하고 사회 활동을 하는데 필요한 에너지를 유지시켜 준다. 노인의 기초대사량과 활동량은 감소하기 때문에 칼로리는 줄여나가면서 정상 체중을 유지해야 한다. 노년기에는 스트레스를 감소시키고 여유와 함께 즐거운 식사를 하는 것이 무엇보다도 도움이 된다.

### 5 정기적인 검진으로 병을 관리하라

나이가 들면서 잦은 잔병치레를 하거나 퇴행성 질환으로 고생할 우려가 높다. 특히 순환기계 질환으로 생명에 위협을 받는 경우도 허다하다. 건강한 노년 생활을 설계하려면 건강할 때 예방하는 것도 중요하지만 규칙적인 검진을 통해 건강 체크를 하는 것이 중요하다. 또 노인들은 건강 검진 후 반드시 식생활·운동 등의 실천 방법, 기타 생활환경 및 습관의 개선 등에 대한 상담을 받아야 한다.

Chapter 5

# 노인병 의학

## 1. 노화와 노인병

노화(老化) 현상과 노인들에게서 발생하는 노인병(老人病)을 구분하여 취급하는 것이 일반적인 경향이다. 그러나 노인병을 근본적으로 노화 현상이라는 자연 현상과의 관계를 떼어 놓고 설명할 수는 없다.

노화와 노인병의 인위적인 구분을 피하면서 노인병의 속성을 재고해보면 노인병은 각자의 젊은 시절부터의 건강과 관련된 수많은 영향과 자극들을 함께 고려해야만 하는 상황이다. 예를 들면 젊어서 뼈에 충분한 칼슘 공급과 운동 자극이 모자라면 나이 들어 골다공증이 오고, 젊어서 과음과 무질서한 행동을 많이 할수록 노인병 유병률이 높아진다.

노화의 보편성을 생각하고 순응하여 수용하는 자세가 필요하다. 노인병의 발견과 치료, 예방에 적극적으로 관심을 가지고 매년 건강 검진을 받도록 한다. 적극성은 사회성에도 적용되므로 가능한 범위 내에서 각종 모임에 참석하여 삶의 생기를 찾도록 한다. 가족의 화목이 노인 건강의 중요한 버팀목이므로 따뜻한 가정을 이루도록 노력하여야 한다.

노년기의 신체적, 정신적 특성을 잘 이해하면서 적극적인 건강관리를 함으로써 보다 건강하고 평온한 노후를 보낼 수 있을 것이다. 노년기라고 해서 남에게 의지만하고 움직이지 않으면 더 빨리 노화하게 된다. 건강은 저절로 생기는 것이 아니라 노력해야 얻을 수 있는 것이다.

노년기의 특성에는 ① 눈에 피로가 쉽게 오고 글씨가 잘 안 보인다, ② 피부가 건조해지며 탄력성이 없어진다. ③ 쉽게 피로해진다. ④ 잘 안들린다. ⑤ 골다공증이 생기며 골절이 되기 쉽다. ⑥ 치아의 건강상태가 나빠진다. ⑦ 기온의 변화나 외부의 변화에 저항력이 떨어져 병에 걸리기 쉬우며 일단 병에 걸리면 잘 낫지 않는다. ⑧ 근육의 운동과 기능이 낮아져 신체의 움직임이 둔하여 넘어지거나 외상을 입기 쉽다. ⑨ 뇨실금, 배뇨장애 등이 나타난다. ⑩ 직장 은퇴 등에서 오는 우울증이 올 수 있다.

## 2. 노인의 심리

노인 개개인의 차이는 있지만 심적 에너지가 저하되는 경향이 있다. 노인의 심리적 변화를 종합하면 ① 감정의 풍부함과 정동적 체험의 표출이 떨어진다. 청장년 때 느끼던 흥분, 감동, 열정에 몸을 떠는 정도가 줄어든다. 이러한 변화가 노인에게 냉정, 무감각, 무관심으로 표현된다. ② 객관적, 실제적 사고는 증가하나, 자유롭고 활력 있는 사고 및 창조 기능은 떨어진다. 이러한 변화가 지나친 실리주의, 고집으로 드러나기도 한다. ③ 정신적 갈등, 긴장이 줄어든다. 따라서 붙임성이 사라지고 느긋한 성격, 무관심으로 표출된다. ④ 노인의 사회성은 큰 변화가 없다. 노(老) 정치가, 노 사회운동가 등의 활동을 접할 수 있다.

이러한 노인의 심리적 변화는 신체적 변화와 밀접한 관계를 갖고 있다. 예를 들면, 귀가 어두워지거나 눈이 흐려지면 일상생활에서 고립을 느끼고 자기 중심적이 되고, 의심과 왜곡을 많이 갖게 된다.

우리의 삶이나 건강은 우리의 사고방식에 따라 좌우된다. 미국의 노만 필 박사는 '적극적 사고(Positive Thinking)'를 제창했고, 호세 실바 박사는 '마인드 콘트롤(Mind Control)'을 창안하여 보급했다. 전자(前者)가 어떤 일에 부딪혀도 쓰러지지 않고 마음의 평화를 누릴 수 있고, 건강을 증진시키며 활력을 되찾게 해주는 정신적 사고를 강조했다면, 후자(後者)는 인간이 지닌 무한의 잠재능력을 개발해 냄으로써 삶의 가치를 재발견하고 적극적으로 살아나가는 방법을 제시한 정신 조절법이라고 할 수 있다. 양쪽 모두 정신 세계를 다루고 있다.

## 3. 노인병의 특성

노인병은 나이를 먹으며 노화하는 생리적 현상에 근거하기 때문에 노화와의 구분이 어렵다. 즉, 자연스러운 노화 현상인지 아니면 어떤 질병에 의한 불편함인지를 가려내기가 쉽지 않다. 또한 노인병은 증상이 애매모호하다. 예를 들면 열이 안 나는 염증, 복통이 없는 맹장염 등과 같이 노인병은 두드러진 증상, 소견이 없을 때가 많아 자칫 오진을 할 경우가 있다.

노년층에서 발생이 잦은 만성·퇴행성질환은 불가역적 병적 변화(원상태로 되돌아오지 못하는 병적인 변화)를 초래한다. 노인질환은 질병 이환율이 높을 뿐만 아니라 한 사람이 여러 질병을 동시에 앓는 수가 많다. 우울증, 심장병, 치매, 고혈압, 당뇨, 불면증 등이 흔히 겹쳐서 발병하는 질환들이다. 따라서 노인병을 관리함에 있어 몸 전체를 자세히 살펴야 한다.

노인질환은 만성질환인 탓에 치료 기간이 길고 합병증도 많다. 한 가지 병적 변화가 다른 장기나 전신에 주는 영향이 크며, 이것이 다른 장기에 연쇄 반응적으로 파급되어 회복이 불량하다. 꾸준한 치료를 위해 환자 교육-재가(在家) 치료 서비스-가정방문 치료 등이 필수적이다.

노인병은 약물을 사용할 때도 주의를 기울여야 한다. 약물 부작용이 70대 노인은 20대 청년보다 7배나 더 많이 나타난다. 즉, 노인은 신장(콩팥) 기능이 저하되어 부작용이 자주 온다.

노인병은 식사요법, 운동요법 등의 치료 방침과 목표가 따로 고려되어야 한다. 오랜 식사 습관을 무시하고 무턱대고 어려운 식사요법을 강조하는 것은 무리이며, 치아의 문제가 거의 모든 노인들에게 있다. 아무리 맛있고 진귀한 음식이라도 씹는데 불편하도록 조리되면 노인들이 먹기가 어렵다. 운동의 강도는 최대 심박수의 50~60%에 도달할 만큼만 하는 것이 좋다.

노인병은 생리적 노화 현상의 진행과 더불어 만성적으로 발병하는 특징이 있어 일반 환자와는 여러 면에서 차이가 있다. 또한 노인병 환자는 합병증, 정신질환, 가정 문제 등 사회의학적 측면까지도 관심을 기울일 필요가 있다.

노인병의 진료는 질병 및 환자 상태의 특성상 진단은 물론 치료 역시 장기간에 걸치기 쉽고, 물리요법 등 재활의학 분야가 널리 활용된다. 노인 환자는 질병 치료 이외에 생활 활동이 감퇴되어 있어 간호와 보조도 필요로 한다. 이에 노인병 환자의 진료 체계도 다양하다.

## 4. 노인 환자

전 세계적으로 인간의 수명이 연장되고 노인 인구가 증가함에 따라 노인병 환자 수도 크게 증가하고 있으며, 노인의 보건과 의료에 대한 요구도 증가하고 있다. 구미 선진국에서는 이미 2차 세계대전 후부터 노인병 치료에 관심을 가지고 노인 전문병원 등을 설립하여 노인병을 전문적으로 치료하고 있다.

한편 노인 환자의 질환은 대개 만성적이라 장기 입원으로 인해 병원의 병상 회전율이 낮은데다가 누적되는 의료비 부담과 퇴원 후의 환자관리 등이 문제로 지적되고 있다. 병실 부족 해소와 퇴원 후의 환자 관리를 위해 가정 간호제 등이 활성화되어야 하며, 노인 환자를 치료한 후 후송시킬 요양소의 확충이 필요하다.

노인병(老人病)을 소위 성인병(成人病)과 구분하는 것도 쉽지는 않다. 노년기에 발병이 잦은 고혈압·동맥경화 등을 비롯한 심장혈관계 질환, 뇌졸중을 위시한 뇌혈관질환 및 뇌신경계질환, 천식이나 폐기종 등 만성폐쇄성 폐질환, 간경변증을 비롯한 만성 간질환, 당뇨병, 만성 신장병, 퇴행성 골·관절질환, 폐렴, 암, 노인성 우울증 등 심인성 질환, 노인성 치매 등 만성·퇴행성질환 거의가 노인병의 범주에 속한다고 할 수 있다.

환자에게 필요한 치료 방향을 결정하는데 있어 환자가 질병이 있음에도 불구하고 얼마나 기능을 유지하고 있는가를 파악하는 것은 매우 중요하다. 환자에게 적절한 질문을 함으로써 치료의 방향을 결정할 수 있는 정보를 얻을 수가 있다.

노인 환자의 '기능 평가'가 이러한 범주에 해당한다. 노인 환자의 기능 평가를 위한 여섯 가지 영역에서 열쇠가 되는 중요한 질문은 노인 환자의 기능 평가를 가능하게 한다. 미국 의사협회에서는 노인 환자 진료 시 기능 평가를 권고하고 있다. 노인 환자가 자신의 질병에 대해서 대처할 수 있는 능력은 그 질병의 예후를 상당히 좌우하게 된다.

노인 환자의 기능 평가를 위한 여섯 가지 질문은 다음과 같다.

① 환자가 보고 들을 수 있는지?
② 환자가 걸을 수 있고 말할 수 있는지?
③ 환자가 잘 먹고 잘 잘 수 있는지?
④ 환자가 대소변은 잘 보는지?
⑤ 환자가 일상생활은 잘 하는지?
⑥ 환자가 생각하고 행동할 수 있는지?

위의 질문 중 '환자가 잘 먹고 잘 잘 수 있는지?'에서 '잘 먹고'(영양 및 식생활)에 관한 세부 질문에는 "당신은 특별한 식사를 합니까?", "당신을 위해서 음식을 조리하고 식료품을 사는 사람은 누구입니까?", "당신은 주로 냉동식품이나 인스턴트식품, 미리 조리된 음식을 먹지는 않습니까?", "식사를 할 때 누군가가 도와 주어야 합니까?", "비타민제를 복용하십니까?", "의치(義齒)를 사용하고 있습니까?", "그 의치는 잘 맞습니까?", "그 의치는 어디에 있습니까?" 등이 있다.

질문은 환자에게 직접 물어보는 것이지만, 필요할 경우 더 자세한 정보를 얻기 위해서 그 대상을 가족이나 기타 보호자로 확대할 수 있다.

'U-안심폰 서비스'는 노약자나 환자의 질병 정보 등을 미리 데이터베이스로 만들어 놓은 뒤, 119 응급신고가 들어오면 맞춤형 구조가 이뤄지도록 한 것이다. 신청자가 서비스를 접수할 때 등록한 전화기로 119에 전화를 걸면, 실시간으로 해당 환자의 병력 등 관련 정보가 구급차량으로 전송되는 방식이다. 이에 119 출동과 동시에 환자의 병력(病歷) 파악이 가능해 당뇨나 심장병, 뇌혈관 질병환자 응급조치에 효과적이다.

서울에서 2006년 8월부터 시범 실시된 'U-안심폰 서비스'가 3주 만에 등록자 2만 명을 넘어섰다. 서울시 소방방재본부는 접수 3주째인 8월 21일 까지 총 2만 2,823명이 등록을 마쳤다고 밝혔다. 서비스 등록을 원하는 시민은 질병과 전화번호 등을 적은 신청서를 서울시내 22개 소방서 민원실로 보내거나 방문 접수하면 된다. 이 서비스는 2007년부터 전국으로 확대된다.

## 5. 노인 배설 케어

인간은 누구나 죽는 순간까지 기저귀를 차지 않는 것이 최상이지만, 어느 누구에게도 보장해줄 수 없는 것이 현실이다. 의식이 있는 노인들의 경우는 그런 상황에 빠져들면 수치심, 자신감 상실, 사회성 상실 등을 경험하게 된다.

일반 성인이 노인의 신체 상태를 경험할 수 있는 체험복을 입고 가상체험을 해보면 충격을 받게 된다. 특히 기저귀 등을 차고 배뇨를 해보는 것은 가장 힘든 과정이다. 일본에서는 노인시설 종사 복지사 실습 과정에 배뇨 체험을 반드시 넣고 있다.

배설과 관련해 이루어지는 도움, 훈련, 서비스 등을 총괄하는 것을 "배설 케어(排泄 care)"라고 한다. 일본에서는 노인 복지시설 직원 교육 중 가장 중요한 것 중 하나가 배설 케어 관련 프로그램이다. 시설에 종사하는 사람들은 우선 자신이 돌보고 있는 어르신들의 요실금 여부를 알고 있어야 하며, 배설 케어에 관한 올바른 지식을 익혀야 한다.

요실금은 본인 의지와 무관하게 소변이 배출되는 현상으로 소변이 마려울 때 참지 못하고 소변을 지리는 절박성 요실금, 배의 압력이 올라갔을 때 소변이 새는 복압성 요실금, 그리고 이 두 가지가 혼합되어 나타나는 복합성 요실금으로 분류된다. 현대 의학에서 증상에 따라 보다 효율적으로 케어할 수 있는 방법이 있다. 또 소변줄이라 불리는 배뇨관(catheter)은 본래 자신이 배출할 수 없을 때 이용하는 것인데, 스웨덴이나 덴마크의 경우는 장기간 유지하는 것을 금지하고 있다. 그러나 일본에서는 의사에 의해 허가받은 배뇨관 사용이 퇴원 후에도 그 상태로 집이든 시설이든 지속적으로 사용하게 하는 경우가 있다.

노인에 요실금이 많은 것은 일상생활의 활동(Activities of Daily Living)의 저하나 치매가 원인일 수 있다. 일본의 조사에 의하면, 현재 성인 기저귀를 사용하고 있는 노인의 약 77.5%는 시설에 입소하기 전 병원 등에서부터 기저귀를 하고 있었으며 기저귀 착용을 계기로 일상 활동의 저하나 치매가 시작되는 경우가 있다. 병원에서 기저귀 착용이 일상화되어 버리면 시설에 와서 기저귀를 사용하지 않는 생활로 돌아가는 것은 어려운 현실이다.

노인 자신의 의지로 기저귀를 벗어날 확률이 가장 높은 곳은 노인 시설인데, 그곳도 6.8%(조사 대상 3,323명 중 겨우 226명)에 불과했다. 의사들이 시설 노인을 대상으로 조사한 결과에 의하면 현재 기저귀를 사용하고 있는 노인 가운데 30%는 기저귀 없이 생활이 가능할 수도 있다는 분석이 나왔다. 그러나 기저귀가 없는 생활이 가능할까는 상황을 종합적으로 판단해 결정할 필요가 있다.

유럽 선진국과 비교할 때, 일본은 성인 기저귀의 사용 빈도가 훨씬 높아 노인 복지시설에서 생활하는 노인의 절반 이상이 기저귀를 사용하고 있다. 배설 케어의 목적은 노인의 삶의 질(Quality of Life) 저하를 막는 것이기 때문에, 기저귀를 사용한다는 것도 배설 케어를 추구하기 위한 결정이 될 수 있다. 그러나 이런 경우는 노인에게 기저귀를 찬다는 낙인으로 인한 상처를 주지 않도록 하는 배려를 잊지 말아야 할 것이다. 기저귀 사용 여부에 관해서도 사전 동의가 필요하다.

기저귀를 하지 않도록 하는 것은 배설 습관을 갖도록 도와주는 것과 같다. 하루 온종일 기저귀를 하고 있는 노인을 한번이라도 화장실에서 배설을 하도록 하면, 그것을 계기로 쾌적한 기억을 되살려 주게 된다. 또한 본능적이고, 감각적이며, 정신적인 자극을 받아 일상 생활 능력이 훨씬 향상될 수 있다. 화장실에서 배설할 수 있도록 부단한 재활훈련을 하면, 식생활에 대한 의욕 향상과 생활 개선 등이 이루어질 수 있다.

요실금에 대해 적절한 평가 없이 화장실 사용을 유도하면 성과가 나지 않는 다는 점을 이해해야 한다. 배뇨를 느껴서 화장실을 가는 것과 시간이 되어서 화장실을 가는 것은 구분돼야 한다. 자립적으로 배설할 수 있도록 유도하거나, 요실금의 상태, 배뇨의 패턴 등을 파악하는 것이 시작이다. 이를테면, 화장실을 가도록 유도하기 이전에 한 사람 한 사람의 습성을 분석하고 그 사람에 맞는 배설 차트를 만드는 것이 필수적이다.

노령화 사회가 되면서 노인의 배뇨장애는 점점 중요한 문제가 되고 있다. 보호자는 물론이고 노인에게 부담이 적게 가는 역학을 응용한 수발법, 무리하지 않은 재활훈련, 일상 활동 등을 고려하여 활용할 수 있는 배설 용기, 화장실 등에서 몸을 일으키게 하거나 이동할 수 있도록 도움을 주는 도구 등 이른바 측면으로부터의 지지와 협력의 환경을 만들어야한다.

노인 요양시설에서의 기본적인 보호는 식사, 배변, 목욕, 수면 등을 들 수 있다. 이중에서 배설 서비스는 상당히 중요하다. 그러나 노인시설뿐만 아니라 질병으로 침대에서만 생활하는 노인을 모시는 사람들이 가장 어려워하고 싫어하는 것이 배설 서비스에 관한 일이다.

개인이 신체적으로 불편해도 자의적으로 배설을 하도록 유도해야 한다. 그러나 여의치 못할 경우에는 기저귀를 차도록 해야 한다. 노인이 기저귀를 착용할 경우에도 인간으로서의 존엄성을 지켜드리며, 착용감이 좋고 피부에 부작용이 없어 쾌적함을 유지시켜 주고, 남이 모를 정도로 표시가 나지 않고 냄새나 흡수성이 좋아 수치심을 느끼지 않게 해야 한다.

## 6. 노인 종합연구소

지난 1970년 고령화 사회(aging society)에 진입한 일본은 고령 사회(aged society)를 대비해 노화와 노인 문제를 종합적으로 다루는 동경도(東京都) 노인 종합연구소(Tokyo Metropolitan Institute of Gerontology)를 1972년 설립하였다.

노년기에 일어나는 변화와 특징 등을 연구하는 학문인 노인학(gerontology)은 연구실에서만 이뤄지는 것이 아니라 노인을 치료하고 돌보는 과정이 동시에 진행되는 학문이다. 현장 중심의 연구를 수행하는 일본의 노인 종합연구소는 연구소(연구 인력 159명), 노인 전문병원(11층 규모, 691개 병상, 1일 평균 외래환자 945명), 양로원(485명 입소) 등 삼위 일체가 이루어진 기관이다.

이 연구소는 병원에서 노화 관련 질병에 관한 자료를 얻고, 양로원에서 노인들의 삶의 질을 높이기 위한 정보를 수집한다. 연구는 의학, 양전자의학, 병리학, 분자생물학, 세포기능, 생리노화, 사회과학(노인정책학, 복지학, 보건사회학 등), 인간과학, 인지과학 등 9개 연구계열,

33개 연구부에서 진행하고 있다.

우리나라에서도 고령 사회에 대비하여 노인 관련 종합연구소를 설립하여 노인 문제를 체계적으로 연구하고 실질적인 정부 정책을 개발하여야 한다.

Chapter 6

# 건강 관리

## 1. 한국인 사망 원인

우리나라는 6.25사변(1950~1953)을 딛고 눈부신 경제 발전과 산업화를 일궈내 국민들의 의식주(衣食住)가 크게 향상되었다. 한편 한국인을 괴롭히는 질병의 양상도 지난 50년간 엄청난 변화를 겪었다.

1970년대까지만 해도 전염성 질환이 많은 사람들의 생명을 앗아갔다. 50년대에는 매년 80여 만 명이 결핵으로 고통 받은 끝에 4만여 명이 사망했다. 60~70년대에는 콜레라, 뇌염 등으로 사망하는 경우가 많았다. 기생충 감염률은 85%(1971년)에 육박했다.

우리나라에서 만성질환은 1970년대부터 증가하기 시작하여 현재는 전체 사망이나 유병의 60~80%를 웃돌고 있다. 중요한 국민 보건 문제로 대두한 만성질환이란 불명확한 원인, 유전적 소인 및 생활양식과 관련된 환경 요인 등 여러 가지 복합적 요인에 의해 발생되며 장기간의 잠재기와 이환 기간을 거쳐 완전한 치유는 어렵고, 결국 기능장애나 불능으로 진행하는 퇴행성 질환들을 총괄한다. 대부분의 만성퇴행성 질환(慢性退行性疾患)은 연령 증가와 비례적으로 유병률이 증가한다.

1970년 한국인의 주요 사망 원인은 ① 고혈압 및 심장질환, ② 폐렴 등 호흡기계 질환, ③ 결핵 등 감염질환, ④ 각종 암, ⑤ 부상 및 중독

순이다. 2004년 한국인 사망 원인 1위는 암(26.3%)이며 그 다음으로 뇌혈관질환(13.9%), 심장질환(7.3%), 자살(4.8%), 당뇨(4.7%)순이다.

한국인 사망 원인 1위인 암으로 인한 사회적 부담은 직접 의료 비용과 사회·경제적 비용까지 합쳐 한 해 14조 9000억 원에 달한다. 이는 1년치 자동차 수출액과 맞먹는 액수이다. 최근에는 당뇨병이 암 못지않게 한국인을 괴롭히는 질병으로 떠오르고 있으며, 현재 환자 수가 500만 명에 가깝고 증가 속도가 빠르다.

한국인의 질병 부담 보고서(2005)에 의하면 우리나라 사람들을 괴롭히는 대표적 질병에는 당뇨, 위·십이지장 궤양, 천식, 뇌졸중 등 뇌혈관질환, 류머티즘 관절염 등이 꼽힌다. 연령별로 한국인을 위협하는 대표적인 질환에는 20대는 우울증 등 신경정신질환, 30~40대는 위궤양과 간경화, 50~60대는 각종 암, 70대는 뇌졸중과 심근경색이다.

한편 경제협력개발기구(OECD)가 발표한 OECD 가입국의 2006년도 보건의료통계(OECD Health Data 2006)에 따르면, 국민의 건강 수준을 나타내는 대표적인 지표인 평균 수명은 한국 여성 81세, 남성 74세로 주로 경제 선진국으로 구성되어 있는 OECD 국가의 평균 수준(여성 81세, 남성 75세)에 도달해 있는 것이다.

한국 국민의 평균 수명은 1960년만 해도 여성 54세, 남성 51세로 OECD 국가(1960년 평균, 여성 71세, 남성 66세)의 최저 수준이었으나 현재는 선진국 수준에 이르게 되었다.

## 2. 노년기의 건강 관리

흔히 노화의 증거로 피부의 주름, 모발의 탈색, 신경 반응의 둔화 등 신체적인 변화를 생각하는 것이 일반적인 경향이다. 그러나 노화 현상과 관련되어 눈에 보이지 않는 신체적 변화도 많이 있다. 모든 사람들이 같은 변화를 겪는 것은 아니지만 일반적으로 노화가 진행되면서 다음과 같은 신체 변화들이 나타난다.

- 뇌 : 뇌신경 세포의 수가 감소한다. 그러나 뇌의 일부에서는 뇌신경세포 사이의 연결이 증가하기도 한다. 이런 변화는 신경세포가 파괴되고 결과적으로 그 수가 감소하는 것을 보완해서 뇌의 기능을 정상으로 유지하려는 노력의 일환으로 보인다.
- 심혈관계 : 심장의 크기가 다소 커지고 혈압이 상승한다. 최대 심장 박동수도 감소하고 신체적인 활동 후에 심장이 정상으로 회복되는데 필요한 시간이 길어지게 된다.
- 신장 : 노화가 진행될수록 신장의 크기도 줄어들고 소변을 저장할 수 있는 방광의 용량도 감소한다. 노폐물을 걸러내고 배출하는 신장의 기능도 저하된다.
- 생식기관 : 각종 성호르몬(에스트로겐, 프로게스테론, 테스토스테론 등)의 분비가 감소하는 현상이 나타난다. 여성에서는 자궁과 질(膣)이 위축되며 질 분비물이 감소하면서 질 점막이 마르는 현상이 나타난다. 남성에서는 정자의 생산이 줄어들게 된다.
- 뼈 : 뼈의 밀도가 약해지는 변화가 나타난다. 골다공증이 생기고 골절이 생길 위험성이 높아진다.
- 근육 : 근육의 양과 심이 줄어드는 변화가 나타난다. 인대와 건의 수분이 감소하면서 유연성이 줄어들고 경직은 증가하는 경향이 나타난다.
- 피부 : 피부가 얇아지고 손톱과 발톱이 자라는 속도도 줄어들게

된다. 피부의 땀샘과 기름샘의 분비 능력도 감소되기 때문에 결과적으로 피부가 건조해지는 경향이 나타난다.

- 청력 : 오랜 시간 동안 지속된 소리의 충격으로 내이(속귀)의 세포가 손상을 입게 되고, 이도의 벽이 얇아지며 고막도 두꺼워진다. 결과적으로 고주파 영역의 소리를 듣는 능력이 감소하게 된다.
- 시력 : 눈물의 생산도 줄어들고, 망막도 얇아지며, 수정체도 혼탁하게 되는 변화가 나타난다. 40대 이후부터는 렌즈의 탄력성이 떨어지면서 가까운 곳을 잘 볼 수 있는 능력이 감소되기 시작한다. 그 이후에는 동공의 반사 능력도 감소되는데 결과적으로 여러 종류의 빛의 강도에 적응하는 능력이 감소된다.

노년기의 신체적·정신적 증상을 스스로 잘 관리하면서 보람과 긍지를 가지고 즐겁게 생활하면 건강하고 멋진 노년을 보낼 수 있다.

① 눈에 피로가 오거나 글씨가 잘 안 보이면 자기 눈에 맞는 돋보기 안경을 쓰도록 한다. 안경을 써도 물체가 잘 안 보이거나 둘로 보이는 등의 증상이 있으면 안과의사의 정밀검사를 받아야 한다.
② 소화가 잘 되는 음식을 골고루 먹으며 식사는 규칙적으로 한다.
③ 폐기능이 약화되므로 담배를 피우지 말아야 한다.
④ 운동은 관절염을 예방하고 관절의 퇴화를 방지할 수 있다. 운동은 규칙적으로 가볍게 하고 몸에 무리가 가지 않게 해야 한다.
⑤ 피부 관리를 항상 깨끗이 하도록 한다. 일주일에 1~2회 정도 목욕을 하는 것이 좋으며, 목욕 후에는 피부가 건조해지기 전에 크림이나 로션 등을 발라서 피부를 보호하도록 한다.
⑥ 치아 관리를 위해서 식후에는 반드시 양치질을 하도록 한다. 사

탕 등 단 음식이나 담배는 치아에 좋지 않다.

⑦ 혈압이 높은 사람은 혈압을 자주 측정해야 하고 과도한 운동이나 술, 담배, 짜고 매운 음식은 삼가야 한다.

⑧ 오랫동안 서 있거나 심한 일을 하면 심장에 부담을 주어 쉽게 피로해지거나 현기증이 날 수 있으므로 적절히 휴식을 취하여 신체의 균형을 이루도록 한다.

⑨ 마음과는 달리 활동이 부자유스러우므로 넘어지지 않도록 주의한다.

⑩ 의복은 가볍고 땀 흡수가 잘 되는 것이 좋으며, 두꺼운 옷보다는 얇은 옷을 여러 벌 겹쳐 입는 것이 좋다. 옷 디자인은 입고 벗기에 편리하도록 앞에 단추가 있는 것이 좋으며 활동하기에 편한 옷이 좋다.

⑪ 신발은 편하고 납작한 것이 좋으며 바닥이 미끄럽지 않아야 한다.

⑫ 평소 규칙적인 생활을 하고, 같은 연배의 친구들은 물론 젊은이들과도 자주 어울려 활동하면 정신 건강에 좋다.

⑬ 건강이 허락되면 지역사회 봉사활동에 참여하여 생의 보람과 활력을 갖도록 노력한다.

## 3. 고령자의 건강 증진

세계보건기구(WHO)는 고령자 건강의 정의를 자립(autonomy)으로 제창하고 있다. 자립을 측정하기 위해서는 종래 건강의 지표인 사망률(mortality)이나 유병률(morbidity)보다는 생활 기능을 평가하는 것이 필요하다. 생활 기능의 기준은 일상 활동 능력(Activities of Daily Living)이다.

미국의 노인 연구가인 칸(Kahn)은 고령자의 생산적 행동으로 사회적 자립, 상호부조(자원봉사활동) 등을 들고 있다. 즉, 고령 사회의 고령자는 단순한 자립이 아니라 사회의 구성원으로서의 활동이 요구된다.

과학적으로 보면 인간은 120세까지 살 수 있다. 따라서 무엇보다 중요한 것은 죽기 전에 병원에서 지내는 시간은 최대한 줄이는 것이다. 즉, 120세 수명에 마지막 20년을 병상에서 보낸다면 그 사람의 사실상의 건강 수명은 100세이다. 그것보다는 100세 수명에 99세를 건강하게 살다가 1년 정도 병상에서 보내다가 죽는다고 가정할 때 후자의 '삶의 질'이 훨씬 높다고 할 수 있다.

수명(壽命)에 있어서 '삶의 질(質)'을 이야기할 때 흔히 연어의 삶을 예로 든다. 연어는 알에서 부화하여 바다로 나가 7~8년 정도 성장한 후 신체 기능이 가장 왕성할 때 자신의 고향인 강으로 돌아온다. 그리고 알을 낳은 후 며칠 내에 온갖 노화 현상을 나타내며 죽는다. 이에 인간의 소망도 죽는 그 날까지 왕성한 육체 활동과 지적인 활동을 하고 싶다는 것이다.

우리나라는 인구 10명당 4명이 질환에 시달리고 있으며, 질환으로 인한 조기 사망으로 우리 경제가 부담하는 손실액은 약 28조 원에 이르는 것으로 추정된다. 인구의 고령화 및 만성질환 증가로 인한 경제적 부담의 경감을 위해서는 의료 서비스 제공 중심의 보건정책보다는 개인의 적극적인 건강관리가 필요하다.

1986년 캐나다 오타와에서 개최된 제1차 국제 건강증진회의에서 '건강 증진'을 '사람들로 하여금 자신의 건강에 대한 통제를 증가시키고 개선하게 하는 과정'으로 정의하였다. 이에 여러 국가에서 국민 건강증진에 많은 노력을 기울여 왔으며, 건강 증진의 도약은 과거 의료 전문가에게 의존한 '치료' 중심의 보건정책을 개인의 자율권에 의한 '예방' 중심의 정책으로 전환했다. 또한 건강을 기본권의 하나로서, 또한 건전한 사회적 투자로서 인지하도록 하는 데 이바지하였다. 즉, 건강은 개인이 스스로 추구하여야 할 과제이며, 건강한 상태가 주는 즐거움은 모든 사람이 가져야 할 권리이다.

〈뉴스위크(Newsweek)〉 최신호(2006년 8월)는 하버드대학교 연구보고서를 인용하여 '남성의 장수(長壽) 비결' 10가지를 제시했다. 장수방안은 ① 담배와 마약을 금할 것, ② 운동을 규칙적으로 할 것, ③ 음식을 골고루 잘 먹을 것, ④ 적정한 체중과 체형을 유지할 것, ⑤ 술은 하루 한두 잔으로 제한할 것, ⑥ 과도한 스트레스를 피할 것, ⑦ 자동차를 운전할 때 안전벨트를 매고 안전하게 운전할 것, ⑧ 자외선·방사능 화학물질·환경 오염물질 등에 대한 노출을 피할 것, ⑨ 성병·에이즈를 예방할 것, ⑩ 몸에 이상이 생기면 곧바로 의사의 진찰을 받을 것 등이다.

〈뉴스위크〉는 남성이 여성보다 질병에 걸릴 확률과 사망률이 높지만, 여성만큼 오래 못 사는 가장 큰 이유는 자신의 건강에 대해 관심을 갖지 않기 때문이라고 지적했다. 남성들에게는 건강에 전혀 문제가 없는 것처럼 행동하는 '존 웨인 증후군'이나 '타조 증후군'이 있다는 것이다. '타조 증후군'이란 타조(駝鳥)는 위기가 닥쳐오면 머리를 모래에 처박는다는 통념(通念)에 기초해서 위기가 마치 존재하지 않는 것처럼 외면하는 심리를 빗댄 표현이다. 한편 여성은 건강에 대한 관심이 크고, 건강 검진 등 질병 예방에도 적극적이므로 오래 산다는 것이다.

통계청이 2006년에 발표한 '100세 이상 고령자 조사 결과'에 따르면 우리나라의 100세 이상 장수 노인은 961명으로, 이들의 65.8%가 술을 마시지 않으며 58.0%는 담배를 피우지 않는다. 또한 장수 노인들은 채식을 위주로 한 소식의 식생활을 규칙적으로 하는 것으로 나타났다. 이는 건강 생활 실천의 중요성을 대변해 주고 있다.

우리 정부도 건강 증진의 중요성과 효과를 인식하고 개인 및 지역사회의 건강 관리 능력 강화에 주안점을 둔 '국민건강증진법'을 1995년에 제정하였으며, 국민 건강 증진 종합계획(Health Plan 2010)을 수립하여 체계적으로 접근하고 있다.

국민 건강 증진 종합계획에서는 금연, 절주, 운동, 영양 개선 등 범국민 건강 생활 실천율을 높이고, 암·당뇨병·고혈압·심혈관 질환·전염병 등 유병률이 높거나 사망률이 높은 질병의 예방과 관리를 통한 평균 수명의 연장, 건강 형평성의 획득과 삶의 질 향상을 제시하고 있다.

이를 위하여 전국 시·군·구 보건소 중심으로 금연·절주·운동·영양 개선 등 건강 생활 실천 사업, 취약 계층에 대한 영양 지원 프로그램, 금연 클리닉 등을 운영하고 있다. 또한 당뇨·고혈압 등 만성질환 조기 관리 프로그램의 운영, 관련법 제도의 지원을 통하여 건강생활 실천 환경 조성에 노력하고 있다.

## 4. 생활습관병

성인병(成人病)이란 병명은 노인병(老人病)에서 유래되었으며 일본에서 1955년부터 행정적으로 제시된 개념이다. 그러나 요즘은 소아(小兒)성인병이라는 말이 나올 정도로 아동과 청소년에서도 성인병이 발생되고 있으며, 이 질병들이 노화(老化)보다 오히려 일상생활(日常生

活)에 기인한 여러 가지 원인이 발병(發病)에 중요한 역할을 하고 있으며, 예방이 중요하다는 것이 인식되었다. 이에 최근에는 성인병을 생활습관병(生活習慣病, Life-style related disease)이라고 부른다.

즉, 중년 이후에 나타나는 성인병은 어느 순간 발병하는 급성질환(急性疾患)이 아닌 오랜 생활 습관(生活習慣)의 결과로 인하여 생기는 만성질환(慢性疾患)이다. 따라서 성인병 여부는 먹는 습관, 일상생활 습관, 운동 습관 등에 달려 있다.

일본 정부가 현재 추진하고 있는 '건강 일본(健康日本) 21'에서는 주요 생활 습관과 생활습관병을 9개 분야 즉, ① 식생활・영양, ② 신체활동・운동, ③ 휴양・마음의 건강, ④ 흡연(담배), ⑤ 음주(알코올), ⑥ 치아 건강, ⑦ 당뇨병, ⑧ 순환기 질환, ⑨ 암 등으로 세분화하고 있다.

생활 습관과 발병(發病)과의 인간관계를 강조하는 개념의 생활습관병에는 고혈압, 뇌졸중, 허혈성 심질환(心疾患), 인슐린 비(非)의존성 당뇨병, 고(高)지혈증, 고(高)요산혈증, 만성기관지염, 폐기종, 알코올성 간질환, 치주병, 비만, 암 등이 있다. 따라서 생활 습관 몇 가지를 슬기롭게 바꾸면 각종 만성질환을 예방할 수 있다. 건강을 증진하려면 생활습관을 바꿔야 한다.

생활습관병은 정기적인 건강검진으로 조기 발견이 가능하며, 또한 조기에 발견하여 지속적인 치료와 생활 습관을 개선하면 건강한 생활을 유지할 수 있다.

건강검진은 전국 어느 검진 기관에서나 받을 수 있다. 건강검진은 기본검사(진찰과 상담, 신장, 체중, 시력, 청력, 혈압), 흉부방사선촬영, 혈액검사, 심전도검사, 소변(尿)검사, 구강검사로 이루어진다. 건강검진은 2년에 1회 받을 수 있다.

검진 시 주의사항은 검진 전날 저녁 9시 이후에는 금식(禁食)하여야 한다. 검진 당일 아침 식사는 물론 커피, 우유, 담배, 주스 등 일체의 음식을 삼가야 한다. 되도록 오전 중에 검진을 받도록 하며, 오후에 검진을 받을 때는 검사 때까지 최소 6시간 이상의 공복(空腹) 유지가 필요하다. 공복이 아닌 상태에서 검진하였을 경우 검사 결과가 다르게 나타날 수 있다.

한국보건영양연구소(이사장 박명윤)는 현대인의 건강관리 수칙으로 5過(過食 · 過飮 · 過勞 · 過慾 · 過色)를 삼가하고, 5正(正食 · 正動 · 正眠 · 正息 · 正心)의 생활을 실천할 것을 권장하고 있다. 열 가지 수칙을 이행하면 속칭 '성인병'이라고 부르는 '생활습관병(life-style related disease)'을 예방하여 건강하게 장수할 수 있다.

5過(過食 · 過飮 · 過勞 · 過慾 · 過色)를 삼가자.

① 과식(過食) : 과식은 비만을 초래하고 비만증은 성인병의 원인이 된다. 소아 비만이 성인 비만으로 이행되므로 어릴 때부터 정상 체중을 유지하여야 한다.

② 과음(過飮) : 적당한 음주(하루 2잔 정도)는 건강에 좋다고 해서 약주라고도 한다. 그러나 과음은 신체적, 정신적, 사회적 손상을 입히고 패가망신의 원인이 된다.

③ 과로(過勞) : 우리 몸은 과로하면 반드시 병이 생기며, 과로를 계속하면 죽음을 초래한다. 신체에 너무 무리를 가하지 말아야 한다.

④ 과욕(過慾) : 자신의 분수를 모르는 지나친 욕심은 화를 부른다. 참된 삶은 남을 이롭게 하는 것이므로 과욕을 버리면 모든 갈등과 스트레스가 사라진다.

⑤ 과색(過色) : 남자건 여자건 문란한 성생활은 인생을 망치기 쉽다. 성생활은 서로의 사랑을 확인하고 애정을 나누는 성실한 태

도가 필수적이다. 건전한 성 문화가 건강한 사회를 만든다.

5正(正食·正動·正眠·正息·正心)의 생활을 실천하자.

① 정식(正食) : 하루 3끼 식사를 규칙적으로 알맞게 먹는다. 인체에 필요한 40여 종의 영양소를 공급하기 위하여 다양한 식품(1일 30가지 식품)을 골고루 섭취한다. 짜고 기름진 음식을 피하며 즐거운 식생활을 한다.

② 정동(正動) : 운동의 강도·시간·빈도에 맞추어 꾸준히 운동을 한다. 숨이 차고 땀이 날 정도로 하루에 30~60분간, 일주일에 3~5일 정도의 운동이 알맞다.

③ 정면(正眠) : 하루 7~8시간의 쾌적하고 깊은 단잠을 자며 잠자는 시간을 항상 일정하게 유지한다. 뇌의 휴식 상태인 잠은 깨어 있는 시간 동안의 '삶의 질'을 결정한다.

④ 정식(正息) : 성인들의 호흡은 얕고 짧은데, 이것을 깊고 길게 하여야 한다. 흉식호흡을 복식호흡이 되도록 연습하여 깊고 편안한 숨을 쉬어야 한다.

⑤ 정심(正心) : 항상 기쁘고 감사하는 마음으로 생활한다. 마음속에 분노, 불안, 질투, 강박관념 등 부정적인 감정이 도사리고 있으면 결코 건강할 수가 없다. 또한 자원봉사가 몸에 배어 남에게 베푸는 사람이 건강하게 오래 산다.

## 5. 정신 건강

어떤 사람이 정신적으로 건강한가! 정신의학(精神醫學) 교과서에서는 인생의 목적이 뚜렷하고, 타인에게 의존하지 않고, 처지에 알맞게 행동하고, 남의 입장을 이해하며, 인생의 즐거움을 여러 가지로부터 얻고, 자신의 한계를 인정하고 받아들이는 사람으로 정의돼 있다.

원로(元老) 정신과 전문의 100인의 추천을 받아 제정한 '정신 건강 10가지 수칙'은 다음과 같다. 일상생활에서 정신 건강을 증진하기 위해 지켜야 할 수칙들이다.

① 긍정적으로 세상을 본다. (동전에 양면이 있다는 사실을 새롭게 알게 된다.)
② 감사하는 마음으로 산다. (생활에 활력을 불러일으켜 준다.)
③ 반갑게 마음이 담긴 인사를 한다. (마음이 따뜻해지고 성공의 바탕이 된다.)
④ 하루 세 끼 맛있게 천천히 먹는다. (건강의 기본이며 즐거움의 샘이다.)
⑤ 상대의 입장에서 생각해 본다. (핏대를 올릴 일이 없어진다.)
⑥ 누구라도 칭찬한다. (칭찬하는 만큼 내게 자신이 생기고 결국 그 칭찬은 내게 돌아온다.)
⑦ 약속 시간에 여유 있게 가서 기다린다. (오금이 달지 않아 좋고 신용이 쌓인다.)
⑧ 일부러라도 웃는 표정을 짓는다. (웃는 표정만으로도 기분이 밝아진다.)
⑨ 원칙대로 정직하게 산다. (거짓말을 하면 죄책감 때문에 불안해지기 쉽다.)
⑩ 때로는 손해 볼 줄도 알아야 한다. (당장 내 속이 편하고 언젠가는 큰 것으로 돌아온다.)

## 6. 뇌의 플러스 발상

뇌(腦)의 무게는 약 1,300g이며 신경세포 수는 약 140억 개이다. 사람의 뇌에는 모르핀과 비슷한 물질이 분비되는데, 이것이 사람의 기분을 좋게 만들 뿐 아니라 노화(老化)를 방지하고 자연 치유력을 높이는 뛰어난 효과를 가지고 있다. 따라서 '뇌내 모르핀'의 분비가 촉진되면 건강이 증진된다.

뇌내(腦內) 모르핀을 구성하는 주요 물질이 아미노산이므로 고(高)단백 식품을 섭취하는 것이 좋다. 그러나 사용하고 남은 단백질은 지방으로 변해 몸에 축적되어 성인병의 원인이 될 수 있으므로 동시에 저(低)칼로리 식사가 바람직하다. 두부, 청국장 등 콩 제품이 좋다.

운동은 걷는 운동이 뇌내 모르핀을 분비하는데 효과적이다. 하루에 최소 5천 보 이상 걸으며, 복식호흡과 체조도 좋다. 우리 몸의 근육은 몸에 쌓이는 지방을 연소해 성인병 위험을 예방하므로 나이가 들어서도 적당한 근육을 유지하여야 한다. 명상(瞑想)을 하면 뇌파(腦波)에 '알파($\alpha$)파'가 많아지면 뇌내 모르핀의 분비가 촉진된다. 선(禪), 요가 등이 명상의 전부가 아니다. 매사를 기분 좋게 느끼는 자체도 하나의 명상이다.

'플러스 발상(Plus 發想)'이란 육체와 마음은 늘 대화를 나누고 있으며, '마음'으로 생각하는 것은 추상적 관념에 그치지 않고 반드시 구체적인 물질로 변화되어 '육체'에 작용한다. 예를 들면 남에게 어떤 말을 듣고 '기분 나쁘다'고 생각하면 체내에는 노화(老化)를 촉진시키고 암을 유발하는 물질이 생성된다. 반대로 그 말에 '고맙다'고 생각하면 젊음을 유지하고 몸을 건강하게 만드는 물질이 만들어 진다.

따라서 무슨 일이든지 '플러스 발상'을 하는 습관을 가진 사람은 면역성이 강해 좀처럼 병에 걸리지 않는다. 한편 '마이너스 발상'만 하는 사람은 쉽게 병에 걸린다.

긍정심리학(肯定心理學, Positive Psychology)의 대가(大家) 마틴 셀리그먼(Martin Seligman) 미국 펜실베이니아대학교 심리학 교수는 "웃으십시오. 좋은 일에 빠져드십시오. 의미 있는 삶을 사십시오. 그렇게 긍정적인 마음을 먹기 시작하면 행복의 길로 걸어갈 수 있습니다."라고 강조한다.

Chapter 7

# 영양 관리 및 노인식

## 1. 식원병

흔히 유럽 사람들은 일찍 죽고 싶으면 '스코틀랜드'식으로 먹고, 건강하게 오래 살고 싶으면 '크레타'식으로 먹으라고 이야기한다. 이유는 스코틀랜드 사람들은 붉은색 육류, 유제품 등 포화지방을 많이 섭취하고, 반면에 크레타 사람들은 생선, 견과류 등 불포화지방을 섭취하기 때문에 심장질환 사망률이 낮다.

현대인들은 식생활의 잘못으로 인하여 각종 성인병(생활습관병)의 증가, 암 발생의 증가, 감염원에 대한 저항력의 저하, 심신증 등 정신력의 저하 등을 당면하고 있다. 이들 질병들은 잘못된 식생활이 원인이므로 식원병(食原病)이라 부르기도 한다.

유아 시절부터 일생에 걸쳐 반복되는 식습관(食習慣)이 나쁠 경우 좋은 영양과 건강 유지에 방해가 됨은 물론이다. 또한 노인 특유의 보수성과 고집은 과거에 자기가 했던 식생활을 잘 바꾸려 하지 않아 노인의 식습관 개선은 어려운 것으로 알려져 있다. 영양 지식의 무지, 식품 금기(food fads), 극단적인 기호도, 생소한 음식의 배척, 부족한 식생활 비, 식생활이나 영양에 관한 무관심 등이 노인에게 나쁜 식습관을 갖게 한다.

산업의 발달, 사회 구조의 복잡성, 인구의 도시 집중, 핵가족 제도의 확산, 식품공학의 발달 등은 우리들의 식생활 형태를 바꾸어 놓았다. 현대인이 즐겨 먹는 가공·인스턴트식품을 영양학적인 면에서 보면 비타민 및 무기질의 결핍, 식이섬유의 결핍, 식품첨가물 등에 의한 영양의 불균형이다.

오늘날 과학 기술의 발달은 국민을 둘러싼 사회적, 문화적, 경제적, 때로는 자연적 환경까지도 크게 변화시켰다. 생활 환경의 변화에 따라 여러 가지 새로운 식품 및 조리가공 기술이 발전되어 왔다. 또 생활 양식의 다양화에 따른 식사 내용, 섭식 형태, 식사 시간 및 가치관 등의 변화, 세대간의 의식 차이, 그리고 핵가족화에 따른 거주 형태의 변화 등이 국민 식생활을 크게 변화시켰다.

건강하게 장수하여 천수를 다하는 무병장수에 대한 인간의 염원은 인류 역사가 시작된 이후 소멸될 줄 모르는 영원한 꿈이다. 현대인의 건강에 관한 욕구는 건강 회복, 건강 유지, 건강 증진, 건강미에 대한 욕구 등이다. 이러한 욕구에 대한 배경으로 정제된 가공식품의 증가, 식품 첨가물의 사용량 증가, 농약·화학비료의 오염 증가, 환경공해 증가 등 여러 가지 요인들이 있다.

노인들의 식사 계획에서 반드시 고려해야 할 것은 바로 개개의 식습관과 기호를 가능한 존중하면서 적절한 영양 섭취를 하도록 해야 한다. 만성적인 알코올 중독도 균형 잡힌 식사를 하는데 방해가 된다.

## 2. 노년기 영양 관리

노년기에는 인생의 그 어느 시기보다 좋은 영양 상태를 유지하는 것이 중요하다. 그러나 노화로 인해 전반적인 영양 섭취 조건은 오히려 나빠지게 마련이다. 즉, 치아 상태가 나빠지고 소화기관의 기능이 저하되는 직접적인 원인 외에도 노년기 우울증이나 후각의 기능이 떨어져 식욕을 잃게 되는 경우가 있을 뿐만 아니라 맛을 감지하는 혀의 미뢰(味蕾) 수가 줄어들어 제대로 맛을 보지 못하게 되는 경우도 있어 노인기의 식생활은 먹는 즐거움 못지않게 좋은 영양 상태를 유지하는 데 초점을 두어야 한다.

노년기에는 미각과 후각의 둔화로 맛에 대한 기호가 변하며, 특히 단맛과 짠맛이 강해진다. 이에 보통의 음식 간을 싱겁게 느껴 염분 섭취량이 많아지게 되어 혈압을 높이는 결과를 초래할 수 있다.

치아가 좋지 않아 씹는 능력이 떨어지고 식욕이 감퇴하며 타액, 소화액의 분비가 감소하여 소화가 어렵고 구강(口腔)건조증 등 증상이 나타난다. 또한 노인은 고독, 불안, 우울 등의 심리적 문제에 의해서도 식욕감퇴가 발생할 수 있다 소화 기능의 저하, 치아의 손실 등으로 음식 섭취량이 줄어들게 되어 영양 상태가 불량하기 쉬우므로 필요 시 영양 보충제를 사용할 수 있다

노인의 경우 영양의 중요성과 균형 잡힌 식사에 대한 지식이 부족한 것이 문제이다. 또한 돌봐주는 사람 없이 혼자서 식사를 해야 하는 노인들의 경우 영양 공급이 부실한 경우가 많다. 홀로 식사를 하니 식욕이 떨어지고, 직접 식사를 차리기가 번거로워 건너뛰거나 간소하게 해결하는 것이다. 그러나 식욕이 없거나 귀찮을 때에도 제시간에 식사를 챙겨먹는 것이 중요하다.

나이가 들면 근육량, 대사량, 활동량이 감소되므로 음식 섭취량은 줄이되 균형 잡힌 식사를 하여야 한다. 유행 식품이나 잘못된 식품 정보에 현혹되거나 불필요한 보충제를 섭취하는 것보다 세끼 식사를 통

해 적절한 영양 상태를 유지한다. 근육의 힘과 이상적인 체중을 유지하기 위해 유산소 운동과 근육 운동을 한다.

노인 전문요양원에서는 요리와 식사를 즐길 수 있도록 친한 친구와 함께 장을 보거나 요리를 하고, 음식을 나눠 먹을 것을 권한다. 몸이 아프거나 요리를 하기 힘들 때를 대비해 요리를 할 때 두세 번 먹을 분량으로 나눠 따로 보관하는 것이 좋다. 남성 노인의 경우 아내가 외출하거나 홀로 될 경우를 대비해 최소한 자신의 식생활을 해결할 수 있도록 간단한 요리를 배워두는 것도 필요하다.

노인의 식품 선택에 영향을 미치는 인자들을 심리학적 요인, 생리학적 요인, 사회경제적 요인 등으로 나눌 수 있으며, 이들 요인들은 각기 독립적으로 또는 복합적으로 작용한다.

<표 7-1> 노인의 식품 선택 경향에 영향을 주는 인자

| | |
|---|---|
| 심리학적 요인 | 고독, 사별, 사회적 분리, 식품 혐오, 식품의 기호, 정신 의식(지각), 자기 자신의 가치에 대한 인식, 영양 지식, 가족 또는 삶의 형태에 대한 불만 |
| 생리학적 요인 | 식욕 감퇴, 미각 감퇴(상실), 치아 결손, 규정된 식사, 만성 질병, 식품 불내성, 건강 상태, 육체적 무력감, 운동 정도, 시력 문제 |
| 사회 · 경제적 요인 | 연령, 성별, 수입 수준, 조리 시설, 일일 계획, 은퇴/여가시간, 교육 수준, 식품 저장 간격, 운반 이용도, 친숙한 식품의 이용도 |

스스로 식사를 준비하는 노인 여성이 관절염으로 식사 준비를 하기 어려울 경우 간편한 요리에 의존한다. 일반적으로 노인의 식사는 에너지 공급만을 위주로 하는 경향이 있으므로 신체 활동에 의해 소비된 만큼의 에너지를 섭취하게 되며, 이때 다른 영양소들의 섭취가 충분치

못해 결과적으로 단백질, 비타민, 무기질 등의 결핍을 초래한다. 이를 뒷받침하듯이, 비교적 활발한 신체 활동을 함으로써 에너지 소비량이 높은 노인 그룹에서 영양소 섭취 상태가 좋다.

노인의 특정 식품에 대한 기호 및 낮은 영양 섭취 상태는 신체적 가령 자체의 영향뿐 아니라 현재 노인이 처한 일상생활 활동과도 깊은 관련이 있다. 직업이 있거나 지역사회 등에서 적극적으로 활동을 하는 고령자의 경우, 특정 식품에 대한 기호도를 보임에도 불구하고 영양 상태는 좋다. 이에 반해 누워서 지내거나 집에만 있는 노인, 혼자 사는 고령자의 경우, 영양 상태에 문제가 많다. 영양 과잉 섭취를 시정할 필요가 있는 사람이 있는 반면, 영양부족증세가 있어 영양 섭취를 늘려야 할 필요가 있는 사람도 있다. 이러한 서로 다른 두 그룹이 노인들의 특징이라고 할 수 있다.

일에서 은퇴는 혼자 사는 노인이나 부부가 함께 사는 노인의 생활방식에 변화를 가져온다. 우선 집에 있는 시간이 많아지므로 부부가 함께 식사 계획이나 시장을 함께 보는 등 남편과 함께 참여가 많을수록 식사의 질이 좋아진다. 전통적인 여성 역할에 불만족인 여성 노인들은 은퇴 이후 식사 준비를 소홀히 함으로써 식사의 질이 더 나빠질 수 있다. 따라서 이제까지의 영양 교육은 주로 여성들에게만 초점이 맞추어져 왔으나 이제부터는 식생활에 관한 의사 결정에 크게 영향을 미치는 남성들에게도 영양 교육을 시키는 것이 효과적일 것이다.

의학 발달, 신약 개발, 면역 능력 증가로 인하여 인간의 수명은 증가되고 있으나 전 세계적으로 노인들의 건강 상태는 불량하여 노년기의 삶의 질에 대한 문제가 제기되고 있다. 이러한 삶의 질 향상 및 유지를 위해서는 치료보다 예방이 중요하기 때문에 질병 예방을 위해 개인, 사회 및 국가적 차원에서 많은 노력을 기울이고 있다. 또한 효율적 예방을 위해서는 올바른 식생활 습관 및 적절한 영양 섭취에 비중을 둔 영양 교육 프로그램을 개발하여 성인 및 노인들에게 영양 교육을 실시하는 것이 바람직하다.

## 3. 식사 요령

하루 세끼 식사 및 간식을 먹은 후에는 매번 3분간 양치질하는 것을 생활화하여야 한다. 치아 및 구강 상태에 문제가 있을 때는 음식을 다지거나 갈아서 먹으며, 자극적이지 않게 조리해서 먹는다. 입안이 건조할 때는 무설탕 껌이나 사탕을 이용한다.

소화 능력이 감소되었을 때는 부드러운 음식을 선택하여 소량씩 자주 먹으며 천천히 꼭꼭 씹어 먹는다. 술, 담배 등은 삼가는 것이 좋다. 식욕이 저하되었을 때는 소량의 잦은 식사로 음식 섭취량을 증가토록 하며, 평소 즐기던 간식으로 영양 섭취를 보충한다.

변비(便秘)가 있을 때는 섬유소를 충분히 섭취하여야 한다. 식이 섬유소는 대변의 용적을 크게 하고, 장의 연동운동을 촉진하여 배변을 쉽게 해준다. 섬유소가 많은 식품에는 현미, 보리, 콩류, 채소, 과일, 해조류 등이 있다. 따라서 흰 밥보다는 잡곡밥을, 흰 빵보다는 통밀 빵이나 보리 빵으로 먹는 것이 좋다. 또한 콩, 과일, 채소, 해조류 등을 많이 먹도록 한다. 매일 규칙적인 식사와 배변 습관을 갖도록 하며, 적절한 운동을 한다. 하루 물을 6~8컵 정도 충분히 마신다.

빈혈(貧血)이 있을 때는 철분을 충분히 섭취하여야 한다. 우리 몸에 철분이 부족하면 혈액이 정상보다 묽어져 빈혈이 된다. 철분이 많은 식품에는 동물의 간(肝), 육류, 생선, 계란 노른자, 굴, 조개류, 녹황색 채소 등이 있다. 아울러 비타민 C가 풍부한 식품(채소, 과일 등)과 단백질 식품(고기, 생선, 두부, 계란 등)을 충분히 먹는다. 편식을 피하고 음식을 골고루 먹도록 하며, 식사 중이나 식사 직후의 커피와 차는 철분의 흡수를 방해하므로 피하는 것이 좋다.

골다공증(骨多孔症) 예방 및 치료를 위해서는 칼슘을 충분히 섭취하여야 한다. 칼슘은 뼈의 건강에 중요한 역할을 하는 영양소이다. 칼슘이 많은 식품에는 우유, 요구르트, 치즈, 멸치, 뱅어포, 미역, 다시마, 두부 등이 있다. 이에 우유, 요구르트 등 유제품을 하루 한 번 이상 섭취한다. 콩이나 두부요리(두부조림, 순두부, 찌개, 비지찌개 등), 녹색채소와 해조류(무청, 고춧잎, 시금치, 미역, 다시마 등)를 많이 먹는다. 커피나 탄산음료는 칼슘의 흡수를 방해하므로 섭취를 줄인다. 걷기, 조깅 등 체중이 실리는 운동 및 적절한 신체 활동을 한다.

많은 노인들이 만성 질병을 앓고 있으며 그에 따라 처방된 여러 가지 약물을 복용한다. 때로는 의사 처방을 미처 받지 못할 때 우선 고통을 없애려고 아스피린 등을 스스로 처방하여 복용하기도 한다.

그러나 많은 종류의 약물들은 특정 영양소의 흡수를 억제하고 대사를 방해하여 체내 이용률을 떨어뜨리며, 배설을 증가시킨다. 식욕이나 맛 감각을 비정상적으로 증가시키거나 감소시키는 약물도 있다. 반대로 영양소들이 약물의 흡수나 작용에 영향을 미쳐 약물효과를 방해하기도 한다.

고혈압 조절에 복용되는 하이드라나이진(hydralazine)과 파킨스씨병 치료약인 L-dopa는 비타민 $B_6$의 결핍을 일으킬 수 있다. 하제로 많이 이용되는 미네랄 오일은 모든 지용성비타민의 흡수를 방해하며, 심부전 치료를 위한 장기적 이뇨제 복용은 마그네슘, 칼륨, 아연의 부족을 일으킬 가능성이 있다. 항생제인 네오마이신(neomycin)은 복용한지 6시간 이내에 장내 흡수 능력을 떨어뜨리며, 췌장의 라이페이즈(lipase) 분비를 감소시킨다.

만성적 질환을 위해 장기간에 걸쳐 약물을 계속 복용한다면 관련된 영양소에 미치는 영향은 더욱 커져 영양소의 부족 상태를 일으킬 수 있다. 또한 노인들이 여러 종류의 약물을 동시에 복용하거나 노인들의 영양 상태가 좋지 않은 경우 약물이 영양소의 대사 및 이용에 미치는 영향은 더욱 심하게 나타날 것이다. 따라서 약물의 남용이나 과용을 하지 말고, 약물 복용이 꼭 필요한 경우에는 약물과 영양소와의 관계를 반드시 확인한 후 부족한 영양소를 섭취해야 한다.

## 4. 식생활 실천 지침

조선의 마지막 황제 고종(高宗)의 친필 편액에 '절식 복다 수가 소병(節食 服茶 羞可 少病)'이란 글귀가 적혀 있다. '적게 먹고 차를 마시되, 즐거운 마음으로 먹고 마시면 병이 적다'는 뜻이다. 즉, 생활의 절제와 즐거운 마음을 유지하는 것이 건강 증진에 바람직하다.

일본 속담에 '배(腹) 8부에 질병 없다'가 있다. 즉, 모든 질병의 근원은 과식(過食)에 있다는 뜻이다. 소식(小食)이 건강과 수명에 긍정적인 효과가 있으므로 노년기에는 음식을 천천히 많이 씹어 먹되 여러 가지 음식을 고루 먹는 소식이 바람직하다.

노인은 젊은이들에 비해 영양적 균형이 깨지기 쉽고 수분 손실이 많으며 미각, 후각, 시각, 기억력 등의 저하로 식품 섭취나 먹는 음식이 제한되기 쉽다. 또한 입맛이 좋지 않아 균형 잡힌 식사를 하기가 쉽지 않고, 소화기능이 감소하고, 만성퇴행성 질환 등으로 인한 영양 상태가 나빠져서 건강에 위협을 줄 수 있다. 따라서 노인은 정신적으로 즐거운 환경에서 생활해야 하고 여유 있고 맛있는 식사를 하면 자연히 스트레스도 감소되고 영양 상태도 좋아져 건강한 생활을 할 수 있다.

노인을 위한 식생활 지침의 원칙은 영양분을 충분히 섭취하고, 다양한 요리법을 사용하여 만든 식사를 하는 것이며, 반찬을 충분히 섭취해야 한다. 또한 신체 활동을 증가시키고 맛있고 즐겁게 식사하는 것이다. 어르신들의 신체 활동의 감소는 에너지 소모량을 감소시켜 에너지섭취를 저하시키므로 이에 따라 식사의 양이 줄어들게 된다. 그 결과 다른 미량 영양소들의 적절한 섭취가 제대로 되지 못하게 된다. 그러므로 신체 활동을 가능한 범위에서 많이 하는 것이 중요하다.

식사의 에너지 함량이 너무 높지 않도록 당분과 지방이 많이 포함된 식품의 섭취를 줄여야 한다. 우리나라의 경우 전통적으로 동물성 단백질이 들어있는 식품의 섭취가 낮으므로 이를 충분히 고려하여 동물성과 식물성 단백질이 들어있는 식품을 골고루 섭취하도록 한다.

또한 비타민과 무기질을 공급해 주는 식품(녹황색 채소, 콩류, 종류가 다른 육류, 어패류, 우유 및 유제품, 다양한 곡류 등)을 골고루 섭취해야 한다. 그리고 섬유질을 충분히 섭취하도록 한다. 씹기 어려운 경우는 딱딱한 생과일이나 야채 대신 과일 통조림, 익힌 야채, 해조류 등을 섭취하도록 한다. 잘 씹을 수 없는 어르신들은 음식을 부드러운 형태로 가공하여 먹도록 한다.

대한영양사협회가 제시한 '어르신을 위한 식생활 실천 지침'을 비롯하여 여러 식생활 지침을 종합하면 다음과 같다.

① 다양한 식품을 골라 균형식을 섭취한다. 다섯 가지 기초 식품을

골고루 골라 하루 30가지 이상의 식품을 먹는다.

② 양질의 단백질을 알맞게 섭취한다. 고기나 생선, 계란, 콩과 콩제품 등 양질의 단백질을 매일 먹는다.

③ 지방과 기름은 적당히 먹는다. 지방과 기름은 하루에 5~8 티스푼 정도로 섭취하는 것이 좋다. 특히 트랜스지방은 하루 섭취 열량 중 1%를 넘지 않도록 세계보건기구(WHO)는 권고하고 있다.

④ 채소와 과일을 매일 먹는다. 다양한 채소 반찬과 제철 과일을 매일 먹는다.

⑤ 칼슘과 철분을 충분히 섭취한다. 노년기의 골격질환과 빈혈을 예방하기 위하여 칼슘과 철분이 풍부한 식품을 섭취한다.

⑥ 짠 음식은 피하고 싱겁게 먹는다. 노인은 미각이 감퇴하여 짜게 먹는 경향이 있으므로 소금(염분) 외 다른 향신료를 이용하여 음식 맛을 내어 싱겁게 먹도록 하여야 한다. 장아찌, 젓갈 같은 짠 음식은 적게 먹는다.

⑦ 술을 절제하고 물을 충분히 마신다. 되도록 술은 마시지 않으며, 마실 때는 하루 1~2잔으로 제한한다. 물은 자주 충분히 마신다.

⑧ 세끼 식사와 간식을 꼭 먹는다. 세끼 식사를 규칙적으로 알맞게 먹으며 과식을 피한다. 하루 1~2컵 우유 또는 두유를 간식으로 먹는다.

⑨ 음식은 먹을 만큼 준비하고, 오래된 것은 먹지 않는다. 음식은 한꺼번에 많이 만들지 않는다. 남은 음식은 곧바로 냉장 보관하고, 오래된 것은 버린다.

⑩ 적당한 운동으로 식욕과 적정 체중을 유지한다. 자신에게 알맞은 운동을 규칙으로 하며, 많이 움직이는 것을 생활화한다. 운동으로 몸을 단련시키고 휴식과 정신적 안정을 취한다.

## 5. 노인식

영양불량 위험이 큰 노인들은 영양 취약 계층의 하나로서 대부분의 선진국에서는 이들의 영양관리를 위한 국가적인 차원의 지원책을 실시하고 있다.

미국에서는 노인 영양 프로그램(Elderly Nutrition Program)을 통하여 사회, 경제적 위험 요인에 많이 노출된 노인에 대한 영양 증진 방안으로 식사 배달 프로그램(meals on wheels)이나 단체급식(congregate meal service) 등을 실시하고 있으며, 상당수의 저소득 노인은 무료 식품 쿠폰 프로그램(food stamp program)의 수혜자이기도 하다. 이러한 식품 지원 급식은 노인들의 건강 향상 및 의료비 감소 등 긍정적인 결과를 가져왔다.

즉, 미국에서는 노인을 위한 영양 프로그램이 1970년부터 시작되어 운영되고 있으며, 이는 배달급식과 단체급식 두 가지의 프로그램으로 구성된다. 이는 수입에 관계없이 60세 이상의 모든 사람이 참여할 수 있는데, 사회·경제적으로 어려운 사람을 우선순위로 정하고 있다.

배달급식은 몸을 움직이기 어려워서 시장을 볼 수 없거나 조리할 수 없는 노인, 충분한 조리시설을 갖추지 못한 노인에게 저렴하고 영양가 있는 식사를 제공하기 위해 만들어진 제도이다. 자원자에 의해 주 3~7회 따뜻한 식사가 각 노인의 집으로 제공되고, 전형적인 식사는 육류나 이의 대체 식품, 채소, 우유, 빵, 버터, 디저트 등으로 구성된다. 식사는 모든 영양소에 대해 영양권장량의 최소한 1/3 이상이 공급되도록 정해져 있다.

단체급식 프로그램은 노인들의 영양적·사회적 요구에 부응하기 위해 만들어졌으며, 미국에서는 1년에 1억 5천 명에게 단체급식을 제공한다. 참가자들은 지역사회의 다른 노인들과 함께 식사하기 위해 지역 센터에 모이며, 서로 만나면서 여러 가지 사교적이고 유쾌한 행사도 함께 한다. 또한 음식의 영양과 질, 홀로 사는 사람을 위한 식사 계획, 식사와 건강과의 관계 등에 대해 영양 교육을 받기도 한다.

일본에서는 개호(介護 : 집에 혼자 있는 노인, 치매나 병자 노인들을 돌보는 일)를 필요로 하는 노인들이 늘면서 1998년부터 상업적 개호식을 판매하고 있다. 개호식(介護食)은 맛과 영양을 고려하고, 점도가 있으며 먹기 쉽고 부드러운 음식으로 구성되어 있다.

노인식(老人食)을 개발할 경우 노인의 영양 요구량을 충족시킬 수 있는 동시에 미각과 기호를 고려하여야 한다. 가장 이상적인 노인식은 노화로 인한 노인의 생리적인 변화와 기호도를 반영하면서, 노인에게 중요한 에너지와 단백질을 충분히 공급할 뿐 아니라 만성질환의 예방과 관련 있는 항산화 비타민(A, C, E)과 식물성 생리 활성물질(phytochemical), $\omega$-3 지방산, 셀레늄, 마그네슘, 칼슘 및 아연 등의 무기질이 풍부한 식사이다.

노화에 대한 여러 가지 이론 중 산화기 이론(free radical theory)은, 노화가 유리기에 의해 진행된다는 것으로 포유류에서 일어나는 유리기 반응은 대부분 산소 대사 과정에서 발생하는 활성산소 등에 의한 것으로 알려져 있다. 활성산소는 우리 몸의 대사 과정 중에서 자연적으로 발생하는 물질인데 나이가 들음에 따라 활성산소를 제거하는 능력이 저하되기 때문에 노화가 시작된다.

항산화 영양소란 우리 몸에서 생기는 과다한 활성산소를 제거하는 역할을 하는 비타민 A, C, E와 함께 식물성 생리 활성물질(phytochemical)인 이소플라본(isoflavone), 카로티노이드(carotinoid), 플라보노이드(flavonoid) 등을 포함하고 있다.

미국의 국립암연구소(National Cancer Institute)에서는 항암성 식품의 목록을 제시하였다(Caragay, 1992). 이 목록은 피라미드형으로 구성되어 있는데 아래에서 위로 갈수록 그 항암성에 대한 중요성이 증가한다. 가장 윗부분에 우리나라의 상용 식품인 마늘, 양배추, 콩류, 생강, 당근 등이 위치하고 있다(그림 7-1 참조).

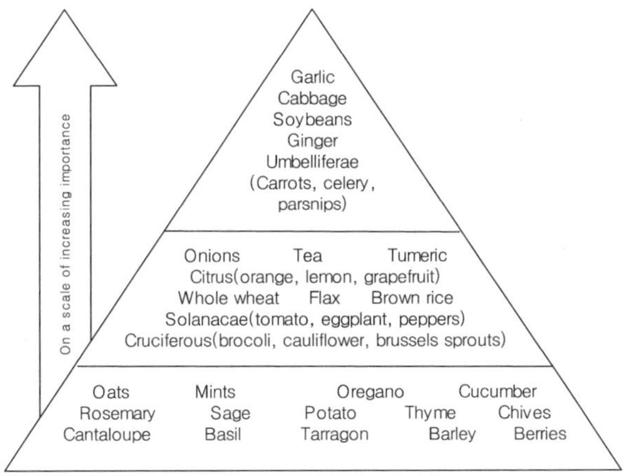


<그림 7-1> 항암성 식품

이 외에도 $\omega$-3 지방산이 풍부한 등 푸른 생선, 들깨, 어유(fish oil) 등도 유방암, 결장암 등을 억제하는 효과를 가지고 있다. 이러한 항산화 영양소가 풍부한 과일이나 채소를 하루에 3번 이상 먹는 사람은 1번 이하로 먹는 사람에 비해 심혈관계질환에 걸릴 위험 및 사망률이 낮다.

항산화 영양소가 풍부한 식품은 <표 7-2>와 같다.

<표 7-2> 항산화 영양소와 함유 식품

| 항산화 영양소 | 함유 식품 |
|---|---|
| 비타민 A | 간, 김, 당근, 시금치, 토마토, 늙은 호박, 달걀노른자, 감, 오렌지 주스, 귤 등 |
| 비타민 C | 딸기, 오렌지 주스, 레몬 주스, 풋고추, 귤, 토마토, 브로콜리, 갓김치, 키위 등 |
| 비타민 E | 아몬드, 헤즐넛, 땅콩, 호두 등의 견과류와 면실유, 홍화유, 팜유, 옥수수유, 올리브유 등의 종실유 |
| 이소플라본 | 대두, 된장, 청국장, 쌈장, 간장, 두유, 콩나물, 두부, 순두부 등 |
| 카로티노이드 | 당근, 토마토, 붉은 피망, 푸른 피망, 감, 브로콜리, 귤, 케일, 고구마, 고춧가루, 단호박, 고구마, 무청, 수박 등 |
| 플라보노이드 | 양파, 케일, 브로콜리, 콩류, 사과, 살구, 부추, 붉은 피망, 양상추, 무청, 홍차, 녹차, 포도 주스, 배 등 |

식물성 생리 활성물질(phytochemical)을 가장 많이 섭취한 군과 가장 적게 섭취한 군에 비해 암의 발생 위험도가 이소플라본(isoflavone)이 약 20%, 카로티노이드(carotenoids)는 33%, 플라보노이드(flavonoids) 45% 정도 낮아지는 것으로 추정되었다. 일본 성인 여성(29~78세)을 대상으로 한 연구에서 평균 flavonoid와 isoflavone의 섭취량은 각각 16.7mg, 47.2mg이었으며 각각의 최대 기여 식품은 양파(45.9%)와 두부(37%)로 조사됐다.

다양한 식사란 주어진 식품군(食品群)에서 다양하게 선택하는 것이며, 균형 있는 식사란 모든 식품군에서 균형 있게 선택하는 것이다. 다양한 식품으로 식사를 구성하면 영양소를 풍부하게 섭취할 수 있다. 다양한 식품을 섭취하면서 균형 있는 식사를 하려면 5가지 식품군(곡류 및 전분류/ 고기, 생선, 달걀, 콩류/ 채소류 및 과일류/ 우유 및 유제품/ 유지, 견과류 및 당류)에서 식품을 선택하는 것이다.

식물성 생리 활성물질이 풍부한 식품을 섭취하는 좋은 방법으로 과일과 채소를 다양하게 섭취하는 것이다. 샐러드에 건포도, 포도, 파인애플, 당근, 호박, 오이 등을 많이 사용하며, 샌드위치에는 오이, 시금치, 당근 등을 양상추 위에 얹어 먹는다. 간식으로 신선한 또는 말린 과일, 채소를 먹으며 청량음료보다 과일 주스나 녹즙을, 커피 대신 녹차를 마신다. 전곡으로 만든 시리얼, 빵, 크래커 등을 선택하며 두부, 두유 등 콩 제품을 많이 먹는다.

현재 우리나라에서도 노인 인구가 증가되면서 이러한 노인식 개발에 대한 요구도가 증가하고 있지만, 아직까지는 질환이나 건강 상태 등 노인의 여러 가지 신체 상황이나 급식 등의 식사 상황에 맞춘 노인식의 개발에 대한 연구는 충분하지 못한 상황이다.

인구의 고령화와 함께 가장 큰 사회 경제 부담 요인의 하나로 부상되고 있는 노인 의료비의 감소를 위한 근본적인 접근 방법으로써 노인의 영양 개선을 위한 보다 실제적인 대안 방안의 하나로써 노인의 식품섭취량을 증가시키고 보다 균형 잡힌 영양소 섭취가 가능하도록 노인식(老人食)을 개발하는 것이다.

## 6. 노인 복지관 급식 메뉴

우리나라에는 현재 356개의 사회 복지관과 123개의 노인 복지회관이 있어 재가 노인들을 위한 급식 프로그램을 운영하고 있으나 대부분 비전문인에 의해 급식 메뉴가 작성 및 관리되고 있어 영양관리의 사각지대에 있다고 볼 수 있다. 노인 급식 내용의 영양학적인 균형을 맞추기 위해서는 전문 인력에 의한 관리가 필요하다.

'노인식 개발(Receipe Development for the Elderly)' 연구(박선주, 2004)는 우리나라 노인의 건강 증진을 위한 노인식(老人食) 개발을 위하여 수행되었다. 노인들에게 필요한 열량과 단백질을 충족시키면서도 항산화 영양소가 풍부한 식품을 이용하여 노인 급식사업에서 활용 가능한 노인식 일주일 분 메뉴를 구성하여 서울시 구로노인종합복지관에서 급식으로 제공하였으며 요일별(월요일~금요일) 메뉴는 (표 7-3)과 같다.

<표 7-3> 개발한 노인식 메뉴

| | 월 | 화 | 수 | 목 | 금 |
|---|---|---|---|---|---|
| 밥 | 콩밥 | 흑미밥 | 버섯밥 | 영양밥 | 단호박 고구마밥 |
| 국 또는 찌개 | 팽이버섯두부 감자된장국 | 콩비지찌개 | 콩나물국 | 맑은미역국 | 호배추된장국 |
| 주채 | 삼치 유자청조림 | 오징어 콩나물전 | 고등어된장 마요네즈구이 | 닭고기 카레조림 | 쇠고기두부 인삼햄버거 |
| 부채 | 다시마튀각 | 고구마줄기 들깨볶음 | 야채 굴소스볶음 | 생야채 두부소스 | 버섯볶음 |
| 김치 | 배추김치 | 배추김치 | 배추김치 | 배추김치 | 배추김치 |
| 후식 | 연시 | 사과 | 고구마, 우유 | 방울토마토 | 바나나 |

선정된 식품은 녹차, 포도, 삼치 및 고등어 등의 등 푸른 생선, 버섯류, 콩 및 두부 제품, 각종 견과류, 가지, 토마토, 피망, 브로콜리, 단호박, 배추, 무, 다시마 등의 채소 및 해조류 등이었으며, 영양밥, 죽, 반

찬류 등 총 13종의 노인식을 개발하였다.

메뉴는 일반적으로 노인 복지관 식당에서 배식되는 메뉴(표 7-4 참조)와 같이 밥, 국이나 찌개, 단백질로 구성된 주찬(主饌)과 채소로 구성된 부찬(副饌), 그리고 김치로는 노인들이 가장 좋아하는 것으로 알려진 배추김치와 후식(後食)을 한 가지씩 제공하였다. 메뉴 작성 시에는 위에서 만든 항산화 영양소가 풍부한 노인식 중 단체급식(團體給食)에서 적용 가능한 메뉴를 포함시켰다.

<표 7-4> 노인 복지관의 일반 급식 메뉴

| | 월 | 화 | 수 | 목 | 금 |
|---|---|---|---|---|---|
| 밥 | 보리밥 | 보리밥 | 콩밥 | 콩밥 | 보리밥 |
| 국 또는 찌개 | 해물된장찌개 | 설렁탕 | 홍합무국 | 대구매운탕 | 아욱국 |
| 주채 | 버섯잡채 | 꽁치조림 | 갈치구이 | 닭다리 감자조림 | 소불고기 양송이볶음 |
| 부채 | 꽈리고추 멸치볶음 | 참치, 감자 샐러드 | 도라지 오이생채 | 참나물무침 | 연근조림 |
| 김치 | 배추김치 | 배추김치 | 배추김치 | 배추김치 | 배추김치 |

밥을 통해 탄수화물 이외에 섬유소 및 다양한 영양소를 섭취할 수 있도록 하기 위하여 쌀에 콩, 흑미, 버섯, 고구마, 단호박, 밤, 은행, 인삼, 당근 등을 첨가하여 제공하였다. 밥물의 양은 보통 정도의 수분을 함유하도록 하였다. 국 또는 찌개는 일반적으로 많이 먹는 된장국에 버섯이나 두부, 호박을 넣은 것과 호배추를 넣은 것, 비타민과 섬유질

이 풍부한 콩나물국과 미역국, 이소플라본(isoflavone)이 풍부한 콩으로 만든 비지찌개를 제공하였다.

단백질 위주의 주찬으로 $\omega$-3 지방산이 풍부한 등 푸른 생선인 삼치에 유자청과 간장을 넣어 졸인 것, 질겨서 노인들이 먹기 꺼려하는 오징어를 다진 것에 콩나물과 피망을 다져 넣어서 전으로 만든 것, 고등어를 된장과 마요네즈를 섞어 발라 구워 저염식(低鹽食)으로 만든 것, 단백질의 질이 높은 닭 가슴살에 카레 향미를 첨가하여 고추장으로 맵게 졸인 것, 다진 쇠고기와 두부, 인삼 다진 것을 넣어 전으로 만든 것을 제공하였다.

채소와 해조류를 이용한 부채로는 알긴산이 풍부한 다시마로 만든 튀각, $\omega$-3 지방산이 풍부한 들깨를 넣은 고구마줄기 볶음, 청경채, 피망, 가지 등 식물성 생리 활성물질(phytochemical)이 풍부한 채소를 굴 소스로 볶은 것, 양배추, 양파, 피망 등의 생채소를 잘게 썰은 후 두부파인애플소스를 뿌린 것, 버섯을 담백하게 볶은 것을 제공하였다. 김치의 크기는 2~3cm 정도로 작게 잘라 제공하였다.

후식으로는 제철 과일을 이용하여 베타카로틴($\beta$-carotene)이 풍부한 연시, 캠페롤(kaempherol)이 풍부한 사과, 우유를 잘 안 드시는 분들을 위하여 섬유소가 풍부한 고구마와 우유를 넣고 갈은 고구마 우유, 리코펜(lycopene)이 풍부한 방울토마토와 노인들에게 부족하기 쉬운 열량 공급을 위해 바나나를 제공하였다.

5일 동안의 점심 식사는 평균적으로 에너지는 756kcal(한국 노인 영양권장량의 42.9%), 단백질 28.4g(48.5%), 칼슘 169mg(24.1%), 철분 4.9mg(40.9%), 티아민 0.5mg(47.1%), 리보플라빈 0.5mg(40.5%), 니아신 8.0mg(61.5%)를 포함하고 있었으며, 항산화 비타민인 비타민 A는 302.4R.E(43.2%), 비타민 C 54.7mg(78.2%), 비타민 E 2.3mg $\alpha$-토코

페롤(23%)를 함유하고 있었으며, 식물성 생리 활성물질인 이소플라본은 51.5mg, 카로티노이드는 2.8mg, 플라보노이드는10.0mg을 포함하고 있었다.

영양소 적정도를 영양적 정섭취도(MAR)로 평가하였을 때 월요일 0.94, 화요일 0.95, 수요일 0.97, 목요일 0.94, 금요일 0.97로 전반적으로 영양소를 골고루 공급하고 있음을 알 수 있다.

복지관에서 평상시 제공하는 메뉴와 비교한 결과 에너지의 양은 60kcal 정도 더 높았으며, 칼슘은 권장량의 4% 정도 더 많이 함유하고 있었다. 또한 소디움의 양도 262mg 더 적음을 보였다. 항산화 영양소의 함량을 비교해 보면, 비타민 A의 양은 그다지 차이를 보이지 않았으나 비타민 C의 경우 본 연구의 메뉴는 권장량의 78%를 충족시키는 반면 노인 복지관의 평상시 메뉴는 44% 정도를 충족시켰으며, 비타민 E의 함량도 본 연구의 메뉴가 조금 더 높았다. 식물성 생리 활성물질 중에서는 이소플라본이 본 연구의 메뉴에는 51.5mg이 함유되어 있었고 평상시 복지관 메뉴에는 14.0mg을 함유하고 있어 약 3.6배의 차이를 보였고, 카로티노이드와 플라보노이드도 약 2배 정도 더 많이 함유하고 있음을 보여 항산화 영양소와 식물성 생리 활성물질이 풍부한 식단임을 알 수 있다.

노인 급식사업에서 이러한 개발된 음식을 이용하여 적용 및 수용 가능성을 평가하였을 때 밥은 영양밥이나 단호박, 고구마, 버섯 등을 넣어서 영양이 풍부하고 다양한 식품이 들어간 밥을 제공하는 것이 만족도를 높았으며, 국 또는 찌개 중에서는 호배추된장국이 가장 만족도가 높았다.

주찬에서는 오징어콩나물전과 쇠고기두부인삼전를 가장 선호하여서 단백질 식품을 이용할 때는 다지거나 갈아서 먹기 쉽고 부드럽게 만들어 제공하면 선호도가 높아질 것으로 사료된다. 채소류를 이용한 반찬은 새로운 소스나 조리법을 사용하여도 만족도가 높았으며, 생채로 제공 시에는 나물을 무칠 때 들어가는 소금의 양을 줄인 소스를 개발한다면 만족도도 높이고 식염의 섭취도 줄일 수 있을 것으로 생각된다.

후식으로 과일을 제공할 때는 되도록 먹기 쉽고 시지 않은 종류의 과일을 제공하는 것이 좋고 우유에 고구마나 단호박, 사과 등을 갈아서 제공한다면 평상시 우유의 섭취가 적어 칼슘 및 리보플라빈의 섭취가 적은 노인들에게 좋은 간식으로 활용될 수 있을 것이다.

노인의 간식으로 활용 가능한 녹차가루죽과 포도잼의 만족도를 평가하였을 때, 녹차가루죽은 녹차가루의 함유량에 따른 전반적인 만족도에는 차이를 보이지 않았으며, 포도잼은 설탕량이 증가할수록 기호도가 높았고, 포도씨의 씹히는 느낌에 대해서도 보통 정도의 기호도를 나타내었다.

메뉴에 함유된 영양소 함량을 분석해 보았을 때, 평균적으로 칼슘과 비타민 E를 제외하고는 권장량의 1/3을 만족시키고 있었으며, MAR은 모두 0.94 이상으로 영양소의 공급이 적정함을 보였다. 평상시 메뉴와의 영양소 함량을 비교하였을 때 에너지, 칼슘, 비타민 C, 비타민 E 등의 함량이 높았으며, 특히 이소플라본의 함량이 매우 높았고 카로티노이드, 플라보노이드의 함량도 2배 가량 높았다.

이렇게 다양한 식품과 영양소가 함유된 노인식을 이용하여 급식을 제공하였을 때 약 78% 정도의 노인이 급식에 만족하고 있어 이러한 노인 급식의 적용에 대해 긍정적인 반응을 보였으며, 급식의 달라진 점에 대해서는 '밥이 다양하고 좋다', '메뉴가 다양하다', '후식이 좋다'라고 대답하여 메뉴의 다양성과 후식의 제공이 노인의 만족도를 높이는 요인으로 생각된다.

이에 단체급식을 통해 개발된 노인식이 잘 활용되면 노인의 만족도와 기호도를 높여 식품 및 영양소의 섭취 증진을 가져올 것이다. 또한 균형 잡힌 영양소의 섭취는 노인들의 만성질환을 예방하여 노인 의료비 감소 및 건강 수명을 연장할 수 있다.

Chapter 8

# 노년기 영양섭취 기준

## 1. 한국인 영양섭취 기준

한국인 영양권장량이 처음 제정될 당시인 1962년에는 대부분의 영양 문제가 필수 영양소 결핍과 관련되었기 때문에 필수영양소를 부족되지 않게 섭취할 수 있는 수준을 정하는 것이 중요하였다. 그러나 영양권장량은 필수영양소 결핍 예방을 목적으로 제정되었으므로 현대사회의 다양한 영양 문제에 응용하기 어렵다는 문제점이 있다. 즉, 현재는 영양 부족이나 불균형 문제가 여전히 존재하면서, 한편 영양 과잉과 연관된 비만, 고지혈증, 당뇨병, 고혈압 등 만성질병의 예방으로 식생활과 관련된 관심이 높다.

이에 사단법인 한국영양학회는 1995년과 2000년에 '한국인 영양권장량' 6차 및 7차 개정을 제정하였으나, 2005년에는 제8차 한국인 영양권장량 개정이 아닌 전혀 새로운 방법과 개념을 도입하여 '한국인 영양섭취 기준(Dietary Reference Intakes for Koreans)'을 제정하여 2005년 11월에 발표하였다.

'한국인 영양섭취 기준'에 포함된 영양소는 에너지, 단백질, 필수아미노산(9가지), 식이섬유, 미량영양소(지용성 비타민 4종, 수용성 비타민 9종, 다량 무기질 6종, 미량 무기질 8종), 수분을 포함하면 총 40종이 된다.

새로 제정된 한국인 영양섭취 기준(Dietary Reference Intakes : DRIs)은 우리나라 사람의 영양 부족과 과잉 문제를 예방할 수 있도록 평균필요량, 권장섭취량, 충분섭취량, 상한섭취량 등 4가지로 구성되어 있다. 대상 영양소 중 평균필요량과 권장섭취량이 설정된 것은 18종, 충분섭취량이 설정된 것이 12종, 상한섭취량을 가진 것이 18종이다.

평균필요량(Estimated Average Requirements : EAR)은 대상 집단을 구성하는 건강한 사람들의 절반에 해당하는 사람들의 하루 필요량을 충족시키는 값으로 대상 집단의 필요량 분포치 중앙값으로부터 산출한 수치이다. 필요량을 측정하기 위해서는 기능성 지표가 존재해야 하며 영양 상태에 대한 평가 기준이 확립되어야 한다.

권장섭취량(Recommended Intake : RI)은 평균필요량에 표준편차의 2배를 더하여 정한다. 평균필요량의 표준편차에 대한 충분한 자료가 없는 영양소는 변이계수를 10%로 가정하여 산출한다. 그러나 정규분포를 보이지 않는 영양소의 경우에는 통계적인 접근을 달리하여 97~98%에 해당하는 사람의 필요량을 권장섭취량으로 제시하는 것이 가능하다.

충분섭취량(Adequate Intake : AI)은 영양소 필요량에 대한 정확한 자료가 부족하거나 필요량의 중앙값과 표준편차를 구하기 어려워 권장섭취량을 산출할 수 없는 경우에 제시하며 주로 관찰된 건강한 사람들의 영양소 섭취 수준을 기준으로 정한다.

상한섭취량(Tolerable Upper Intake Level : UL)은 인체 건강에 유해 영향이 나타나지 않는 최대 영양소 섭취 수준이다. 과량 섭취 시 건강에 악영향의 위험이 있다는 자료가 있는 경우에 설정이 가능하다. 유해 영향이 확인된 영양소의 경우, 집단의 대다수 구성원들에게 건강상 유해 영향의 위험을 나타내지 않을 최대 섭취 수준을 상한섭취량으로 설정한다.

따라서 각 영양소는 필요량에 대한 충분한 자료가 있으면 평균필요량과 권장량을 가지며 이러한 자료가 충분하지 못할 때에는 충분섭취량을 갖는다. 또한 과다 섭취에 따른 독성 효과에 대한 자료가 있으면 상한섭취량이 설정된다.

## 2. 다량영양소

### (1) 에너지

인간이 필요로 하는 에너지(energy)는 식품의 여러 성분 가운데 탄수화물, 지방, 단백질, 그리고 알코올을 섭취함으로써 공급된다. 이들 성분이 체내에서 대사될 때 생성되는 생리적 에너지의 평균 함량은 탄수화물 4 kcal/g, 지방 9 kcal/g, 단백질 4 kcal/g, 알코올 7 kcal/g이다.

소비되는 에너지는 기초/휴식대사량, 활동대사량, 식이성 발열효과로 구성된다.

에너지는 섭취량이 증가함에 따라 부족 위험도는 감소하는 반면 과잉 위험도는 증가한다. 에너지 필요추정량(EER : Estimated Energy Requirements)은 건강하고 적정 활동을 수행하며 정상 체격을 지닌 사람이 에너지 평형을 유지하는데 필요한 양이다. 따라서 에너지 필요추정량은 섭취 부족에 따른 유해 효과와 과잉 섭취에 따른 피해가 최소가 되는 섭취량이다.

한국인 영양섭취 기준(2005년)에서 에너지는 영양섭취 기준으로 제시된 평균필요량, 권장섭취량, 충분섭취량, 상한섭취량 가운데 평균필요량에 해당하는 에너지 필요추정량(EER)을 제시하였다. 에너지의 경우 영양소들과 달리 권장섭취량 또는 상한섭취량의 개념을 적용하지 않는다. 노년기 에너지 필요추정량은 <표 8-1>과 같다.

<표 8-1> 노년기 한국인의 1일 에너지 영양섭취 기준

(단위: g/일)

| 성별 | 연령 | 신장(cm) | 체중(kg) | 에너지 필요추정량(kcal/일) |
|---|---|---|---|---|
| 남자 | 50~64 | 166 | 60.6 | 2,200 |
| | 65~74 | 164 | 59.2 | 2,000 |
| | 75 이상 | 164 | 59.2 | 2,000 |
| 여자 | 50~64 | 154 | 52.2 | 1,800 |
| | 65~74 | 151 | 50.2 | 1,600 |
| | 75 이상 | 151 | 50.2 | 1,600 |

### (2) 탄수화물

탄수화물은 단당류, 이당류, 다당류로 분류되며, 단순당질과 복합당질로 나눌 수 있다. 단순당질에는 포도당, 과당, 갈락토오스와 같은 단당류와 맥아당, 유당, 서당 같은 이당류가 있다. 복합당질에는 전분과 식이섬유, 비(非)전분다당류 등이 있다.

탄수화물 섭취가 부족하면 간과 근육에 저장된 글리코겐이 고갈되고 체내 중성지방이 분해되어 지방산의 산화가 증가되고 케톤체의 축적이 일어난다. 또한 탄수화물이 함유되지 않은 식이는 체단백 분해, 나트륨 손실, 탈수를 가속화시킬 수 있다.

탄수화물 섭취가 너무 적으면 섬유소의 섭취에 어려움이 있고 지방의 섭취가 상대적으로 높아져 비만 등 성인병 발생이 증가한다. 한편 고(高)탄수화물 저(低)지방 식사는 혈중 중성지방을 증가시켜 HDL-콜레스테롤의 농도를 낮추어 심혈관계 질환과 당뇨병 발생 위험을 증가시킨다. 따라서 만성질병 예방을 위해서 지방 및 단백질과 함께 탄수화물을 적절한 비율로 섭취하여야 한다.

한국인 영양섭취 기준(2005)에 따르면 탄수화물 섭취가 55~70%이면서 지방 섭취가 15~25%인 범위가 가장 바람직하다고 제시하였다. 우리보다 지방의 섭취가 높고 탄수화물의 섭취가 적은 미국, 캐나다에서는 탄수화물의 에너지 적정 비율을 45~65%로 설정하고 있다. 우리나라 노인을 위한 에너지 적정 비율은 <표 8-2>과 같다.

<표 8-2> 노년기 탄수화물, 지방 및 단백질의 에너지 적정 비율

| 영양소 | 적정 비율 |
|---|---|
| 탄수화물 | 55~70% |
| 지방 | 15~25% |
| 단백질 | 7~20% |

### (3) 지질과 지방산

음식을 통해 섭취하는 지질(脂質)의 98% 이상은 트리글리세리드인 중성지방(中性脂肪)으로 이루어져 있으며 나머지는 인지질, 당지질, 스테롤 성분이다. 중성지방은 식이지방의 주된 성분으로 우리 몸의 에너지 급원으로 1g당 9kcal의 열량을 낸다. 또한 지용성 비타민의 소화·흡수를 돕고, 식품의 향미를 증가시켜 미각을 증가시킨다.

지방을 구성하는 지방산(脂肪酸)은 탄소 수와 불포화도에 따라 포화(飽和)지방산(saturated fatty acid ; SFA)과 단일불포화(不飽和)지방산(monounsaturated fatty acid ; MUFA), 다중불포화지방산(polyunsaturated fatty acid, PUFA)으로 나눈다.

필수 지방산은 체내에서 합성되지 않거나, 합성되는 양이 부족하므로 반드시 식품을 통해 섭취해야 한다. 리놀레산, 아라키돈산 등 n-6계 지방산과 n-3계 지방산인 리놀렌산이 필수 지방산으로 간주되고 있다.

필수지방산은 신체를 정상적으로 성장, 유지시키며 체내의 여러 생리적 과정을 정상적으로 수행하는 곳에 꼭 필요한 성분이다. 주요 기능은 생체막 구조 성분으로 원활한 막기능 수행, 아이코사노이드(eicosanoid)의 생성과 관련된 전구체로서의 역할 및 아이코사노이드 생성 조절, 피부의 보전 등이다.

지방의 섭취 부족은 에너지 섭취가 부족할 때 나타나며 영양실조로서 성장 부진 등을 초래한다. 한편 지방의 과다 섭취는 비만을 유도하고 포화지방산과 콜레스테롤의 섭취가 증가하면 관상동맥심장질환 등 성인병의 발생을 증가시킨다.

필수 지방산을 충분히 섭취하지 못하면 피부에 각질이 생기고 가려우며, 설사와 감염 같은 증세가 흔히 나타난다. 성장과 상처 회복이 지연되고 빈혈이 생긴다.

역학 조사를 통하여 유방암, 대장암, 전립선암 등은 식이지방 섭취량과 상관관계가 있는 것으로 알려져 있으며, 어유 및 들기름 등에 함유된 n-3 지방산은 암 발생을 억제하는 효과가 있는 것으로 알려져 있다.

지방의 에너지 적정 비율의 설정 지표로 관상동맥심장질환의 발생률을 사용하여 지방 섭취 총량과 지방산의 종류별 섭취 기준을 설정한다. 일본에서는 30~69세 연령층은 20~25%로, 70세 이상은 15~25%로 설정하고 있으며, 미국·호주·뉴질랜드에서는 성인의 지방 에너지 적정비율을 20~35%로 정하고 있다.

2005년도 국민건강 영양조사에 의하면 우리나라 국민들의 1인 1일 지방 평균 섭취량은 46.0g으로 에너지 비율은 20.2%였다. 그러나 50~64세는 35.3g(지방 급원 에너지비 : 16.0%)을, 65세 이상 노인층은 24.0g(에너지 비율 : 12.8%)을 섭취하였다. 한국인 영양섭취 기준(2005)에서 제시한 20세 이상 성인의 총지방과 다중불포화지방상의 에너지 적정 비율은 <표 8-3>과 같다.

<표 8-3> 총지방과 n-6 및 n-3 다중불포화지방산의 에너지 적정 비율

| 지방 및 지방산 | 적정 비율 |
|---|---|
| 총지방 | 15~25% |
| n-6 다중불포화지방산 | 4~8% |
| n-3 다중불포화지방산 | 0.5~1.0% |

### (4) 단백질과 아미노산

단백질(蛋白質)은 우리 몸을 구성하는 중요한 물질로서 탄소, 수소, 산소, 질소 등의 원소로 구성되어 있는 유기화합물이다. 영어로 표기되는 protein(단백질)은 그리스어 proteios(생명에 제1위를 차지한다.)에서 유래한다. 즉, 단백질은 생명의 기본 요소로 중요시되는 것이다.

단백질은 모든 신체 조직의 성장과 유지에 매우 중요하다. 우리 몸은 약 60조에 달하는 천문학적 수의 세포로 구성되어 있으며 세포막,

세포질(원형질) 등은 단백질이 없으면 만들 수 없다. 단백질은 근육, 결합조직 등 신체 조직을 구성하여 성인의 경우 몸무게의 약 16%가 단백질이다.

단백질의 주된 기능은 필수 아미노산, 조직 단백질 합성을 위한 질소, 정상적인 성장, 유지 및 기능에 필수적인 질소화합물을 공급해 주는 것이다. 또한 단백질은 체내 필수 물질의 운반과 저장, 체액과 산·염기 균형, 호르몬과 효소 형성, 항체로 작용, 에너지 제공 등의 기능을 한다.

단백질은 우리 몸의 에너지원(단백질 1g당 에너지 4 kcal)으로 사용되거나 포도당 합성을 위한 탄소를 제공하기도 한다. 체내에서 단백질이 효율적으로 이용되려면 에너지의 섭취가 충분해야 한다. 에너지 섭취가 부족하면 단백질이 본연의 기능을 수행하기보다는 아미노산으로 분해되어 에너지를 내는데 이용된다.

혈액에 있는 단백질(알부민, 글로불린)은 체내의 수분 평형유지를 돕는 작용을 한다. 혈중 단백질은 혈관 내의 삼투압을 조직보다 높게 유지시키는 역할을 한다. 단백질을 충분히 섭취하지 못하면 혈액 중의 단백질 양이 줄어들어 말초 모세혈관이 있는 조직(손, 발 등)에 부종이 나타난다. 혈액 중의 단백질은 자유수소이온의 양을 조절하여 혈액의 산-염기균형(pH)을 약알칼리성(pH 7.35~7.45)으로 유지시키는 데 관여한다.

단백질은 인체에서 일어나는 대부분의 생명 현상을 주도한다. 인간의 유전체에는 약 3만~4만 개의 유전자가 있으며, 유전자는 단백질을 만드는 설계도이다. 유전자는 인체의 모든 세포에 존재하지만, 그중 일부 세포만이 단백질을 생산한다.

단백질은 식물성 식품과 동물성 식품에 골고루 들어 있다. 쇠고기, 돼지고기, 닭고기, 생선, 달걀, 우유 등의 동물성 식품은 필수 아미노산을 많이 함유하는 양질의 단백질 급원 식품이다. 식물성 식품 중 콩류(특히 대두)는 좋은 단백질 급원으로 꼽힌다. 곡류는 단백질의 질이 낮고 함량도 적지만 주식으로 이용되어 단백질 섭취량의 상당 부분을 차지한다.

국민건강 영양조사(2005년) 보고서에 의하면 우리나라 국민 1인 하루 평균 단백질 섭취량은 75.8g이며 총 에너지의 15.4%를 차지했다. 단백질 공급원은 곡류(32.6%), 육류(17.1%), 어패류(16.4%) 등으로 나타났다. 한편 50~64세에 연령층의 단백질 섭취량은 73.9g으로 조사되었으며 65세 이상 노인층은 1일 평균 58.7g을 섭취하였다.

한국인 영양섭취 기준(2005년)에 따른 노년기 단백질 섭취 기준은 <표 8-4>과 같다.

**<표 8-4> 노년기 한국인의 1일 단백질 영양섭취 기준**

(단위: g/일)

| 성별 | 연령 | 평균필요량 | 권장섭취량 | 충분섭취량 | 상한섭취량 |
|---|---|---|---|---|---|
| 남자 | 50~64 | 40 | 50 | | |
| | 65~74 | 40 | 50 | | |
| | 75 이상 | 40 | 50 | | |
| 여자 | 50~64 | 35 | 45 | | |
| | 65~74 | 35 | 45 | | |
| | 75 이상 | 35 | 45 | | |

아미노산(amino acid)은 단백질(protein)을 구성하는 단위이므로 단백질은 아미노산의 집합체라고 할 수 있다. 아미노산은 질소, 탄소, 수소, 산소로 구성되어 있으며 일부 아미노산은 황(黃)을 함유하고 있다. 인체 내 단백질은 20개의 아미노산으로 되어 있으며, 각각의 아미노산은 체내에서 다른 경로로 대사된다. 즉, 어떤 아민노산은 포도당으로

전환되고, 또는 호르몬이 되기도 하며, 다양한 단백질을 구성한다.

신체를 구성하는 수천 가지 물질이 단백질로 구성되어 있다. 모든 단백질은 식품을 통하여 섭취하는 단백질에 포함된 아미노산들로부터 만들어지거나 세포 내에서 합성된 아미노산들로부터 만들어 진다.

아미노산은 단백질의 구성 성분으로서의 중요한 기능 이외에 체내에서 다양한 생물학적 역할을 한다. 아미노산은 장(腸)점막에서 흡수되어 대부분 간(肝)문맥을 통하여 간으로 운반되어 대사되며, 일부는 다시 혈액을 통해 각 조직에 운반되어 단백질 합성 등을 위해 사용된다. 인간의 뼈는 주로 칼슘과 콜라겐으로 만들어져 있다. 콜라겐의 약 70%는 글리신, 프롤린, 알라닌과 같은 아미노산이다.

단백질을 구성하고 있는 기본 성분인 아미노산(amino acid)은 생체 내에서 다른 분자들로부터 쉽게 생합성할 수 있는가 또는 반드시 외부에서 섭취 공급되어야 하는가에 따라 불필수 아미노산과 필수 아미노산으로 나눈다.

우리 인체가 올바른 기능을 유지하기 위해서는 20개 아미노산이 모두 필요하다. 이중 11개 아미노산은 체내에서 합성할 수 있어 불필수 아미노산(nonessential amino acid), 그리고 나머지 9개 아미노산은 체내에서 합성할 수 없기 때문에 반드시 식품으로부터 섭취해야 하는 필수 아미노산(essential amino acid)으로 분류한다.

① **필수 아미노산** : 리신(Lysine), 이소루신(Isoleucine), 트레오닌(Threonine), 트립토판(Tryptophan), 루신(Leucine), 발린(Valine), 메티오닌(Methionine), 페닐알라닌(Phenylanine), 히스티딘(Histidine) 등 9개.

2 **불필수 아미노산** : 알라닌(Alanine), 아르기닌(Arginine), 트로신(Tyrosine), 아스파르트산(Aspartic Acid), 아스파라긴(Asparagine), 시스테인(Cysteine), 글루탐산(Glutamic Acid), 글루타민(Glutamine), 글리신(Glycine), 프롤린(Proline), 세린(Serine) 등 11개.

필수 아미노산은 반드시 외부로부터 식이를 통하여 공급되어야 하는데 체내 단백질들이 대사되는 과정에서 생성되는 그 대부분이 재이용되기도 한다. 그러나 산화되어 버리고 또 생체 환경에 따라 새로운 단백질이 생합성되어 양적 변화가 있기 때문에 질소 평형(nitrogen balance)을 이루기 위해서는 식이를 통해 보충해 주어야 한다. 따라서 필수 아미노산의 필요량은 생체의 발육, 생리 및 질병 상태에 따라 큰 영향을 받는다.

필수 아미노산과 불필수 아미노산은 여러 단백질 함유 식품에 존재한다. 식사에 필수 아미노산이 충분하지 못하면 단백질 합성이 지연되므로 단백질의 분해가 합성을 능가하게 되어 건강이 나빠진다.

과량의 식이 아미노산 보충 섭취의 부작용에 대한 자료가 부족하지만, 일부 연구 결과에 의하면 아미노산을 과량 섭취하면 두통, 졸음, 구토, 신경성 식욕부진 등이 나타나므로 주의가 요구된다.

한국인 영양섭취 기준(2005)에 의하면 노년기 필수아미노산 평균필요량과 권장섭취량은 <표 8-5>와 같다.

<표 8-5> 노년기 한국인의 1일 필수아미노산 영양섭취 기준

(단위: g/일)

| 필수아미노산 | 영양섭취기준 | 50~64세 남/여 | 65~74세 남/여 | 75세 이상 남/여 |
|---|---|---|---|---|
| 히스티딘 | 평균필요량<br>권장섭취량 | 0.7/0.6<br>0.9/0.7 | 0.7/0.6<br>0.8/0.7 | 0.6/0.5<br>0.8/0.7 |
| 이소루신 | 평균필요량<br>권장섭취량 | 0.9/0.8<br>1.2/1.0 | 0.9/0.8<br>1.1/1.0 | 0.9/0.7<br>1.1/1.0 |
| 루신 | 평균필요량<br>권장섭취량 | 2.1/1.8<br>2.6/2.2 | 2.0/1.7<br>2.5/2.1 | 2.0/1.6<br>2.4/2.0 |
| 리신 | 평균필요량<br>권장섭취량 | 1.9/1.6<br>2.3/2.0 | 1.8/1.6<br>2.3/1.9 | 1.8/1.5<br>2.2/1.8 |
| 메티오닌+<br>시스테인 | 평균필요량<br>권장섭취량 | 0.9/0.8<br>1.2/1.0 | 0.9/0.8<br>1.1/1.0 | 0.9/0.7<br>1.1/0.9 |
| 페닐알라닌+<br>티로신 | 평균필요량<br>권장섭취량 | 1.6/1.4<br>2.0/1.7 | 1.6/1.4<br>2.0/1.7 | 1.6/1.3<br>1.9/1.6 |
| 트레오닌 | 평균필요량<br>권장섭취량 | 1.0/0.8<br>1.2/1.0 | 1.0/0.8<br>1.2/1.0 | 0.9/0.8<br>1.2/1.0 |
| 트립토판 | 평균필요량<br>권장섭취량 | 0.2/0.2<br>0.3/0.3 | 0.2/0.2<br>0.3/0.3 | 0.2/0.2<br>0.3/0.2 |
| 발린 | 평균필요량<br>권장섭취량 | 1.2/1.0<br>1.5/1.3 | 1.1/1.0<br>1.4/1.2 | 1.1/0.9<br>1.4/1.2 |

### (5) 식이섬유

식이섬유(食餌纖維, dietary fiber)란 인체의 소화효소로 소화되지 않는 식품 중에 함유된 난소화성(難消化性) 성분의 총칭이다. 즉, 식이섬유는 소장 내에서 소화 흡수되지 않고 대장에서 부분적으로 혹은 완전히 발효되는 식물의 가식 부분과 유사한 탄수화물이며 불소화성의 비전분성 다당류, 올리고당류, 리그닌, 난소화성 전분과 관련 식물 성분들이 포함된다.

식이섬유는 인체에 흡수되지 않으므로 영양학적으로는 가치가 없는 것으로 인식되어 왔다. 그러나 최근 기능성식품에 대한 관심이 고조되어 탄수화물, 단백질, 지방, 비타민, 무기질의 5대 영양소와는 다른 생리기능을 인정하여 '제6의 영양소' 라고 불리고 있다.

식이섬유는 다당류와 다당류 유도체의 고분자 물질로 보수성, 용해성, 점질성, 양이온 교환성, 흡착성 등의 특성이 있다. 즉, 식이섬유는 일정량의 물을 흡수하여 보유하는 능력과 보유 수분에 의한 체적 증가 및 팽윤성이 있다. 식이섬유가 보유할 수 있는 수분량은 식이섬유의 종류와 구조에 따라 차이가 있다. 셀루로스, 리그닌 등은 보수성이 낮으며 펙틴, 구아검 등은 높다.

식이섬유의 효능 중에서 일찍부터 주목되어 온 것은 변비의 예방작용이다. 고대 희랍의 Hippocrates는 밀기울을 변비 환자에게 투여하였다. 셀룰로오스 식이섬유는 물을 흡수하는 힘이 강해서 장(腸)에서 잘 흡수되지 않고 대변(大便)량을 늘려 변비증(便秘症)을 해결한다. 식이섬유를 섭취하면 장내 비피더스균(bifidobacterium)이 증가한다. 비피더스균은 대변을 좋게 하고 신체의 면역력을 높인다.

식이섬유의 생리적 기능성에는 대장암, 치질, 충수염 등의 예방에 효과적이며 고혈압, 동맥경화, 심장병 등의 순환기계 질환을 예방할 수 있다. 혈당치의 상승이 억제되어 당뇨병에도 좋으며, 비만 방지 효과도 있다.

하루 60g 정도의 고(高)섬유질 식이는 건강에 위험할 수 있다. 섬유질 섭취가 많고 충분한 수분을 섭취하지 않을 때 섬유질이 장(腸)을 막을 수 있다. 고섬유질 식이는 장에 가스를 발생시키고 피토베조르(phytobezoar)라는 섬유질 공을 만들어 장의 흐름을 막을 수 있다. 또한 식이섬유의 다량 섭취는 과민성 대장증후군을 가진 사람에서 위장 통증을 일으키는 원인이 될 수 있다.

식이섬유는 대부분의 과일류, 채소류, 곡류에 존재하며 해조류와 콩류도 좋은 급원이다. 한국인 상용 식품 중 식이섬유 함량이 20% 이상인 식품에는 검정콩, 노란콩, 참깨, 말린 고사리, 곶감, 김, 마른 미역과 다시마, 고춧가루, 청국장 분말 등이 있다.

한국인 영양섭취 기준(2005년)에서 제시된 노년기 식이섬유 충분섭취량은 <표 8-6>과 같다. 노년기에는 만성 변비증이 흔하고 만성질병의 유병률이 높으므로 식이섬유 섭취량을 충분하게 할 필요가 있다.

<표 8-6> 노년기 한국인의 1일 식이섬유 영양섭취 기준

(단위: g/일)

| 성별 | 연령 | 평균필요량 | 권장섭취량 | 충분섭취량 | 상한섭취량 |
|---|---|---|---|---|---|
| 남자 | 50~64 | | | 26 | |
| | 65~74 | | | 26 | |
| | 75 이상 | | | 26 | |
| 여자 | 50~64 | | | 22 | |
| | 65~74 | | | 22 | |
| | 75 이상 | | | 22 | |

## 3. 비타민

### (1) 비타민(Vitamin)이란

비타민(Vitamin)이란 '생동력(生動力)을 가진 아민(amin) 물질'이라는 뜻을 가지고 있으며, 인체의 정상적인 기능과 성장 및 유지를 위해 식이를 통해 미량을 섭취해야 하는 필수적인 유기(有機)물질이다.

대부분의 비타민은 체내에서 전혀 합성되지 못하거나 또는 합성되는 양이 필요량에 미치지 못하기 때문에 반드시 식품으로 섭취해야 한다. 식품으로 적절히 섭취하지 못하면 결핍증이 나타난다. 다만 비타민 D와 나이아신은 특정 조건에서 체내 합성이 가능하며, 비타민 K와 비오틴은 박테리아에 의해 소장에서 상당량이 합성된다.

비타민은 발견된 순서에 따라 A, B, C, D, E 등의 순으로 명명되었다. 비타민 B는 단일 화학물질로 생각되었으나 다양한 형태로 존재하는 것으로 밝혀졌다. 이에 8종류의 비타민 B가 '비타민 B 복합체'를 이루고 있다.

비타민은 에테르나 벤젠과 같은 유기용매에 용해되면 지용성(脂溶性) 비타민으로, 물에 용해되면 수용성(水溶性) 비타민으로 분류된다. 지용성 및 수용성 비타민은 <표 8-7>과 같다.

<표 8-7> 비타민의 분류

| 지용성 비타민 | 비타민 A, 비타민 D, 비타민 E, 비타민 K |
|---|---|
| 수용성 비타민 | 비타민 C, 티아민, 리보플라빈, 니아신, 비타민 $B_6$, 엽산, 비타민 $B_{12}$, 판토텐산, 비오틴 |

동식물성 식품 모두 비타민 급원이 될 수 있다. 음식물에 함유되어 있는 비타민은 천연 또는 합성 비타민에 비하여 체내 흡수가 더 빠르며, 여러 가지 다른 영양소와 함께 상승효과를 가져오는 것으로 추정된다. 따라서 가급적 음식을 통해 비타민을 섭취하는 것이 바람직하다.

### (2) 비타민 결핍증

지용성 비타민 A는 시력유지에 필수적이며 성장과 면역기능에 대한 역할로 인해 결핍 시에는 야맹증, 성장 부진, 감염질환에 대한 취약성 등이 나타난다. 비타민 D가 결핍되면 구루병이나 골연화증이 발생한다. 비타민 E는 체내에서 항산화물질로 작용하여 결핍시 적혈구막 파열로 인한 용혈현상, 빈혈증이 나타날 수 있다. 비타민 K는 혈액응고에 필수적인 비타민으로 결핍 시에는 출혈성 질환이 나타날 수 있다.

수용성 비타민 C는 결합조직의 건강유지를 위해 필수적이며 결핍시 괴혈병이 생기고 상처회복 지연, 성장부진 등이 나타난다. 비타민 B군에는 $B_1$(티아민), $B_2$(리보플라빈), $B_6$, 니아신, $B_{12}$, 엽산 등이 포함된다. 이들의 대부분은 체내에서 탄수화물, 단백질 및 지방의 대사과정에 필수적인 요소로 작용한다. 결핍시 '티아민'은 각기병, 신경장애, '리보플라빈'은 구순·구각염, 설염, '비타민 $B_6$'는 신경과민, 경련, '나이아신'은 펠라그라, '비타민 $B_{12}$'는 악성빈혈, '엽산'은 거대아구성 빈혈, 신경병증 등이 생기게 된다.

### (3) 비타민 부작용

어떤 비타민이든 과잉 섭취하면 독성이 나타난다. 특히 지용성 비타민은 쉽게 배설되지 않으므로 체내에 축적되어 독성을 나타낼 수 있다.

비타민 C의 과다 복용에 대하여 의학적으로 논란이 많다. 비타민 C가 세포의 산화(酸化)를 방지하므로 암과 각종 만성질환을 예방·치료하고, 노화도 억제한다는 논문이 많이 발표됐다. 이에 세계보건기구(WHO) 하루 권장량 700mg인 비타민 C를 매일 3000~6000mg 이상 복용을 권하는 '비타민 예찬론자'도 있다. 반대로 비타민 C가 오히려 세포의 산화를 촉진하며, 유전자 돌연변이를 유발한다는 논문도 있다.

각각의 비타민은 인체 내에서 기능을 적절히 수행하기 위해서는 적당한 양을 섭취하여야 한다. 너무 많거나 적은 양의 비타민을 섭취하였을 경우 건강에 해로울 수 있다.

### (4) 올바른 복용법

선진국에서 비타민 열풍이 거센 이유는 비타민 결핍증을 예방하기 위한 것이 아니라 노화 방지, 성인병 예방, 활력 증진 등을 위하여 비타민제를 복용하기 때문이다. 비타민 C와 E, 베타-카로틴 등의 항산화제는 노화와 암을 예방하고 면역력도 증강시키는 것으로 밝혀졌다.

또한 현대인들은 아침식사를 거르는 경우가 많고, 잦은 외식, 회식, 음주 등으로 영양 불균형 상태가 초래될 가능성이 높다. 이에 적절한 영양제를 복용할 필요가 있다. 그러나 규칙적으로 균형된 식사를 하는 사람은 따로 영양제를 복용할 필요가 없다.

비타민제 복용에 관하여 찬성과 반대 입장이 있다. '나이보다 젊어지는 78가지 방법'의 저자 마이클 로이진 박사는 매일 비타민 B, C, E와 무기질(칼슘, 칼륨, 마그네슘) 영양제 복용을 권장한다. 그러나 '비타민 반대론자'들은 영양 과잉 상태인 현대인에게 비타민 등 영양제 복용은 불필요할 뿐 아니라, 때로는 독(毒)이 될 수 있다고 지적한다.

### (5) 주요 비타민

제3기(2005년) 국민건강영양조사(National Health & Nutrition Examination Survey)에서 비타민 영양소는 비타민 A, 티아민, 리보플라빈, 니아신, 비타민 C 섭취량과 급원식품이 조사되었다.

#### [1] 비타민 A

비타민 A는 동물성 식품과 식물성 식품에서 섭취할 수 있다. 비타민 A는 지용성 (脂溶性)비타민이므로 지방이나 기름과 결합했을 때만 체내로 흡수된다.

비타민 A의 전구체인 베타-카로틴은 장과 간에서 레티놀로 전환되며, 전환되지 않은 베타-카로틴은 체내에서 85%가 지방조직에, 10%는 간에, 나머지는 다른 조직에 널리 분포된다.

비타민 A는 인체의 저항력을 강화시켜 준다. 생체막(membrane) 조직의 구조와 기능을 조절하는 역할을 하며, 상피세포 성장인자로서 세포의 재생을 촉진시켜 구강, 기도, 위, 장의 점막을 보호한다. 비타민 A가 결핍되면 상피세포들은 점차 단단하고 건조한 각화성 조직으로 변하며 점액의 분비 기능이 상실되어 박테리아의 침입을 쉽게 받는다.

또한 세포의 산화를 막아주는 항산화제 역할을 한다. 눈의 망막에 있는 간상세포에 존재하는 감광색소인 로돕신(rhodopsin) 생산에도 필요하다. 비타민 A가 결핍되면 동물의 생식기능이 손상된다.

베타-카로틴의 체내 기능은 노화지연, 항암효과, 당뇨병 합병증 예방, 폐 기능 증진 등이며, 주요 급원은 당근, 늙은 호박, 고구마, 브로콜리, 시금치, 케일, 살구, 망고, 파파야, 키위 등이다. 자연 상태의 베타-카로틴은 항산화작용이 더욱 강력하다. 카로티노이드의 역할은 동맥경화증을 예방하고 항산화작용을 하는 것으로 알려져 있다.

비타민 A의 결핍증상은 눈에 나타나는 야맹증, 각막건조증(xerophthalmia) 등이다. 비타민 A의 결핍은 지방질 섭취부족 및 흡수불량, 단백질 부족, 호흡기 질환 등과 함께 나타날 수 있다.

비타민 A를 과량 섭취하면 독성 효과가 날 수 있으므로 주의하여야 한다. 과량 섭취로 인한 독성의 주요 증후로는 피로감, 두통, 구역질, 설사, 식욕부진, 체중감소, 피부 건조, 어지러움 등이 나타날 수 있으며 비타민 A 과다증이 심한 경우에는 간 손상, 출혈, 혼수 등이 나타날 수 있다. 임신부가 과잉 섭취하면 태아의 조산과 기형을 불러오기도 한다.

비타민 A의 동물성 급원 식품은 동물 간, 생선 간유, 전지 분유, 계란 등이며 베타-카로틴은 녹황색 채소(당근, 시금치 등)와 해조류(김, 미역 등)에 많이 들어 있다.

국민건강영양조사(보건복지부, 2005) 보고서에 따르면 비타민 A 평균 섭취량(1인 1일)은 50~64세 연령층은 838.3 RE, 65세이상 노인들은 619.1 RE로 조사되었으며, 주요 급원식품은 고춧가루, 시금치, 당근, 김치, 김, 깻잎, 쑥, 달걀 등이다. 한국인 영양섭취기준(한국영양학회, 2005년)에 의하면 노년기 한국인의 1일 비타민 A 영양섭취기준은 <표 8-8>과 같다.

<표 8-8> 노년기 한국인의 1일 비타민 A 영양섭취기준

(ug RE/일)

| 성별 | 연령 | 평균필요량 | 권장섭취량 | 충분섭취량 | 상한섭취량 |
|---|---|---|---|---|---|
| 남자 | 50~64 | 500 | 700 | | 3,000 |
| | 65~74 | 500 | 700 | | 3,000 |
| | 75 이상 | 500 | 700 | | 3,000 |
| 여자 | 50~64 | 430 | 600 | | 3,000 |
| | 65~74 | 430 | 600 | | 3,000 |
| | 75 이상 | 430 | 600 | | 3,000 |

### 2 비타민 C

비타민 C는 여러 효소반응의 조효소로 쓰이며, 면역기능, 콜라겐 형성과 카르니틴, 신경전달물질의 합성, 철분 흡수, 상처회복 등의 기능에 관여한다. 비타민 C는 항산화물질로 인체를 활성산소로부터 보호하여 암, 동맥경화, 류머티즘 등을 예방해 주며, 면역체계도 강화시켜 준다. 결합조직과 지지조직의 형성에 가담하여 피부와 잇몸의 건강을 지켜준다.

비타민 C가 세포의 산화(酸化)를 방지하므로 암과 각종 만성질환을 예방·치료하고, 노화도 억제한다는 논문이 많이 발표됐다. 또한 비타민 C는 위·십이장궤양의 원인인 헬리코박터 파이로리균 번식을 억제하며, 노인의 인지능력과 기억력 유지를 돕고, 알쯔하이머병(치매) 예방에도 도움이 된다고 알려져 있다.

심혈관질환에 대한 비타민 C의 역할은 항산화제로서 산화 스트레스와 관련된 혈관 기능장애를 회복시키며, 혈관 이완과 혈소판 응집억제 역할을 하는 혈관내피세포의 프로스타글란딘 생성을 증가시킨다. 또한 저밀도단백 콜레스테롤(LDL-Cholesterol)을 감소시키며, 과산화 물질과 반응성 산소화합물(ROS: reactive oxygen species)을 제거한다.

현재 고혈압과 심혈관질환의 예방 및 당뇨 합병증을 예방하기 위해 충분한 양의 채소와 과일 섭취를 권장하고 있다.

비타민 C의 요구량은 흡연, 음주, 운동, 불포화 지방산의 섭취량 등에 영향을 받는다. 담배를 피우면 비타민 C 흡수율이 낮고 교체율은 높다. 흡연자와 음주자는 혈청 내 비타민 C 농도가 낮다.

비타민 C는 열, 빛, 물, 산소 등에 쉽게 파괴되는 민감한 물질이다. 비타민 C를 보존하려면 가능한 한 식품을 공기와 접촉하지 않은 상태로 찬 곳에 보관하며, 조리할 때는 식품을 잘게 썰지 않는 것이 좋으며 짧은 시간에 조리를 끝내야 한다. 비타민 C 제품을 복용할 경우 가능한 한 어떤 성분도 포함돼 있지 않은 순수한 비타민 C를 식사와 함께 또는 식사 후 곧바로 복용하는 것이 좋다. 비타민 C는 위 속에서 즉시 녹아야만 음식물에 의해 생기는 발암물질의 생성을 차단시킬 수 있다.

괴혈병(壞血病, scurvy)은 비타민 C가 전혀 함유되지 않은 식이를 먹은지 20~40일 이후에 나타나며 팔과 다리의 모낭 주위에 출혈이 생긴다. 비타민 C 결핍증은 알코올 중독자, 마약 중독자에게서도 발견된다.

비타민 C가 결핍되면 세포간 물질과 콜라겐 합성에 장애를 받아 모세혈관이 쉽게 파열되고 피부, 점막, 내장기관, 근육에서 출혈이 생기며 체중감소, 면역기능 감소, 상처회복 지연, 고지혈증, 빈혈 등이 나타난다. 콜라겐(collagen)은 조직세포를 서로 결합시키는 단백질로서 피부, 뼈, 연골, 치아, 결체조직 등에 많이 함유되어 있다.

비타민 C의 주요 급원식품은 신선한 채소와 과일이며, 특히 고추, 고춧잎, 피망, 케일, 양배추, 시금치 등의 채소와 감귤류, 키위, 딸기, 토마토 등 과일에 비타민 C 함량이 높다. 곡류에는 거의 없으며 육류, 어류, 난류, 우유 및 유제품에는 소량이 들어 있다.

우리나라 국민건강영양조사(2005년) 결과 비타민 C 섭취량은 50~64세 100.9mg, 65세 이상 75.7mg으로 나타났으며, 주요 급원식품은 김치, 시금치, 딸기, 오렌지, 배추, 무, 풋고추, 감자, 파 등으로 조사되었다.

한국인 영양섭취기준(2005년)에 의한 1일 노년기 비타민 C 평균필요량, 권장섭취량, 상한섭취량은 <표 8-9>와 같다.

<표 8-9> 노년기 한국인의 1일 비타민 C 영양섭취기준

(mg/일)

| 성별 | 연령 | 평균필요량 | 권장섭취량 | 충분섭취량 | 상한섭취량 |
|---|---|---|---|---|---|
| 남자 | 50~64 | 75 | 100 | | 2,000 |
| | 65~74 | 75 | 100 | | 2,000 |
| | 75 이상 | 75 | 100 | | 2,000 |
| 여자 | 50~64 | 75 | 100 | | 2,000 |
| | 65~74 | 75 | 100 | | 2,000 |
| | 75 이상 | 75 | 100 | | 2,000 |

### 3 티아민

비타민 B는 처음에는 각기병(beriberi)을 치료할 수 있는 하나의 수용성 물질로 생각했으나 계속된 연구 결과 비타민 B는 몇 가지 화합물질로 구성되어 있음을 알게 되었다. 이에 8종류의 비타민 B를 '비타민 B군(群)'이라 하고 각각을 구분하였다.

문자와 숫자로 표기되는 비타민 B는 $B_6$와 $B_{12}$ 단 2가지이며 나머지는 각각 고유의 명칭이 있다. 즉 티아민(이전에는 비타민 $B_1$이라 부름), 리보플라빈($B_2$), 니아신, 판토텐산, 비오틴, 엽산 등으로 부른다. 그러나 비타민 보충제의 표시에는 옛날 이름이 사용되기도 한다.

티아민(thiamin)은 수용성 비타민으로 비타민 B 복합체 중에서 순수한 형태로 얻어진 최초의 비타민이기 때문에 비타민 $B_1$이라고 명명되었다. 그 후 비타민 $B_1$의 구조가 유황을 함유하고 있는 비타민이라는 의미에서 'thi(o+vit)amin' 즉 thiamin이라는 화학명이 붙여졌다. 이 명칭에서 'thio'는 '황(黃)'을 의미한다.

체내 총 티아민의 80%는 티아민의 조효소 형태인 티아민 피로인산(Thiamin Pyrophosphate : TPP)으로 존재하며 탄수화물 대사를 비롯한 에너지 대사에 참여한다. 모든 세포는 에너지를 필요로 하기 때문에 티아민의 결핍은 인체 모든 기관에 영향을 미칠 수 있다. 또한 신경과 근육활동에 필요한 영양소이다.

티아민의 또 다른 중요 산물인 티아민 삼인산(Thiamin Triphophate: TTP)은 신경막에 결합하여 신경 자극 전달을 조절하는데 관여하므로 신경과 근육활동에 필요한 영양소이다

성인 체내의 비타민 $B_1$ 총량은 약 30mg 정도이며, 전체 함량의 약 50%는 골격근에 함유되어 있으며, 나머지는 뇌, 간, 심장, 신장 등에 분포되어 있다. 반감기는 9~18일 정도로 추정되므로 지속적으로 섭취해야 한다.

티아민 결핍이 경미할 때는 불안, 초조, 두통, 피로, 식욕부진, 체중감소 등이 나타난다. 알코올 중독자, 신장병 환자(투석치료), 대사항진 환자들도 티아민 결핍이 되기 쉽다. 알코올은 티아민의 흡수를 감소시키고 한편 배설은 증가시킨다.

티아민을 과량 섭취하면 소변을 통해 배설되므로 과잉 섭취로 인한 부작용은 거의 없다. 그러나 영양제나 건강기능식품을 통해 과잉 섭취하면 메스꺼움, 구토, 현기증 등이 나타날 수 있다.

티아민의 주요 급원 식품으로 돼지고기 등 육류, 간, 삼치, 넙치, 전곡, 콩류, 감자 등이 있다. 티아민은 열과 산화에 의해 쉽게 파괴되며 고온에서도 파괴되어 육류의 조리 및 통조림 제조 시 25~85%가 손실된다.

우리나라 국민건강영양조사(2005년)에 의하면 노인의 티아민 섭취량은 50~64세 1.17mg, 65세 이상 0.91mg이었으며 주요 급원식품은 백미, 돼지고기, 배추김치, 라면, 요구르트, 대두, 콩나물 등으로 조사되었다.

한국인 영양섭취기준(2005년)에서는 노인의 티아민 평균필요량과

권장섭취량을 성인과 같은 수준으로 설정했다. 노년기 한국인의 1일 티아민 섭취기준은 <표 8-10>과 같다.

<표 8-10> 노년기 한국인의 1일 티아민 영양섭취기준

(mg/일)

| 성별 | 연령 | 평균필요량 | 권장섭취량 | 충분섭취량 | 상한섭취량 |
|---|---|---|---|---|---|
| 남자 | 50~64 | 1.0 | 1.2 | | |
| | 65~74 | 1.0 | 1.2 | | |
| | 75 이상 | 1.0 | 1.2 | | |
| 여자 | 50~64 | 0.9 | 1.1 | | |
| | 65~74 | 0.9 | 1.1 | | |
| | 75 이상 | 0.9 | 1.1 | | |

### 4 리보플라빈

비타민 $B_2$는 노란색을 띄는 결정체로서 라틴어 'flavus'는 노란색을 뜻하며 곁사슬로 '리보스'를 가지고 있으므로 비타민 $B_2$가 리보플라빈(Riboflavin)이라는 화학명을 갖게 되었다.

리보플라빈이 결핍된 식사(권장량의 1/4 섭취)를 2개월 정도하면 결핍증상이 나타난다. 초기 증상은 입과 혀의 염증이다.

리보플라빈의 결핍증세는 구각염, 구순염, 설염, 지루성 피부염, 안구 건조증, 안구 충혈, 백내장, 빈혈 등이다. 리보플라빈의 생화학적인 결핍증은 알콜중독자, 당뇨병 환자, 간질환자, 빈곤층 노인과 청소년, 경구피임약을 복용하는 여성에서 발견되고 있다.

리보플라빈은 용해도가 낮고 소장에서 흡수 능력이 제한되어 있으며, 또한 빠른 속도로 소변을 통해 배설되기 때문에 과량섭취에 의한 독성은 거의 나타나지 않는다.

리보플라빈이 풍부한 식품에는 육류, 생선, 우유, 유제품, 콩류, 곡류, 계란, 녹색채소 등이 있다.

우리나라 국민건강영양조사(2005년) 결과에 따르면 노인의 리보플라빈 섭취량은 50~64세 1.10mg, 65세 이상 0.82mg 이었으며, 주요 급원식품은 백미, 배추김치, 우유, 김, 달걀, 시금치, 고춧가루, 라면, 쇠고기, 고등어 등으로 나타났다.

리보플라빈의 필요량은 개개인의 에너지 대사량과 단백질 대사량에 따라 다르다. 한국인 영양섭취기준(2005)에서는 노인들의 에너지 필요량이 감소하고 이에 따른 에너지 평균필요량은 감소할지라도, 노인의 리보플라빈 요구량이 젊은 성인의 요구량과 차이가 없다는 보고에 따라 노인은 성인과 같은 수준으로 설정했다. 노년기 리보플라빈 영양섭취기준은 <표 8-11>과 같다.

<표 8-11> 노년기 한국인의 1일 리보플라빈 영양섭취기준

(mg/일)

| 성별 | 연령 | 평균필요량 | 권장섭취량 | 충분섭취량 | 상한섭취량 |
|---|---|---|---|---|---|
| 남자 | 50~64 | 1.3 | 1.5 | | |
| | 65~74 | 1.3 | 1.5 | | |
| | 75 이상 | 1.3 | 1.5 | | |
| 여자 | 50~64 | 1.0 | 1.2 | | |
| | 65~74 | 1.0 | 1.2 | | |
| | 75 이상 | 1.0 | 1.2 | | |

5 니아신

니아신(niacin)은 니코틴, 산, 그리고 비타민(nicotinic+acid+vitamin)의 세 용어로 만들어진 것이다. 니아신은 니코틴아미드(nicotinamide), 니코틴산(nicotinic acid) 및 그 유도체들 중 생리활성을 나타내는 화합물을 말한다.

니아신은 조효소로 전환되어 생체 내 산화·환원 반응에 관여하며 탄수화물 대사, 지방산 대사, 세포호흡, 스테로이드 합성대사 과정에 참여한다. 또한 니아신은 전체 물질대사에 필요한 영양소이며, 신경전달물질 생산과 피부의 수분을 유지시켜 주는 일에 참여하며, 혈관을 확장시키고 혈중 콜레스테롤 수치를 저하시키는 일에 관여한다.

니아신 결핍 정도에 따라 피부염, 식욕부진, 구토, 변비, 설사 등이 나타나며, 나이아신 결핍이 심하면 위점막 염증, 피로, 불면증, 우울증, 기억상실증 등을 초래한다.

식품으로부터 섭취한 니아신에 의한 유해한 부작용은 보고 된바 없다. 그러나 니아신을 심장병 등 질병치료 목적으로 하루 1.5~3.0 g 복용하였을 때 소화기 장애, 간기능 이상, 당내성(glucose tolerance), 피부 홍조, 시력약화 등의 부작용이 나타난다.

식품 속에 존재하는 니아신은 조리나 저장 중에 안정하다. 니아신의 좋은 급원식품에는 육류(특히 간), 생선, 콩류, 종실류 등이 있다. 우유나 계란에는 니아신을 거의 함유하고 있지 않으나 니아신으로 전환되는 트립토판을 다량 함유하고 있다. 옥수수, 밀 등 곡류의 니아신은 흡수율이 낮은 니아시틴 형태로 존재하므로 인체 이용률이 낮다.

우리나라 국민건강영양조사(2005년)에 의하면 노년기의 니아신 섭취량은 50~64세 17.0mg, 65세 이상 13.1mg이었으며, 주요 급원식품은 백미, 배추김치, 돼지고기, 쇠고기, 고등어, 멸치, 고춧가루 등으로 나타났다.

미국의 경우 노인의 니아신 권장섭취량은 성인과 동일하다. 우리나라 노인의 니아신 섭취기준은 <표 8-12>와 같다.

<표 8-12> 노년기 한국인의 1일 니아신 영양섭취기준

(mg NE/일)

| 성별 | 연령 | 평균필요량 | 권장섭취량 | 충분섭취량 | 상한섭취량 |
|---|---|---|---|---|---|
| 남자 | 50~64 | 12 | 16 | | 35* |
| | 65~74 | 12 | 16 | | 35 |
| | 75 이상 | 12 | 16 | | 35 |
| 여자 | 50~64 | 11 | 14 | | 35 |
| | 65~74 | 11 | 14 | | 35 |
| | 75 이상 | 11 | 14 | | 35 |

(*상한섭취량: 35 mg은 니코틴산 기준이며, 니코틴아미드 기준이면 1,000 mg이다.)

## 4. 무기질

### (1) 무기질(無機質)이란

자연계에는 100여종의 원소(元素)들이 존재한다. 우리 인체(人體)를 구성하는 원소는 54종이며 탄소(C), 질소(N), 수소(H), 산소(O)를 제외한 50종의 원소를 무기질(미네랄, Mineral)이라고 부른다. 특히 인체에 반드시 필요한 무기질로는 20여종이 밝혀져 있다.

어떤 생명체도 무기질을 합성하지 못하므로 반드시 식품을 통하여 섭취하여야 한다. 무기질은 단일 원소 그 자체가 필수 영양소가 되며 유기물(有機物)이 아니기 때문에 에너지를 만들지 못한다.

무기질은 일반적으로 하루에 인체에서 필요한 양이 100mg 이상이면 다량 무기질(macro mineral, bulk mineral)로, 100mg 미만이면 미량 무기질(micro mineral, trace mineral)로 분류한다.

**<표 8-13> 다량 및 미량 무기질 분류**

| | |
|---|---|
| 다량(多量) 무기질 | 칼슘(Ca), 인(P), 나트륨(Na), 칼륨(K), 마그네슘(Mg), 황(S), 염소(Cl) |
| 미량(微量) 무기질 | 철(Fe), 아연(Zn), 요오드(I), 셀레늄(Se), 구리(Cu), 망간(Mn), 불소(F), 크롬(Cr), 몰리브덴(Mo), 코발트(Co), 붕소(B), 니켈(Ni), 바나디움(V), 실리콘(Si) |

### (2) 무기질의 기능

인체를 구성하는 영양성분은 나이, 성별에 따라 약간의 차이는 있지만 성인의 경우 수분 61%, 단백질 17%, 지방 16%, 탄수화물 0.5%, 무기질 5.5%이다. 탄수화물은 많은 양을 매일 섭취하지만 대부분 에너지로 이용되므로 체내 저장량은 적다.

무기질은 체중의 약 4~5%를 차지하는 미량 영양소이지만 알맞은 양을 섭취하지 않으면 인체의 성장과 발육에 지장을 받게 되며 여러 가지 질병에도 걸릴 수 있다. 무기질은 인체의 골격과 구조를 이루는 구성 요소이며, 체액의 전해질 균형을 이루고, 체내의 생리기능을 조절하는 필수 영양소이다.

무기질은 인체 조직의 구성성분으로 '경조직'의 구성은 칼슘, 인, 마그네슘 등은 뼈, 치아의 주성분이며 '연조직'의 구성은 근육, 피부, 혈액,

신경 등의 유기화합물의 구성성분으로 되어 있다. 예를 들면 갑상선 호르몬의 요오드, 헤모글로빈의 철분, 인슐린의 아연, 모발의 유황 등이다.

생체기능의 유지를 위하여 나트륨, 칼륨, 칼슘, 염소, 인, 마그네슘 등은 세포 내액 및 외액에 이온(ion)으로 존재한다. 이들 무기질은 삼투압의 조절, 산·알칼리의 평형, 신경·근육의 기능 유지 등에 쓰인다. 아연, 구리, 철분 등은 효소의 구성성분으로 쓰이며, 마그네슘·망간·칼슘·구리 등은 이온으로서 효소반응을 촉진시키는 작용이 있다.

혈색소의 구성성분인 철분이 부족하면 철결핍성 빈혈(貧血)이 생기며, 갑상선 호르몬의 구성성분인 요오드가 부족하면 갑상선호르몬 저하증상이 나타난다. 칼슘은 뼈와 치아의 주성분이며 골다공증(骨多孔症)과 관련성이 크다.

### (3) 무기질의 섭취

무기질은 체내에서 만들어지지 않으므로 외부에서 공급을 받아야 한다. 칼슘, 철분, 요오드 등을 제외한 대부분의 무기질은 천연 식품에 적당량 함유되어 있어 일상 식사를 통해 섭취할 수 있다. 그러나 최근 가공식품, 페스트 푸드 등의 범람으로 인하여 무기질 결핍 가능성이 있다. 한편 나트륨, 인 등을 비롯한 중금속(크롬, 납, 카드늄, 수은, 망간 등)의 과잉 섭취가 문제가 되고 있다.

무기질은 식품 속에 함유된 양 뿐만 아니라 생화학적 조건에 의해 흡수와 이용률이 달라진다. 무기질의 흡수와 이용에 영향을 미치는 요소로 무기질 상호간의 균형, 비타민과 무기질의 상호 작용, 중금속 노출 등이다. 예를 들면 지나친 칼슘의 섭취는 마그네슘과 철분의 결핍을 초래할 수 있다. 비타민 D는 칼슘의 흡수를 돕고, 비타민 C는 철분의 이용률을 높인다. 비타민 $B_1$(티아민)은 납의 흡수를 억제한다.

### (4) 무기질의 급원 식품

무기질은 식물성 식품과 동물성 식품에서 섭취한다. 일부 무기질은 동물성식품에 많이 존재하고 또한 생체 이용률도 높다. 예를 들면 육류는 철분과 아연의 급원이며, 우유와 유제품은 칼슘의 급원 식품이다. 반면 마그네슘과 망간은 식물성 식품에 더 많이 들어 있다.

무기질의 주요 급원 식품은 다음과 같다. 칼슘(우유, 유제품, 콩, 정어리, 연어, 호두, 해바라기씨 등), 마그네슘(푸른 채소, 우유, 고기, 땅콩 등), 인(유제품, 고기, 생선, 콩류, 곡류, 달걀 등), 칼륨(고기, 채소, 우유 등), 황(쇠고기, 콩류, 어류, 달걀, 양배추 등), 구리(간, 고기, 굴, 달걀, 콩류, 통밀, 마아가린 등), 요오드(김, 다시마, 미역 등), 철(간, 붉은 고기, 달걀노른자, 대합조개, 콩류, 밀 등), 셀레늄(간, 해조류 등), 아연(간, 고기, 어류, 달걀, 우유, 콩류, 푸른 채소 등).

무기질을 과량 섭취하면 독성이 나타난다. 특히 미량 무기질들은 허용 상한 수준을 초과하여 섭취하면 독성이 나타나므로 무기질 보충제의 복용은 신중해야 한다.

### (5) 주요 무기질

국민건강영양조사(보건복지부 2005)에서 무기질 영양소는 칼슘, 인, 철, 나트륨, 칼륨 섭취량과 급원식품이 조사되었다.

#### ① 칼슘

칼슘(Ca, Calcium)은 1808년 영국의 화학자 데뷔가 석회에서 분리해 냈으며, 칼슘이란 명칭은 라틴어로 석회를 'calx'라고 하는 데서 유래되었다. 칼슘은 인체 내에 함유되어 있는 무기질 중 가장 많은 양으로 존재하고, 성인의 경우 체중의 약 1~2%를 차지하고 있다. 체내에서 칼슘의 99%는 뼈와 치아에 존재하며 나머지 1%는 혈액, 세포외액, 근육 등에 있다.

뼈는 대사가 매우 활발히 일어나는 조직이며 조골세포(osteoblast)와 파골세포(osteoclast)가 있다. 성장기에는 총 조골세포의 활성이 파골세포의 활성보다 크므로 뼈가 분해되는 것보다 더 많은 뼈가 형성된다. 노년기에는 파골세포의 활성이 좀더 크다.

뼈의 강도는 뼈 무기질 밀도(골밀도)에 죄우된다. 뼈의 결정(crystal)이 조밀하게 채워질수록 뼈의 구조가 더 강해진다. 따라서 젊을 때부터 뼈를 튼튼하게 다져놓아야 노년기에 골량이 손실되더라도 골다공증에까지 이르지 않게 된다.

칼슘의 중요한 생리작용에는 혈액응고, 근육의 수축과 이완, 심장의 규칙적인 박동, 신경전달물질의 분비, 효소의 활성화, 융모의 운동, 백혈구의 식균작용, 세포의 분열, 여러 영양소의 대사작용 등에 관여하고 있다. 또한 칼슘은 세포막을 통한 물질이동의 조절인자 역할을 한다. 칼슘은 소장 상부에서 대부분 능동적 운반에 의해서 흡수되며, 소장 하부에서는 단순 확산에 의해서 흡수된다.

만약 칼슘 섭취량이 부족하여 혈액 중의 칼슘의 농도가 낮아지면 인체는 이를 보상하기 위해서 뼈에 있는 칼슘을 녹이게 된다. 이에 뼈는 점점 약해지게 된다. 골질량(bone mass)이 감소하면 뼈가 작은 충격에도 쉽게 부러지며, 허리가 구부러지거나 키가 줄어드는 현상도 나타난다.

칼슘과 관련된 여러 질병 중 대표적인 것이 골다공증(骨多孔症)이다. 골다공증은 갱년기나 폐경기에 여성 호르몬이 감소함에 따라 골량이 급격히 감소하면서 발생한다. 주로 폐경 후 3~7년 사이에 급격한 골손실이 일어나므로 폐경 후 여성에서 골다공증 위험도가 증가한다. 골밀도(骨密度)를 측정하여 골다공증을 진단한다.

골다공증의 치료는 식이요법, 운동요법, 약물요법이 병행되어야 한다. 충분한 칼슘 및 비타민 D를 섭취하고 균형적인 식단을 유지하는 것이 중요하다. 골밀도를 증가시키는 운동으로는 빠르게 걷기, 조깅, 웨이트 트레이닝 같은 체중 부하 운동을 하루에 30분씩, 주당 3~5회 시행하는 것이 도움이 된다. 치료약제로 칼슘제제, 비타민D제제, 여성호르몬제제 등이 있으므로 개개인에 맞는 약제를 선택하여야 한다.

한편 칼슘 과량 복용시 나타나는 부작용에는 신부전, 신장결석, 고칼슘혈증 등이 있다. 미국에서는 모든 연령층의 칼슘 상한 섭취량을 식이 칼슘과 칼슘 보충제를 합하여 1일 2,500mg으로 설정하였다.

칼슘은 우유 및 유제품, 뼈째 먹는 생선, 질푸른 채소 등에 다량 함유되어 있으며 체내 이용률도 높다. 해조류, 두류, 곡류 등에도 들어있다.

국민건강영양조사(2005년)에 의하면 우리나라 65세 이상 노인층의 칼슘 섭취량은 492.2mg이었고, 50~64세는 578.1mg을 섭취하였다. 주요 급원식품은 멸치, 배추김치, 우유, 두부, 무청, 대두, 미역, 파 등이다. 한국인 영양섭취기준(2005년)에서 노년기 칼슘 섭취기준은 <표 8-14>와 같다.

<표 8-14> 노년기 한국인의 1일 칼슘 영양섭취기준

(단위 : mg/일)

| 성별 | 연령 | 평균필요량 | 권장섭취량 | 충분섭취량 | 상한섭취량 |
|---|---|---|---|---|---|
| 남자 | 50~64 | 580 | 700 | | 2,500 |
| | 65~74 | 580 | 700 | | 2,500 |
| | 75 이상 | 580 | 700 | | 2,500 |
| 여자 | 50~64 | 580 | 800 | | 2,500 |
| | 65~74 | 580 | 800 | | 2,500 |
| | 75 이상 | 580 | 800 | | 2,500 |

② 인

인(P, phosphorus)은 자연계에서 대부분 산소와 결합하여 인산(phosphate)의 형태로 존재한다. 체내에 있는 인(성인 남자 약 660~700 g)의 85%는 칼슘과 결합하여 뼈와 치아를 구성하고 있으며 나머지는 혈액과 기타 조직에 분포되어 있다.

골격 내 인과 칼슘의 비율은 보통 1:2를 이루고 있다. 혈액 내 인은 대부분 적혈구의 인지질과 혈장 지단백의 형태로 존재한다. 인(燐)은 세포막의 구성요소인 인지질과 DNA, RNA 등 핵산과 핵산염(nucleotide)의 구성요소이다.

인의 주요 기능은 산-염기 평형을 조절하는 완충작용에 의한 정상 pH 유지, 대사과정에서 생긴 에너지의 저장과 이동, 인산화 반응에 의한 여러 효소의 활성화 등이다.

인이 결핍되면 식욕감퇴, 근육약화, 무력증, 골연화증, 운동실조 등이 나타난다. 한편 인을 과량 섭취하면 철, 구리, 아연 등의 흡수에 지장을 초래하고 혈액과 세포외액 내 인산 수준을 증가시킨다. 과잉 증세로는 신장과 같은 연조직의 전이성 석회화(calcification), 골다공증 등이 생긴다.

인은 모든 식품에 함유되어 있으며, 주요 급원식품에는 우유 및 유제품, 육류, 어류, 곡류 등이 있다. 가공식품과 탄산음료에도 많이 들어 있다. 인의 흡수율은 일반 식사에서 60~70% 정도이다.

국민건강영양조사(2005) 보고서에 의하면 인 섭취량은 50~64세는 1,256.9mg, 65세 이상은 1,049.6mg으로 나타났으며, 주요 급원식품은 백미, 멸치, 배추김치, 두부, 대두, 달걀, 우유, 쇠고기 등이다. 한국인 영양섭취기준(2005)에서 노년기 인 섭취기준은 <표 8-15>와 같다.

<표 8-15> 노년기 한국인의 1일 인 영양섭취기준

(단위 : mg/일)

| 성별 | 연령 | 평균필요량 | 권장섭취량 | 충분섭취량 | 상한섭취량 |
|---|---|---|---|---|---|
| 남자 | 50~64 | 580 | 700 | | 3,500 |
| | 65~74 | 580 | 700 | | 3,500 |
| | 75 이상 | 580 | 700 | | 3,000 |
| 여자 | 50~64 | 580 | 700 | | 3,500 |
| | 65~74 | 580 | 700 | | 3,500 |
| | 75 이상 | 580 | 700 | | 3,000 |

### 3 나트륨

나트륨과 염소는 일반적으로 염화나트륨(NaCl) 형태로 소비된다. 나트륨(Na, natrium)은 세포외액의 주된 양이온이며 체내 총 나트륨 함량의 약 95%는 세포외액에 존재한다. 염소(Cl, chlorine)는 세포외액의 주된 삼투활성음이온(osmotically active anion)으로 체액 유지와 전해질 평형, 그리고 위액의 중요한 구성성분으로 작용한다.

나트륨 결핍증은 식욕부진, 메스꺼움, 설사, 두통, 근육경련 등의 증세를 나타낸다. 장기간 빈번한 구토 등으로 위액이 소실될 때 혈장 내 염소 함량이 저하되어 저염소혈증성 알칼리혈증이 유발될 수 있다. 이뇨제(利尿劑)는 소변 중 수분, 나트륨, 염소의 배설을 증가시켜 저나트륨혈증(hyponatremia)과 저염소혈증(hypochloremia)을 유발할 수 있다.

나트륨의 과잉섭취는 고혈압의 원인이 되며 심혈관질환, 신장질환, 위암과도 연관이 있는 것으로 보고 되고 있다. 혈압은 염화나트륨 섭취량 증가에 따라 점진적으로 상승한다. 특히 고혈압, 당뇨병, 만성 신장질환이 있는 경우, 그리고 나이가 많아질수록 염화나트륨 섭취 시 혈압이 더 민감하게 상승한다. 또한 나트륨을 과잉 섭취하면 소변으로 칼슘 배설을 증가시켜 과(過)칼슘뇨증을 초래하여 신장결석의 위험 인자가 된다.

나트륨은 대부분의 식품에 약간씩 함유되어 있다. 나트륨의 급원은 식품 자체에 존재하는 나트륨과 조리나 가공(가공식품, 통조림, 식탁염) 중에 첨가되는 나트륨이 있다.

생활습관병(성인병) 예방 차원에서 나트륨 과잉 섭취에 대한 대책으로 WHO/FAO는 나트륨 목표섭취량으로 2 g(식염 5 g/일) 이하를 권장하고 있다.

국민건강영양조사(2005)의 의하면 나트륨 섭취량은 1일 평균 50~64세 연령층은 5,670.4mg, 65세 이상 노인층은 4,694.7mg으로 나타났으며, 주요 급원식품은 김치, 소금, 된장, 간장, 고추장, 백미, 국수, 라면 등이다. 우리나라 사람들의 나트륨 섭취량은 세계보건기구(WHO)에서 제시한 충분섭취량과 상한섭취량을 크게 초과하고 있다. 이에 소금 섭취에 대한 식습관에 변화가 있어야 한다.

한국인 영양섭취기준(2005)에서 노년기 나트륨 섭취기준은 <표 8-16>과 같다.

<표 8-16> 노년기 한국인의 1일 나트륨 영양섭취기준

(단위 : g/일)

| 성별 | 연령 | 평균필요량 | 권장섭취량 | 충분섭취량 | 목표섭취량 |
|---|---|---|---|---|---|
| 남자 | 50~64 | | | 1.3 | 2.0 |
| | 65~74 | | | 1.2 | 2.0 |
| | 75 이상 | | | 1.1 | 2.0 |
| 여자 | 50~64 | | | 1.3 | 2.0 |
| | 65~74 | | | 1.2 | 2.0 |
| | 75 이상 | | | 1.1 | 2.0 |

(목표섭취량 2g은 WHO/FAO가 제시한 기준임)

### 4 칼륨

칼륨(K, Potassium)은 세포내액의 이온 중 가장 많이 존재하는 양이온으로 세포막의 전위를 유지하고 세포내액의 이온의 세기를 결정한다. 칼륨의 대부분은 근육세포 내에 존재하며 체내 총 칼륨량은 체지방 신체질량의 양에 비례한다.

칼륨(K)은 나트륨(Na)과 같이 체액의 주요 전해질이다. 칼륨은 나트륨과 함께 작용하여 체내의 수분 양과 산·알칼리 균형을 조절한다. 나트륨은 세포 밖에 주로 분포되어 있으나 칼륨의 95%는 세포 안에 존재한다. 칼륨과 나트륨의 균형은 정상 혈압의 유지, 근육의 수축과 이완 등에 영향을 미친다. 칼륨의 균형은 나트륨에서와 같이 신장에서 배설이나 보유량을 조절함으로써 유지된다.

칼륨의 주요 생리적 기능에는 세포내외의 전위(electric potential)에 영향을 미치는 것과 세포 내 이온 강도를 조절하는 것이다. 또한 칼륨은 에너지 대사, 세포막의 운반작용, 세포막 내외의 전압차 유지, 나트륨과 상호작용을 통한 신경계의 자극 전도, 골격근의 수축과 이완, 혈압의 유지, 산·염기의 평형유지 등의 생리적 기능을 담당한다.

칼륨은 뇌에 산소를 보내는 역할을 하여 뇌의 기능을 좋게 해준다. 몸속의 노폐물의 처리를 돕고, 혈압을 떨어뜨리게 한다. 또한 칼륨은 혈관벽의 긴장을 풀어 혈관을 확장하는 작용을 하기 때문에 심장의 박동을 정상으로 유지하게 해주고 근육과 신경의 흥분성을 정상으로 유지하는 일을 돕는다.

칼륨 결핍증은 설사제의 남용, 이뇨제의 과용으로 인해 소화관 또는 신장을 통한 칼륨 손실이 과다한 경우에 일어날 수 있다. 결핍 증상으로 무력감, 식욕부진, 메스꺼움, 불안, 불면증 등이 나타나며, 극도의 저칼륨혈증이 생기면 심장의 부정맥(不整脈, arrhythmia)으로 인하여 사망에 이르기도 한다.

칼륨을 과량 섭취하면 배탈이 나며, 신장기능이 약하면 칼륨이 혈액에 쌓여 심장기능을 저해한다. 따라서 신장 기능이 저하된 사람은 칼륨 섭취량을 조절해야 한다. 장관 또는 혈관 영양을 통한 칼륨 과다 공급은 급성 중독을 일으킬 수 있다.

칼륨은 거의 모든 식품에 들어 있으나, 특히 채소류와 과일류에 다량 함유되어 있다. 토마토, 오이, 호박, 가지, 근채류, 콩, 사과, 바나나, 우유, 육류 등이 칼륨의 주요 급원이다.

국민건강영양조사(2005)보고서에 의하면 50~64세 연령군의 칼륨 1일 평균 섭취량은 2,928.9mg, 65세이상 노인들은 2,356.5mg으로 나타났다. 주요 급원식품은 백미, 배추김치, 된장, 고춧가루, 시금치, 미역, 멸치, 우유 등이다. 2005년도 한국인 영양섭취기준에서 노년기 칼륨 충분 섭취량은 <표 8-17>과 같다.

<표 8-17> 노년기 한국인의 1일 칼륨 영양섭취기준

(단위 : g/일)

| 성별 | 연령 | 평균필요량 | 권장섭취량 | 충분섭취량 | 상한섭취량 |
|---|---|---|---|---|---|
| 남자 | 50~64 | | | 4.7 | |
| | 65~74 | | | 4.7 | |
| | 75 이상 | | | 4.7 | |
| 여자 | 50~64 | | | 4.7 | |
| | 65~74 | | | 4.7 | |
| | 75 이상 | | | 4.7 | |

5 철

철(Fe, Iron)은 헤모글로빈 및 효소를 포함한 단백질의 구성성분으로 우리 몸에 필수적인 미량 미네랄(trace mineral)이다. 철분은 폐로 들어온 산소를 온 몸에 운반해주기 위해서 필요한 헤모글로빈(hemoglobin) 합성에 반드시 필요하다. 또한 철분은 많은 효소들의 필수 성분이기 때문에 성장과 발육에 관여하고 질병에 대한 면역기능을 향상시켜 준다.

철은 성인 남자의 경우 평균 3.8g, 성인 여자는 2.3g 정도 체내에 있다. 체내 철의 2/3는 적혈구내의 헤모글로빈에 존재하며, 25%는 저장철 형태로, 나머지 15%는 근육조직의 미오글로빈(myoglobin)과 여러 효소의 구성성분으로 있다. 철분이 인체에 흡수되기 위해서는 충분한 위산(胃酸)이 분비되어야 하고 비타민 A, $B_6$, C와 구리, 망간 등이 필요하다.

철분은 인체에 한번 들어오면 잘 배설되지 않고 반복해서 재사용된다. 적혈구 중 헤모글로빈의 수명은 약 120일이므로 전체 적혈구 철의 0.8%가 매일 적혈구 세포로부터 방출되어 다시 이용되며 생리적으로 미량의 철이 위장관 및 피부의 상피세포 탈락과 함께 손실된다.

철이 결핍되면 피부색이 창백해지고 손톱이 움푹 패이는 증상이 나타나고 체온 조절이 잘 안되며 질병에 대한 저항력도 떨어진다. 철분의 결핍은 모든 세포에 산소 운반에 차질이 생기며 특히 가장 많은 양의 산소를 쓰고 있는 뇌(腦)의 기능이 저하되어 학습능력 저하, 기억력과 집중력 저하, 두통, 불면증 등이 생긴다.

철분 결핍증은 전 세계적으로 가장 흔한 영양문제이다. 원인은 철분의 부적절한 섭취, 철분 흡수의 불량, 빠른 성장과 혈액 손실, 반복된 임신에 의한 저장철의 고갈 등이다.

철 결핍성 빈혈은 혈중 헤모글로빈 수준이 정상치 이하로 감소되고, 혈색소 농도가 낮으며, 크기가 작은 적혈구 세포가 나타나는 것이 특징이다. 세계보건기구(WHO)는 헤모글로빈 농도에 의한 철 결핍성 빈혈의 판정은 14세 이상의 남자는 13g/100ml 이하, 여자는 12g/100ml 이하로 규정하고 있다.

철분 독성의 주된 원인은 유전적인 혈색소 침착증(hemochromatosis)과 반복적인 수혈이다. 인체는 입을 통하여 들어오는 철분으로부터 자신을 보호하기 위해 점막 방어벽을 갖고 있으나, 혈색소 침착증인 경우 점막 방어벽이 비효율적으로 작용한다.

철분 급원식품에는 동물 간(肝), 육류, 녹색 채소, 영양 강화 시리얼 등이 있다. 식품 중의 철은 헴철(heme iron)과 비(非)헴철(non-heme iron)의 두 가지 형태로 존재한다. 동물성 식품 속의 철분은 대부분 생체 이용률이 높은 형태인 헴철이다. 비헴철의 흡수는 아스코르브산, 육류, 생선류, 가금류의 섭취에 의해 향상되며 탄닌, 피틴산 등에 의해 저하된다.

2005년도 국민건강영양조사 결과에 따르면 1인 1일당 평균 철 섭취량은 50~64세 연령층은 14.9mg, 65세 이상은 12.6mg이었다. 주요 급원식품은 무청, 백미, 배추김치, 멸치, 대두, 두부, 된장, 시금치, 바지락 조개, 쇠고기, 달걀 등이다.

한국인 영양섭취기준(2005년)에 의한 노년기 철 섭취기준은 <표 8-18>과 같다.

<표 8-18> 노년기 한국인의 1일 철 영양섭취기준

(단위 : mg/일)

| 성별 | 연령 | 평균필요량 | 권장섭취량 | 충분섭취량 | 상한섭취량 |
|---|---|---|---|---|---|
| 남자 | 50 - 64 | 8 | 10 | | 45 |
| | 65 - 74 | 8 | 10 | | 45 |
| | 75 이상 | 8 | 10 | | 45 |
| 여자 | 50 - 64 | 7 | 9 | | 45 |
| | 65 - 74 | 7 | 9 | | 45 |
| | 75 이상 | 7 | 9 | | 45 |

Chapter 9

# 식품

## 1. 식약동원

고대 그리스 의성(醫聖) 히포크라테스(Hippocrates, 460~377 B.C.)는 "당신이 먹는 음식이 바로 약이고, 약은 바로 당신이 먹는 음식이다. (Food is your medicine and your medicine is food.)"라고 말했다. 이는 음식이 인간의 건강에 얼마나 중요한 지를 알려주는 말이다.

우리가 건강하게 오래 살기 위해서는 균형 잡힌 식사, 규칙적인 운동, 충분한 수면이 필수적이다. 그중 특히 우리가 매일 먹는 음식으로 인해 몸이 건강해지기도 하고 병이 생기기도 한다. 인생의 즐거움 중의 하나는 건강에 좋은 맛있는 음식을 먹는 일이다.

우리나라 음식의 원리적인 특징은 '음식과 약은 근원에서 같다'는 식약동원(食藥同源)이다. 이는 평소에 음식을 고루 섭취하면 그것이 바로 몸에 좋은 보약(補藥)이 된다는 뜻이다. 또한 음식은 질병 예방, 질병 치료, 치료 후 마무리 등 세 가지 차원에서 모두 중요하다.

우리나라는 오랜 세월 동안 농경(農耕)사회로 농사를 짓고 살았으므로 쌀을 위시한 각종 곡물 섭취가 많았으며, 사계절에 따라 각종 채소, 산나물, 약초 등이 많아 채식요리가 발달하였다. 또한 우리나라는 대륙과 해양이 접한 반도(半島)로서 발효 문화가 발달하였다. 생선을 발효시킨 젓갈도 수십 종류가 되며, 콩을 발효시킨 된장, 간장, 고추장을 먹으며 매일 채소를 발효시킨 김치를 먹는다.

미국의 대표적인 음식 전문잡지인 〈푸드 아트〉가 최신호(2006년 12월)를 통해 한국 음식에 대해 극찬했다. 2006년 6월 유엔본부에서 열린 제3회 유엔 한국음식 페스티벌에서 수석 요리사를 맡았던 요리 연구가인 임지호씨를 표지 모델로 내세운 이 잡지는 '2006년은 한국이 주름잡은 한 해 : 감추어져 있던 음식이 서양을 놀라게 했다'는 제목의 기사를 통해 한국 음식의 세계화 가능성에 대해 자세히 소개했다.

요즘 뉴욕에선 태국 식당만큼 한국 식당이 많아지기 시작했고, 매운 김치를 맛있게 먹는 뉴요커(뉴욕 시민)들도 많으며 한식이 웰빙 음식(well-being food)으로 알려지고 있다.

한국 음식의 대부분을 보약 개념으로 생각할 수 있는 이유는 우리나라 식생활의 골격이 채식(菜食)과 발효(醱酵) 식품으로 이루어져 있기 때문이다.

한정식이란 조선 시대 양반 문화의 밥상을 말한다. 조선시대 서민 밥상은 3첩~5첩 반상, 양반 밥상은 7첩~9첩 반상으로 구성되며, 궁중 음식은 12첩 반상이 기준이었다. 서양식은 스프-야채-메인-디저트-차의 순으로 음식이 나오지만, 한식은 밥과 국과 찌개와 반찬이 한꺼번에 담겨 나온다. 전통 한식은 오색(五色), 오미(五味), 음양(陰陽)의 조화를 추구하므로 한식 밥상은 축소된 우주(宇宙)의 형태라고 말할 수 있다.

한국식 '비벼 먹는 문화'의 대표적 음식은 비빔밥이다. 전주 '비빔밥'은 평양 '냉면', 개성 '장국밥'과 함께 조선의 3대 음식으로 알려져 있다. 최근 중국 베이징에서 열린 제4회 세계미식(美食)대회(2006년 7월)에서 비(非)중국요리 분야에서 '전주비빔밥'이 1위를 차지했다. 대한항

공은 기내식으로 개발한 전주비빔밥을 지난 9년 동안 2,000만 그릇 가까이 차려냈다. 이젠 외국 항공사들도 다투어 비빔밥을 승객들에게 제공하고 있다.

비빔밥을 처음 언급한 문헌은 1800년대 말 발간된 《시의전서(是議全書)》로서 비빔밥을 '골동반'으로 표기했다. 골동(汨董)이란 여러 가지 물건을 한데 섞는 것을 말하므로 '골동반'이란 밥에다 여러 가지 찬을 섞어서 한데 비빈다는 의미다.

비빔밥의 유래에 대해서는 다양한 설이 있다. 조선시대 임금이 먹은 밥은 흰수라, 팥수라, 오곡수라, 비빔 등 4가지가 있는데 비빔밥은 점심때나 종친이 입궐하였을 때 먹는 가벼운 식사였다는 '궁중음식설(宮中飮食說)'이 있는가 하면 제사를 마치고 나면 제상에 놓은 제물을 빠짐없이 먹기 위해 비벼서 먹게 되었다는 '음복설(飮福說)' 등 다양하다.

신선한 야채와 깊고 매운맛의 고추장, 자연의 색깔로 조화시킨 전주비빔밥은 전형적인 채식과 발효의 융합이므로 우리 몸에 좋은 '보약'이다. 전주비빔밥은 오방색을 고루 갖춰 눈부터 사로잡는다. 놋쇠 대접에 고슬고슬 지은 흰밥 위에 선홍빛 육회, 아삭한 콩나물, 치자 물들인 황포 묵, 황백 지단, 밤 은행 대추 호두 잣에 이르는 오실과 등 뜨겁지도 차갑지도 않은 고명과 야채들은 맛도 빛깔도 저마다 살아 있다.

## 2. 식품의 기능

우리나라 식품위생법에는 "식품(食品)이란 우리가 먹는 음식물을 말한다. 다만, 의약품으로 섭취하는 것은 제외한다."고 정의하고 있다. 식품에는 인간의 생명 유지에 필수적인 영양소가 들어 있으며, 영양소는 당질, 지방질, 단백질, 무기질, 비타민 등 다섯 가지 성분으로 되어 있다.

식품이 갖고 있는 기능을 영양 기능, 기호 기능, 생리활성 기능 등으로 나눌 수 있다.

'영양기능'은 식품이 갖고 있는 가장 중요한 기능으로 인간의 생명유지 기능이다. '기호기능'은 식품의 관능적인 특성이 영향을 주는데, 이는 식품이나 음식을 먹게 되는 동기이다. 영양적으로 우수한 식품이라도 맛, 향기, 색깔, 질감 등 우리의 기호를 충족시켜야 한다. '생리활성기능'은 신체의 생리리듬조절, 질병의 예방과 치유, 면역력 강화, 노화 방지 등 건강과 장수에 관계가 깊은 기능이다.

음식은 사람의 오감(五感)을 자극해 더욱 깊은 맛을 낸다. 즉 색과 모양으로 눈을 자극한 음식은 고유한 향기로 사람의 코를 사로잡는다. 손이나 젓가락으로 전해지는 음식의 질감은 입과 혀에서 더욱 깊어지고, 씹으며 나는 소리는 우리 귀를 청량하게 한다.

미국 플로리다대학교 해리 클리 박사팀이 과학저널 '사이언스'에 발표한 논문에서 음식 향기를 맡으면서 좋다고 느껴지면 건강에 좋다고 주장하였다. 즉, 음식 냄새에 대한 호(好) 불호(不好)는 음식의 영양 혹은 건강 가치와 연관되어 있을 수 있다고 지적했다.

## 3. 컬러 푸드(Color Food)

'컬러 푸드'는 조화로운 식생활과 건강한 삶을 유지하는데 큰 도움을 주는 건강식품이다. 예를 들면 노화를 예방하는 검정색 식품(검은 콩, 검은 깨, 검은 쌀, 메밀 등), 면역력과 항암 효과를 높이는 주황색 식품(당근, 호박, 고구마, 감 등), 혈관과 위장을 깨끗하게 하는 초록색 식품(녹차, 부추, 브로콜리, 솔잎 등), 콜레스테롤을 낮추는 하양색 식품(마늘, 양파, 콩, 흰 야채), 심장병 예방과 독소를 제거하는 보라색 식품(포도, 자두, 블루베리, 가지 등), 피부가 좋아지는 노랑색 식품(오렌지, 옥수수, 자몽 등), 예뻐지는 빨강색 식품(토마토, 사과, 석류, 고추 등) 등이 있다.

미국에서는 과일의 색깔에 따라 5개 그룹으로 나누고 있다. 즉, 빨간색(Red), 초록색(Green), 노란색(Yellow), 청보라색(Blue-Purple), 흰색(White) 과일로 나눈다. 과일은 색에 따라 맛과 성분이 다르므로 여러 가지 과일을 골고루 먹는 것이 좋다.

한편 일본에서는 최근 새로운 직종으로 '야채 소믈리에'가 양성되고 있다. 이들은 와인에 관한 정보와 선택을 도와주는 '와인 소믈리에'와 같이 채소에 관한 상세한 정보를 고객들에게 제공하고 맛있는 채소, 과일을 골라준다.

녹색의 엽록소는 신진대사를 원활하게 하고 피로를 풀어주며, 세포재생을 도와 노화 예방에 도움을 준다. 초록색 식품(Green Food)에는 녹차, 매실, 브로콜리, 시금치, 매생이, 올리브유, 부추, 깻잎, 고춧잎, 알로에 등이 있다.

붉은 색깔의 리코펜(lycopene)은 항암효과, 면역력 증가, 혈관을 튼튼하게 하고, 안토시아닌(anthocyanin)은 항산화 작용이 있다. 빨간색 식품(Red Food)에는 토마토, 적포도주, 고추, 딸기, 팥, 수박, 사과, 파프리카, 석류, 복분자 등이 있다.

검은색의 안토시아닌은 항산화 능력을 길러주어 면역력 증가 및 노화방지에 도움을 준다. 검은색 식품(Black Food)에는 흑미(黑米), 검은콩, 검은깨, 메밀, 우엉, 다시마, 오골계 등이 있다.

노란색의 카로티노이드(carotenoid) 성분은 항암효과, 항산화작용,

노화예방효과 등이 있다. 노란색 식품(Yellow Food)에는 호박, 당근, 고구마, 밤, 바나나, 생강, 옥수수, 잣, 꿀 등이 있다.

흰색을 내는 플라보노이드(flavonoid) 성분은 항암효과 및 체내 산화작용을 억제하여 유해물질을 체외로 방출시키고 세균과 바이러스에 대한 저항력을 길러준다. 흰색 식품(White Food)에는 마늘, 양파, 감자, 무, 양배추, 도라지, 인삼, 굴 등이 있다.

## 4. 세계 건강식품

미국 시사주간지 '타임(Time)'은 건강에 좋은 식품으로 토마토, 시금치, 적포도주, 견과류, 브로콜리, 귀리, 연어, 마늘, 녹차, 블루베리 등 10가지 식품을 추천하였다. 또한 색(色)을 가진 식품을 다양하게 섭취할 것을 권장하였다.

한편 미국 건강 전문 월간지 '헬스(Health)'는 2006년 3월호에 세계 5대 건강식품으로 한국의 '김치', 일본의 '콩과 콩제품', 인도의 '렌즈콩', 그리스의 '요구르트', 스페인의 '올리브유'를 선정하여 발표하였다.

이 잡지는 한국의 김치는 각종 비타민과 유산균이 풍부하고 발효된 배추에는 암 세포를 억제하는 효과가 있는 것으로 알려졌다고 소개했다. 이 잡지는 또 "김치를 달걀과 토마토, 버섯 등을 섞어 스크램블 에그(scrambled eggs)로 아침식사를 하는 것도 좋다"고 추천했다.

또한 이 잡지는 콩은 암과 골다공증을 예방하는 데 좋으며, 인도의 말린 콩인 렌즈콩은 단백질과 콜레스테롤을 낮춰주는 섬유질이 풍부하고, 요구르트는 면역성을 증진시키고 뼈를 튼튼하게 하며, 올리브유는 심장병 예방에 좋다고 언급했다.

우리나라 보건복지부(Ministry of Health & Welfare) · 국민건강보험공단(National Health Insurance Corporation) · 한국방송공사(KBS)가 권장하는 '한국인이 꼭 먹어야 할 10대 밥상(식품)'은 다음과 같다.

① 마늘(하루 반쪽씩 꾸준히 섭취하면 암을 50%까지 예방할 수 있다), ② 콩(콩에 풍부한 식이섬유가 급격한 혈당 상승을 억제하므로 당뇨병 예방에 좋다), ③ 고등어(주 2회 고등어를 먹으면 불포화지방산이 혈액 청정과 혈액순환에 도움을 주므로 심장병 예방에 좋다), ④ 호두(하루 한 개의 호두는 무병장수의 비결이며, 비타민 E가 노화를 억제한다), ⑤ 버섯(칼로리는 낮고 포만감은 높이는 식이섬유가 과식을 억제하여 다이어트에 도움이 된다). ⑥ 보리(최고의 자연식 강장제로 정력증강에 좋으며, 말초신경 활동 증진과 기능을 향상시킨다), ⑦ 부추(항산화 작용을 하며 베타-카로틴이 노화의 원인 활성산소 발생을 억제 및 해독작용을 한다), ⑧ 김(눈의 비타민인 비타민 A가 시력보호, 야맹증 예방에 좋다), ⑨ 달걀(노른자에 든 뇌의 먹이인 레시틴이 기억력 증진, 치매 예방에 도움이 된다), ⑩ 풋고추(비타민 C가 바이러스에 대한 저항력을 증진시킨다. 하루 풋고추 2개 정도면 된다).

한편 조선일보는 '한국인의 수퍼푸드 10'으로 비싸고 귀한 음식은 아니지만 몸에는 약처럼 좋은 음식으로 쥐눈이콩, 올리브오일, 해조류, 와인, 식초, 술, 버섯, 마늘, 김치, 매실 등 10가지 식품을 선정하여 2006년에 신문에 연재한바 있다.

이에 우리나라 노인건강에 좋은 식품 7가지로 콩과 콩제품, 마늘, 해조류, 견과류, 김치, 포도주, 녹차를 선정한다.

### (1) 콩과 콩제품

콩은 '밭에서 나는 고기'라고 말할 정도로 단백질과 지방이 풍부한 식품이다. 특히 콩에 들어 있는 단백질의 양은 농작물 중에서 최고이며, 구성 아미노산의 종류도 육류에 비해 손색이 없다. 콩에는 비타민 B군이 특히 많고 A와 D도 들어 있으나 비타민 C는 거의 없다. 그러나 콩을 콩나물로 재배할 때는 싹이 돋는 사이에 성분의 변화가 생겨 비타민 C가 풍부한 식품이 된다.

우리나라에서는 콩을 삼국(三國)시대부터 재배하였다. 콩을 날 것으로 먹으면 거의 소화가 안 되지만 익혀 먹으면 65% 가량 소화흡수가 된다. 그러나 콩 제품인 두부는 95% 정도, 된장은 80% 정도 소화흡수가 된다. 우리나라에서는 콩 제품으로 콩나물, 두부, 된장 등을 많이 먹는다. 콩은 항암 효과가 널리 알려져 있는 식품이다. 특히 검은콩 껍질에는 황색 콩에는 없는 글리스테인(glycitein)이라는 항암물질이 들어 있다.

특히 '쥐눈이콩'은 쥐의 눈처럼 생긴 콩이란 의미로 서목태(鼠目太)라고 부르며, 한약상에서는 '약(藥)콩'이라 부른다. 옛 문헌 본초강목(本草綱目)에는 쥐눈이콩을 "성질이 따뜻하고, 맛이 달며, 독이 없다. 약으로 사용하면 더 좋다. 신장병을 다스리며 기를 내리어 풍열을 억제하고 혈액순환을 활발히 하며 독을 푼다"고 기제되어 있다.

쥐눈이콩에는 이소플라본(isoflavon) 성분이 일반 콩보다 5~6배 많이 함유되어 있다. 이소플라본은 항암효과가 있으며 혈중 콜레스테롤을 낮추고 심장병 예방에도 효과가 있다. 또 손상된 골세포 재생 및 치료효과도 있다. 쥐눈이콩에 함유되어 있는 인(燐)중합체 폴리포스페이트(polyphosphate)는 자외선에 의한 피부노화를 억제하는 것으로 입증되고 있다.

청국장(淸國醬, 일명 담북장)은 메주콩을 쑤어 식기 전에 그릇에 담고 아랫목에 놓아 담요나 이불을 씌워 2~3일간 따뜻하게 보온하면 납두균(納豆菌)이 번식하여 끈끈한 향기를 가진 발효 물질로 변한다. 청국장이 다 뜨게 되면 끈끈이 실을 내는데 이 실은 아미노산인 글루타민산이 여러 개 합친 것과 과당의 중합물인 프락탄이 엉겨서 된 것이다.

소화성이 떨어지는 콩의 소화력이 납두균의 작용으로 높아질 뿐 아니라 콜레스테롤을 분해하는 작용도 한다. 일본 사람들은 납두균을 띄워 진이 난 것을 양념을 하지 않고 그대로 먹는다. 우리나라에서는 다 띄운 뒤에 마늘, 생강, 고춧가루, 소금 등을 넣어 끓여 먹는데 청국장과 두부는 잘 어울린다. 납두에는 두뇌의 영양이라고 말하는 레시틴(lecithin)이 풍부하다. 레시틴은 체내에 흡수된 후 분해 되어 뇌세포간의 신경전달 물질인 아세칠콜린(acetylcholine)의 원료가 된다.

일본인이 즐겨 먹는 '낫토'는 청국장과 비슷한 발효식품으로 냄새가 독특하고 끈적끈적하게 늘어난다. 혈전용해와 예방에 효과가 있고 혈압강하, 항암작용, 골다공증 예방, 항균효과가 인정되어 장수식품으로 부각되고 있다.

### (2) 마늘

마늘은 우리나라의 거의 모든 요리에 쓰인다. 마늘의 강한 향이 비린내를 없애고 음식의 맛을 좋게 하고 식욕증진 효과가 있기 때문에 세계적으로 사랑받는 양념이다. 또한 마늘은 비타민이 풍부하고 스태미나 증진, 수족냉증 예방 효과가 있으며 대장균, 식중독균 등을 죽이는 살균소독 효과도 있다.

마늘의 대표적인 성분은 알린(allin)이라는 유황화합물이다. 알린은 아무런 향이 없지만 마늘 조직이 상하는 순간 알린은 조직 안에 있던 알리나제라는 효소와 작용해 자기방어물질인 알리신(allicin)이 된다.

마늘 냄새는 알리신 때문이다.

알리신은 강력한 살균 항균 작용을 하여 식중독균과 위궤양을 유발하는 피롤리균을 죽이는 효과가 있다. 알리신이 비타민 $B_1$과 결합하면 알리티아민으로 변하여 피로회복, 정력증강에 도움을 준다.

마늘에는 알리신 외에 다양한 유황화합물질이 들어 있으며 메실시스테인(methylcysteine)은 간암과 대장암을 억제한다고 알려져 있다. 유황화합물질은 활성산소를 제거하는 항산화작용을 한다. 또한 마늘은 토양에 있는 셀레늄을 흡수 저장하며, 셀레늄 역시 암을 예방한다고 알려진 무기질이다.

마늘은 암 예방에도 효과가 있다. 미국 국립암연구소와 중국 상해암연구소가 상하이에 거주하는 전립선암 환자 2백30명과 건강인 4백71명을 조사한 결과 마늘, 파, 양파를 즐겨 먹는 사람의 전립선암 발생률이 50~70% 낮은 것으로 밝혀졌다. 미국 노스캐롤라이나대학교 연구팀도 마늘이 위암과 결장암의 발생을 각각 50%와 30% 낮춘다고 발표하였다.

이에 마늘이 효과적인 항암(抗癌) 식품으로 꼽히고 있어 하루에 생마늘 또는 익힌 마늘 한 쪽(또는 반쪽) 정도를 꾸준히 섭취하면 암을 예방하는데 도움이 된다. 생마늘을 먹기가 힘들면 마늘을 구워 먹도록 한다. 마늘은 구워도 영양가의 변화가 거의 없으며 마늘 특유의 매운 맛이 사라져 먹기에 훨씬 좋고 소화 및 흡수율도 높아진다. 그러나 몸에 좋은 마늘이지만 자극이 강해 너무 많이 먹으면 위가 쓰리므로 과하게 먹는 것은 좋지 않다.

동의보감(東醫寶鑑)에서는 마늘을 "성질이 따뜻하고 맛이 매우며 독이 있다. 종기를 제거하고 풍습과 나쁜 기운을 없앤다. 냉과 풍증을 제거하고 비장을 튼튼하게 하고 위를 따뜻하게 한다. 토하고 설사하면서 근육이 뒤틀리는 것을 치료한다. 전염병을 예방하고 해충을 죽인다"고 했다.

사상의학(四象醫學)에서는 마늘은 차가운 몸을 따뜻하게 하여 말초혈관을 확장시키는 작용을 하므로 손발이 차고 아랫배가 냉한 소음인(少陰人)이 먹으면 소화기능과 순환기능이 좋아진다. 그러나 열이 많은 소양인(少陽人)은 마늘을 과다 섭취하면 병이 악화될 수 있으므로 조심해야 한다.

### (3) 해조류

해조류(海藻類)에는 김, 미역, 다시마 등이 있으며, 알칼리 식품인 해조류에는 단백질, 당질, 비타민, 무기질 등이 많이 함유되어 있다. 즉 해조류는 피를 맑게 해주고 활성산소 생성을 억제하며, 식이섬유가 풍부하여 변비 예방에 좋다. 해조류에 함유되어 있는 철분은 빈혈(貧血)을 예방하고, 요오드(iodine)는 갑상선 장애를 방지한다. 고혈압, 동맥경화 등 각종 성인병(생활습관병)과 장암 등 각종 암 발생을 예방하는데 도움이 된다.

겨울이 제철인 '김'은 의 채취기는 12월부터 3월까지이며 요즘 시중에서 판매되는 김은 재래김, 돌김, 파래김, 파래돌김, 파래재래김, 파래자반 등으로 구분되며 김에 기름을 바르고 소금을 뿌려 구운 '조미김'이 추가된다. 좋은 김은 윤기가 흐르고 만져보면 탱탱한 탄력이 느껴진다.

미역은 5월에서 7월에 채취하며 재래미역과 실미역으로 나뉜다. 재래미역은 암갈색으로 길이가 1~1.5m 정도이며, 줄기가 딱딱하고 두꺼워서 오랫동안 푹 끓여 진한 국물을 낸다. 실미역(일명 비단미역)은 가늘고 부드러워 냉국이나 가볍게 끓이는 미역국용으로 적합하다.

다시마는 6월~8월에 채취한다. 상품(上品) 다시마는 검은색에 가까운 갈색을 띄우나, 하품(下品)은 노란 빛깔이 난다. 다시마는 쌈을 싸 먹거나 말려서 튀각을 만들어 먹지만, 국물을 내는데 가장 많이 사용한다. 다시마를 물에 넣고 끓이면 감칠맛이 진하게 우러나며, 멸치나 표고버섯과 음식궁합이 맞다.

한방(동의보감, 본초강목)에서는 해조류의 효능을 다음과 같이 기술하고 있다. 즉 '김'은 맛이 달면서 짜고 성질은 차다. 토하고 설사하며 속이 답답한 것을 치료하며 치질을 다스리고 기생충을 없앤다. '미역'은 성질이 차고 맛이 짜며 독이 없어 열이 나면서 답답한 것을 없애고 영류와 기가 뭉친 것을 치료한다. 오줌이 잘 나가게 한다. '다시마'는 성질이 차고 맛이 짜며 독이 없다. 수종(水腫)을 치료하며 오줌을 잘 나가게 하고 얼굴이 부은 것을 내리게 한다. 또한 누창(피부병의 일종)과 영류(갑상선질환의 일종)와 기(氣)가 뭉친 것도 치료한다.

### (4) 견과류

음력 정월 보름날 아침에 '부럼'으로 호두, 잣, 밤 등을 까서 먹고 깍지를 버리면 일년 동안 부스럼을 앓지 않는다고 알려져 있다. 호도, 잣 등의 견과류(堅果類)를 규칙적으로 섭취하는 사람들은 심장질환에 걸릴 확률이 35~50% 정도 낮다는 연구결과도 있다. 견과류는 죽, 조림 등의 형태로 조리돼 평소 식생활에서 섭취할 수 있다.

하루에 호두(walnut) 세 알만 먹으면 그날 필요한 지방이 공급된다고 할 만큼 호두에는 양질의 지방이 풍부하다. 호두에 함유되어 있는 주요 지방산은 리놀레산(linoleic acid)과 올레산이다. 단백질은 글루테린이 많고 아미노산은 트립토판, 라이신이 많아서 우수하다. 무기질은 인, 마그네슘, 칼륨 등이 많으며 비타민은 $B_1$이 많이 함유되어 있다.

본초강목(本草綱目)에 의하면 호도는 간을 보하고 허리와 무릎을 따뜻하게 해주고 변비를 낫게 하며 가래를 없애준다고 한다. 뿐만 아니라 신장 기능을 강화하고 기억력을 증강하며 신경쇠약 치료에도 이용되어 왔다.

잣은 고열량 식품으로 비타민 B군이 풍부하며, 호도나 땅콩보다 많은 철분이 들어 있어 빈혈에도 좋은 식품이다. 잣에 들어 있는 지방은 올레산, 리놀산, 리놀레인산 등 불포화지방산으로 구성되어 있다. 이들 불포화지방산은 피부를 윤택하게 하고 스태미너에 도움을 주는 성분으로 알려져 있다. 한방에서는 잣이 이운을 돋우고 풍기(風氣)를 낫게 하고 수명을 연장한다고 말하고 있다.

밤다식(茶食), 밤단자, 밤주악, 밤편, 밤엿 등은 우리나라 고유의 전통음식이다. 제사상에는 생률(生栗)이 쓰이는데 이는 비타민 C가 파괴 안 된 신선한 것을 조상에게 바친다는 뜻이 있다. 밤은 무겁고 껍질에 윤이 도는 것이 좋다.

밤 속에는 칼슘, 철, 나트륨 등 무기질이 골고루 들어 있으며, 탄수화물이 많은 밤이 소화되어 활용될 때 필요한 비타민 B1이 쌀보다도 4배 정도 더 들어 있다. 그리고 비타민 C가 과일을 제외한 나무 열매 중에서는 가장 많이 들어 있다. 밤에 들어 있는 당질은 소화가 잘 되는 양질의 것으로 위장기능을 강화하는 효과가 있다.

### (5) 김치

우리나라 김치 역사는 1300여 년 전 삼국시대로 거슬러 올라간다. 삼국지 '위지동이전'에 "고구려에서는 채소를 먹고 있었으며 소금을 이용한 식품의 발효 기술이 뛰어났다"라고 기록되어 있다. 김치는 장(漿)가 함께 우리 민족에게 신앙의 대상이었다. 그래서 장독, 김칫독을

'신주(神主) 단지'라고 불렀다. '신줏단지 모시듯 한다'는 말도 여기서 생겨났다.

김치가 단순한 절임식품에서 오늘날처럼 빨갛게 변신한 계기는 17세기 초 고추가 우리나라에 들어오면서다. 여기에 통배추가 1850년경에 들어와 이때부터 요즘처럼 각종 양념, 젓갈 등으로 만든 양념속을 배추 속 겹겹이 넣어 만드는 통배추김치가 주류를 이루에 됐다.

김치를 종류별로 나누면 약 108종이며, 그 갈래 수를 모두 합치면 수백 가지가 된다. 김치는 주원료인 배추와 무로 만들어 진다. 배추김치만 하더라도 통배추김치, 보쌈김치, 백김치, 배추겉절이, 양배추김치, 속대김치, 씨도리김치, 얼갈이김치, 봄동겉절이김치, 강지김치 등 다양하다.

한방에서는 김치를 음양(陰陽)이 조화된 완전식품으로 본다. 즉 성질이 서늘한 배추와 무에 열이 많은 고춧가루, 파, 마늘, 생강 등을 넣어 음양을 맞추었다. 따라서 고춧가루를 쓰지 않은 백김치나 동치미는 성질이 서늘해 열이 많은 소양인(少陽人)에게 알맞고, 매운 양념을 많이 쓴 배추김치는 몸이 차고 속이 냉한 소음인(少陰人)에게 알맞다.

잘 발효된 김치에는 젖산과 젖산균(유산균)이 풍부하며 김치 1 g에 젖산균 1억 마리쯤 함유되어 같은 무게의 요구르트보다 약 4배 많다. 또한 비타민 A와 C, 칼슘 철분 인 등 무기질이 풍부하여 몸에 좋다. 배추와 무에 함유되어 있는 식이섬유는 변비와 대장암 예방에 좋다.

### (6) 포도주

포도주(葡萄酒, wine)는 가장 오래된 술 이다. 바카스 주신(酒神)이 우리 인류에게 포도주 양조를 가르쳐 주었다고 하나 신화(神話)에 불과하며, 기독교에서는 최후의 만찬을 계기로 종교적으로 불가분의 음료가 되었다.

포도주를 하루 2~3잔정도 적당량을 마시면 와인에 함유된 폴리페놀이 콜레스테롤의 산화를 막아 관상동맥질환을 줄여준다. 또한 동맥경화를 방지하는 고밀도 지방단백질(HDL)은 증가하고, 동맥경화를 촉진하는 저밀도 지방단백질(LDL)은 오히려 감소한다.

이에 프랑스 사람들은 육류, 버터, 치즈 등을 많이 먹는데도 심장질환으로 인한 사망률이 낮은 이유는 와인의 효능 때문으로 여긴다. 서양에서는 고기나 생선을 볶을 때 마지막 단계에서 와인을 넣어 잡내를 날린다. 프랑스 요리 '코코뱅'은 조리할 때 물 대신 와인을 사용한다.

포도주용 포도는 당분이 많고 유기산은 적은 것이 좋다. 포도주는 보통 알코올이 12% 가량 들어 있으며 다른 술과 달리 알칼리성 식품에 속하기 때문에 곡류나 육류와 같은 산성식품을 먹을 때 곁들여 마시면 체액을 중성으로 유지해 준다. 포도주는 종류에 따라 제 맛을 내는 온도가 다르다. 즉 백포도주는 섭씨 5~7도, 적포도주는 15도 가량이 좋다. 포도주는 옆으로 눕혀서 직사광선과 더운 열을 피해 지하실 등 어두운 곳에 보관하는 것이 좋다.

### (7) 녹차

최근 웰빙 바람을 타고 차(茶)에 대한 관심이 높아지고 있다. 한편 차는 차인(茶人)들의 전유물에 돈도 많이 들고, 예법도 거창한 것으로 오해도 생겼다. 그러나 차는 혼자 마실 때는 격식 따지지 않고 보통 컵에 찻잎 넣고 뜨거운 물 부어서 마실 수도 있다. 진정 차를 즐기기 위해서는 겸손함과 차에 관한 공부가 필요하다.

따끈한 한 잔의 차는 육체적이 피로 뿐 아니라 정신적이 피로도 해소시켜 주은 기호(嗜好)음료이다. 원산지가 중국으로 알려지고 있는 차나무는 후피향(厚皮香) 나무과에 속하는 상록 활엽 관목이다. 잎은 차로, 열매는 착유해서 기름으로, 줄기는 단추감으로 이용이 된다.

차의 쌍벽이라고 하는 녹차(綠茶)와 홍차(紅茶)는 제조법이 다르다. 홍차는 타닌 성분이 많은 앗삼종(種)이 좋고, 녹차에는 타닌이 적고 질소 성분이 많은 중국종(種)이 적당하다. 차 잎을 발효시키지 않고 엽록소를 그대로 남겨 녹색을 갖게 만든 것이 녹차이다. 차의 품질은 차 잎의 색과 비벼진 모양과 우려낸 차의 빛깔과 풍미로 결정된다.

차에 함유되어 있는 주요성분에는 카페인(3%), 타닌, 테아닌, 세키세놀, 비타민 C(150~500mg), 비타민 $B_1$, $B_2$. 니아신, 펜토텐산, 이노시톨, 투틴 등이다. 기름기가 많은 음식을 먹고 차를 마시면 개운하고 강한 알칼리성이므로 위산과증에도 좋다.

## 5. 가공식품

우리나라 고유의 식문화는 쌀을 주식으로 된장국, 김치, 나물 몇 가지로 이루어진 곡채식(穀菜食)이었다. 고기와 생선은 명절이나 특별한 행사가 있을 때나 먹는 귀한 음식이었으며, 군것질거리도 감자, 고구마, 옥수수, 떡, 곡류로 만든 한과(漢菓) 등 자연식품들이었다.

그러나 요즘 공장에서 생산되는 국수류, 과자류 등은 싼값으로 대량생산하기 위해 대부분 외국에서 대규모로 재배되는 농산물을 사용한다. 이들 수입 농산물들은 농약과 화학비료 사용은 기본이고 유전자 조작으로 생산량을 늘리기도 한다. 특히 수입 밀은 외국 생산지에서 장기간 저장을 위해 수확 후 다량의 살충제를 뿌린다. 살충제는 각종 알레르기의 원인이고 환경호르몬으로 인하여 우리 몸에 여러 가지 부작용을 일으킨다.

튀김 음식에 팜유, 대두유, 옥수수유 등을 사용하는데 기름에 오랜 시간 열을 가하면 거품이 생기고 점도가 증가하며 탁해지면서 산화(酸化)가 일어난다. 이렇게 산패(酸敗)된 기름은 식품의 풍미를 감소시키고 심하면 위장장애를 일으킬 수 있다. 또한 지나치게 기름기가 많은 튀김류, 스낵을 먹으면 비만, 동맥경화, 심장병, 고혈압 등의 위험이 커진다. 팜유, 소트닝, 마가린 등은 식물성 기름이지만 포화지방산이 많아 콜레스테롤 수치를 높일 수 있다.

스낵의 경우 기름의 산화 방지를 위해 산화방지제인 부틸히드록시아니솔(BHA)이나 부틸히드록시톨루엔(BHT)을 첨가하는데 이 물질들을 섭취하면 성격이 난폭해진다고 알려져 있다. 과자류에 사용하는 아황산계 표백제는 신경염, 천식, 기관지염을 일으키고 위점막을 자극하여 알레르기 반응을 일으키기도 한다. 합성착색료는 아토피성 피부염의 원인으로 밝혀지고 있으며, 특히 황색4호는 전두엽을 손상시켜 의욕 상실, 난폭한 성향을 갖게 하고 집중력을 방해하는 것으로 보고되고 있다.

탄산음료, 사탕류, 과자류 등에 다량 함유되어 있는 정제당(精製糖)은 순간적으로 혈당(血糖)을 올리며 우리 몸은 인슐린 분비를 촉진시켜 혈당을 끌어내린다. 그러면 혈중에 당이 줄어드는 저(低)혈당 상태가 되고 우리 몸은 다시 혈당을 올리기 위해 부신피질에서 아드레날린을 많이 방출한다. 이 호르몬은 공격호르몬으로 심장을 활발하게 하여 화를 나게 하는 생리적 요인으로 작용한다.

따라서 노인의 간식으로는 제철에 생산되는 자연식품을 재료로 만든 안전한 먹거리가 좋다. 고구마, 감자, 단호박, 옥수수, 떡, 견과류, 과일 등이 몸에 좋은 간식거리이다. 과자류는 우리나라에서 생산한 유기농산물을 원료로 식품첨가물을 쓰지 않은 것을 골라야 한다.

노년기 건강에 좋은 간식에는 호두(양질의 불포화 지방산 함유), 감자·고구마(혈압을 낮추는 칼륨이 풍부), 우유(골다공증을 예방하는 칼슘), 곶감(비타민 A와 C), 녹차(항노화 효과), 미숫가루(다양한 곡물 속의 비타민), 다시마튀각(식이섬유), 대추(소화 작용 촉진), 식혜(장 운동 활성화) 등이 있다.

## 6. 사상체질과 음식

이제마(李濟馬)선생에 의해서 창안된 사상의학(四象醫學)은 체질에 대한 분류에서부터 병증 · 치료법 · 처방 · 약물 · 양생법에 이르기까지 연계를 가진 치료의학 체계를 갖추고 있다. 사람은 누구나 태어날 때부터 네 종류의 체질(태양인 · 태음인 · 소양인 · 소음인) 중 어느 한 체질을 반드시 타고 태어난다. 사상체질은 쉽게 감염되는 질병이 서로 다르므로 치료법, 적용하는 약물이 다르고 음식에도 차이가 있다.

태양인(太陽人) 체질을 가진 사람은 1만명 중 3~4명 정도로 희귀하다. 태양인은 기발한 착상과 자존심이 강하면서, 멀리 내다보는 안목을 가진 사람들이다. 태양인은 용모가 뚜렷하고 상체는 발달하나 상체에 비해 하체가 빈약하다. 폐(肺)는 실하고 간(肝)과 척추가 허하다.

태양인에게 어울리는 음식에는 간을 보호하는 서늘하고 담백한 음식이 좋다. 뜨거운 음식이나 지방질이 많은 음식은 피하는 것이 좋다. 민물고기를 제외한 저지방 해산물이 좋다. 상추 양배추 배추 감자 파 등의 채소류, 포도 앵두 감 오렌지 다래 모과 등의 과실류, 오가피 모과 등의 약물식품이 있다. 솔잎차, 송화 가루는 상체의 기(氣)를 맑게 해주고 열을 내려준다.

태음인(太陰人)은 우리나라 사람의 약 30~40%로 추정되며, 술도 잘 마시고 체력도 좋은 체질이며, 정치인과 사업가들 중에 태음인이 많다. 체격이 건실하고 허리부위가 발달한다. 소화기능이 발달해 음식을 잘 먹는데 과식하는 식습관이 있다. 쉽게 피곤하며 기관지가 약한 한(寒)태음인과 열이 얼굴로 많이 오르고 갈증과 변비가 있는 열(熱)태음인으로 나눌 수 있다.

태음인에게는 쇠고기, 콩 등 지방이 적은 고단백식품이 잘 맞으며 우유, 치즈, 두부, 율무, 들깨, 잉어, 녹용, 맥문동, 오미자 등도 좋다. 지방이 많은 음식이나 자극적인 음식은 피한다. 제한 식품으로는 메밀, 녹두, 돼지고기, 닭고기, 인삼, 꿀 등이 있다.

소양인(少陽人)은 우리나라 사람 중 대체로 20~30%를 점한다. 순발력이 좋아 연예인과 방송인에 적합하다. 가슴 부위 및 상체가 발달한 반면 하체가 상대적으로 약하다. 위장의 기능이 좋아 음식물 소화를 잘 시키며, 신진대사도 빨라 먹는 것에 비해 살이 쉽게 찌지 않는 체질이다. 허리가 약해지기 쉽다.

소양인 체질에는 열은 내리고 기운은 보충해주는 돼지고기, 오리고기 등이 잘 맞는다. 배추 상치 쑥갓 오이 등 채소류, 배 참외 수박 딸기 귤 바나나 등 과실류, 참깨 참기름 숙지황 산수유 구기자 등이 몸에 좋다. 제한 식품에는 닭고기 개고기 흑염소 인삼 등 열이 많은 음식과 자극적인 조미료와 향신료 등이다.

소음인(少陰人)은 우리나라 사람의 40~50% 정도로 가장 많다. 차분한 성격이라서 의자에 오래 앉아 있을 수 있어 고등고시 합격자들 가운데 소음인이 많다. 이목구비가 뚜렷하고 상체보다 하체가 발달한 균형 잡힌 몸매가 많다. 소음인은 속이 냉하고 위장의 기능이 약해 위장병과 설사를 하는 일이 많다.

소음인에게 찹쌀밥과 닭고기가 좋으며 개고기 염소고기 양고기 쇠고기도 좋다. 명태 고등어 메기 미꾸라지 등도 좋다. 시금치 미나리 양배추 당근 쑥갓 파 마늘 무우 등 채소류, 사과 토마토 복숭아 귤 감 등 과실류, 꿀 인삼 황기 당귀 등도 좋다. 제한 식품에는 돼지고기나 냉면, 수박, 빙과류, 녹두, 메밀, 밀가루, 오징어 등 찬 성질의 음식은 몸에 맞지 않는다.

여름철 보양식(補陽食)으로 여름에 체력이 극도로 떨어지고 쉽게 탈진하는 소음인에게는 삼계탕과 보신탕이 좋으며, 화와 열이 많은 체질로 쉽게 짜증을 내는 소양인에게는 임자수탕이 좋다. 태음인은 더위를 많이 타서 열을 내리는 음식이 필요하므로 육개장을 좋으며, 체내에서 열의 발산이 많은 체질인 태양인에게는 붕어매운탕과 해삼새우탕이 좋다.

'밥이 보약(補藥)'이란 말은 매일 세끼 밥만 제때 먹으면 따로 보약을 먹을 필요가 없다는 뜻이다. 체질별로 몸에 맞는 '영양밥'으로 간(肝)기능이 약한 태양인에게는 저지방 해물영양밥(재료 : 쌀, 작은 새우, 조갯살, 전복, 은행, 밤, 대추, 진간장, 참기름)에 부추양념장을 곁들이면 좋다. 소화기능이 좋은 태음인에게는 고단백 콩비지밥(재료: 쌀, 콩비지, 강낭콩, 쇠고기)에 풋고추양념장이 좋다. 열이 많은 소양인에게는 단호박오리영양밥(재료 : 단호박, 오리고기, 생 표고버섯, 은행, 쌀, 화이트와인, 소금)이 좋으며, 몸이 찬 소음인에게는 수삼영양밥(재료 : 수삼, 차조, 찹쌀, 쌀, 대추, 잣, 은행, 소금, 참기름)이 몸에 맞는다.

식사(食事)대용 음료(飮料)로 태양인은 토마토 1개를 물 1/4컵과 함께 믹서기에 갈아 마시면 좋으며, 태음인에게는 청국장가루 1큰술을 우유 1컵에 타서 마시거나 프레인 요구르트 1병(또는 우유 1컵)과 더

덕(또는 수삼)을 갈아 마시면 좋다. 소양인은 생식이나 선식 3큰술을 두유 1컵에 타서 먹거나, 청국장가루 1큰술을 사과 반쪽, 우유 1컵, 꿀을 믹서기에 갈아 마시면 좋다. 소음인은 마 1/4개와 요구르트 1병을 함께 갈아 마시거나 선식을 물로 끓인 선식죽이 체질에 맞는다.

## 7. 보양식

한국 사람들이 전통적으로 삼복(三伏) 더위에 먹어온 보양식(補陽食)에는 보신탕, 삼계탕, 장어국, 민어회 등이 있다. 우리나라에서 1년 사계절 중에서 양기(陽氣)를 가장 많이 손상시키는 시기가 삼복더위 때이다.

음력 6월에서 7월 사이 세 번의 경일(庚日)이 삼복(三伏)이다. 초복(初伏)은 하지(夏至)부터 세 번째 경일, 중복(中伏)은 네 번째 경일, 말복(末伏)은 입추(立秋)부터 첫 번째 경일이다. 경일은 오행(五行)으로 금(金)에 속한다. 개고기는 화(火)에 해당하고 복(伏)은 금(金)에 해당하므로, 복의 금기(金氣)를 개고기의 화기(火氣)로 눌러 더위를 이기라는 뜻이다.

보신탕(補身湯)은 가장 한국적인 보양식이다. 보신탕은 궁중에서도 즐겼던 음식이다. 조선시대 정조 19년(1795) 혜경궁 홍씨 회갑상(回甲床)에 구장(狗醬), 즉 보신탕이 올랐다. 해방 이전까지는 북한 사람들이 특히 보신탕을 즐겨 먹었으나 해방과 6.25사변으로 이북 사람들이 한국에 내려와 살면서 널리 대중화되었다. 북한은 동물성 단백질 섭취가 절대적으로 부족한 상황에서 개고기는 적절한 단백질 공급원이었다.

동의보감(허준, 1611)에 의하면 개고기는 성질이 따뜻하고, 오장(五臟)을 편안하게 하며, 혈맥을 조절하고, 위(胃)와 장(腸)을 튼튼하게 한다. 또 골수를 충족시켜 허리, 무릎을 따뜻하게 하고, 양도를 일으켜 기력을 증진시킨다고 기술되어 있다. 본초강목(이시진, 1593)에서 개고기는 오장을 편안하게 하고, 칠장을 다스리며, 혈액순환을 돕고, 위를 보하고 양기(陽氣)를 일으킨다.

개고기의 주요 영양소(100g 당)에는 열량 262kcal, 단백질 19.0g, 지질 20.2g, 칼슘 9.0mg, 인 168.0mg, 철 2.80mg, 나트륨 72mg, 칼륨 270mg, 아연 3.0mg 등이 함유되어 있다.

오늘날 삼계탕(蔘鷄湯)이라고 불리는 계삼탕(鷄蔘湯)은 복날 먹으면 원기가 좋아지고 연중 어떤 질병에도 걸리지 않는다고 하여 옛 조선총독부 기관지 '조선(朝鮮)'에는 부자들은 거의 매일 계삼탕을 복용한다고 기록되어 있다. 인삼이 귀한 조선시대에는 최고의 보양식이었지만 인삼이 흔해지면서 전국적으로 보편화되었다. 계삼탕이 삼계탕으로 불리게 된 것은 인삼이 대중화되고 외국인들이 그 가치를 인정하게 되자 삼(蔘)을 앞으로 놓아 명칭을 다시 붙인 것이다.

닭 한 마리와 인삼 한 뿌리, 거기에 뽀얀 육수 한 사발이 입맛도 돌고 보신의 기운도 돌게 만드는 삼계탕에는 인삼과 함께 들어가는 대추, 황기 등 한약제는 우리나라 사람들이 전통적으로 지니고 있는 약식동의(藥食同意)의 개념이 짙게 배어 있는 보양식이다. 삼계탕은 여름이면 땀과 열의 배출로 속이 냉해지는 몸에 닭과 인삼으로 따뜻한 기운을 돌게 만들었던 조상들의 슬기까지 엿볼 수 있는 영양식이다.

삼계탕에 넣는 한약제를 체질별로 보면 날이 더워지면 기운이 위로 오르는 태양인(太陽人)은 밤, 대추, 수삼 등을 넣으면 해로운 기운을 없애면서 기력을 보할 수 있다. 몸에 열이 많은 체질인 소양인(少陽人)은 인삼 대신 숙지황, 산수유, 산약 등을 넣어 끓이면 몸에 좋지 않은 기운을 없애준다. 땀을 많이 흘리는 태음인(太陰人)에게는 더덕, 녹각,

갈근을 우려 낸 국물에 닭과 밤, 찰수수를 넣고 끓이면 좋은 보양이 된다. 몸이 차고 소화기능이 약한 소음인(少陰人)은 인삼, 황기, 당귀, 대추, 찹쌀을 넣어서 끓이면 기를 보충하고 소화가 잘된다.

장어(長魚)국은 삼천포, 통영 등 남해안 지역에서 즐겨 먹는 음식이다. 바다장어의 뼈를 푹 고아서 우려낸 국물에다 볶은 장어와 고사리, 콩나물 등을 넣고 끓여 먹는다. 민어(民魚)회는 목포와 여수 일대에서 많이 먹으며, 여름 더위에도 탈이 나지 않는다.

Chapter 10

# 건강기능식품

## 1. 건강식품과 자연식품

식품은 인류가 이 지구상에 탄생한 이래 오랜 세월을 거치면서 사람의 몸에 유익한 것만을 취사·선택해서 얻어진 경험적 산물이다. 따라서 우리가 먹는 식품은 모두 건강에 좋으며 건강에 해로운 식품은 없다고 말할 수 있다.

따라서 학문적으로는 건강식품이란 것이 없다. 굳이 건강식품을 정의한다면 소비자가 건강에 좋다고 생각하고 적극적인 효과를 기대하고 섭취하는 의약품 이외의 것이라고 말할 수 있다. 일본은 건강식품을 '영양성분을 보급하거나 특별용도에 적합한 것으로서 판매되는 식품'으로 정의하고 있다.

건강식품(健康食品)과 흔히 같이 사용되는 용어로 자연식품(自然食品)이라는 것이 있다. 일반적으로 자연식품이란 농약, 화학비료, 사료첨가물 등을 사용하지 않고 생산한 농산물 및 어패류를 말한다.

건강식품(health foods)에는 비타민·무기질·단백질 등 영양보급식품, 로얄젤리·EPA 등 엑기스식품, 섬유식품, 엽록소식품, 효소식품, 약초 등이 있다.

자연식품(natural foods)에는 무(無)첨가 식품, 저(低)정제·저(低)가공도 식품, 천연양조식품, 유기식품을 원료로 한 식품, 미네랄워터 등이 있으며, 유기식품(organic foods)에는 유기재배식품, 무(無)농약 식품, 저(低)농약 식품 등이 있다.

## 2. 기능성식품

기능성식품(機能性食品, functional food)이라는 용어는 일본에서 처음으로 사용되었다. 일본은 독자적인 법률을 통해 건강강조표시를 관리하는 유일한 나라이다. 1991년에는 특정보건용식품(Foods for Specified Health Use)이라고 불리는 관리제도가 도입되었다.

일본은 기능성식품의 정의를 식품성분이 갖는 생체방어, 생체리듬의 조절, 질병의 예방과 회복 등 생체조절기능을 인체에서 충분히 발휘할 수 있도록 가공된 식품으로 내렸다. 또한 기능성식품의 범위를 식품으로서 통상 이용되는 소재나 성분으로 구성되며 동시에 통상의 형태 및 방법에 의하여 섭취되는 것이며 식품으로서 일상적으로 섭취되는 것으로 한정하고 있다. 그리고 생체조절기능에 관한 표시의 적정화를 기하기 위하여 「영양개선법」의 규정에 기초한 특별한 용도에 적합한 식품으로서 과학적 근거에 기초하여 표시를 허가하고 규제해 갈 필요가 있다고 제시하였다.

기능성 표시(Health Claims)는 영양소기능 강조표시, 구조·기능 강조표시, 건강기능 강조표시 등으로 분류할 수 있다.

영양소기능 강조표시(Nutrient Function Claims)란 인체의 성장, 발달, 정상적인 기능에 있어서의 영양소의 생리적인 역할(작용)에 관한 표시를 말한다. 예를 들면 "칼슘은 튼튼한 뼈와 치아의 발달을 돕는다", "비타민 E는 인체조직의 지방산화를 방지 한다" 등이다.

구조·기능 강조표시(Structure·Function Claims)란 인체의 생리학적(심리학적) 기능이나 생물학적 활동에 관여하는 영양소 또는 기능성분과 건강기능 유지 및 증진에 관한 표시를 말한다. 예를 들면 "○○식품은 면역력 증진을 유지하는데 도움을 준다", "○○○식품은 콜레스테롤을 개선하는데 도움을 준다" 등이다.

건강기능 강조표시(Enhanced Function Claims)란 인체에 유용한 영양소 또는 기능성분과 보건 용도의 유용한 효과에 관한 표시를 말한다. 예를 들면 "혈압(혈당)을 정상으로 유지하는데 도움이 되는 식품이다"로 표시는 할 수 있으나 "고혈압(당뇨병)을 예방하는 식품이다"라고 표시는 할 수 없다.

우리나라에서 최초로 기능성식품으로 생산된 것은 해태제과가 지난 80년 중반에 시판한 '허브큐'를 들 수 있으며, 이어 등장한 것이 롯데제과의 '목캔디'와 '인삼껌' 등으로 껌과 캔디류의 제품들이 주류를 이뤘다.

국내에 기능성식품 바람을 일으킨 것은 89년 현대약품의 식이섬유 음료인 '미에로화이바'가 시판되면서부터이다. 이 음료는 다이어트와 변비로 고생하는 여성들에게 인기를 모았다. 화이바 음료로 불리는 식이섬유 음료의 경우, 주로 폴리덱스트로스나 덱스트린을 주원료로 배합해 생산하는데 이들 제품에 대한 올바른 인식 없이 무분별하게 오남용할 때에는 인체에 해를 끼칠 수도 있다.

## 3. 건강식품의 선택

최근 건강식품의 판매가 급증하고 있다. TV 홈쇼핑 호스트들은 각종 건강식품들을 '만병통치약'으로 둔갑시켜 선전하고 있다 과대 선전에 현혹되어 이들 상품들을 구입하지 않으면 손해를 보는 느낌이 들 정도다.

그러나 우리 몸에 좋은 건강기능식품이라도 효능과 용법을 분명히 이해하고 제대로 복용해야 효과가 있다. 잘못 복용하면 오히려 건강을 해칠 수 있으므로 주의하여야 한다. 또한 건강기능식품을 섭취하면 건강이 좋아질 것으로 믿고 운동, 금연, 절주, 스트레스 관리 등 건강관리에 필요한 노력들을 하지 않게 되는 것이 큰 문제이다.

미국건강협회의 자료에 따르면 미국에는 3만종이 넘는 건강보조제가 판매되고 있으며 한 해 미국인들이 건강보조제나 건강식품에 쓴 돈만도 157억 달러에 달한다고 한다. 최근 5년간 미국에서 건강보조제 오·남용으로 인한 2600여건의 부작용이 보고 됐고, 이로 인해 생명을 잃은 사람도 184명이나 된다.

우리가 흔히 말하는 영양제, 즉 보충제(supplement)는 사람에 이용되는 것을 목적으로 하며 비타민, 미네랄, 아미노산, 허브 등의 영양성분을 한 종류 이상 포함된 제품을 말한다. 소비자는 보충제의 건강증진 효과를 과신하고 있으나 제조업자의 주장과 달리 보충제의 유효성분량에는 큰 차이가 있음이 여러 연구에서 밝혀졌다.

우리나라 건강식품의 시장 규모는 90년대 초 연 2천억 원대에서 2002년에는 2조원으로 확대되었으며 2010년에는 60조원 이상 성장할 것으로 예측하고 있다. 건강식품 2002(Health Food 2002)에 의하면 세계 시장은 2002년 1,500억불에서 2010년에는 5,000억불이상으로 성장할 것으로 전망되고 있다. 한국건강기능식품협회(Korea Health Supplement Association)는 현재 시, 군, 구 허가를 받은 건강보조 식품은 1500여 제품이 있으며, 이 중 50% 정도가 실제 제조, 유통되는 것으로 추정하고 있다.

건강식품 전체 유통량의 70%정도가 다단계 판매 등 무점포 판매로 이뤄져 소비자의 비교선택권이 박탈되고 있으며, 또한 소비자들이 자신의 건강을 정확히 모르는 상태에서 건강기능식품의 남용으로 피해를 보는 경우도 흔하다.

국민건강영양조사(보건복지부, 2005)보고서에 따르면 65세 이상 노인 중 남성은 7.5%, 여성은 13.3%가 건강기능식품을 최근에 복용한 것으로 조사되었다. 복용 동기는 친지나 주위사람의 권유(남성 62.2%, 여성 67.6%)와 자신의 판단(남성 20.4%, 여성 23.0%)이 대부분을 차지해 건강기능식품의 오남용을 유발할 수 있다.

지난 1년간 건강기능성식품 또는 비타민, 무기질을 2주이상 지속적으로 복용한 비율 및 복용 동기에 따른 대상자 분포는 <표 10-1> 및 <표 10-2>와 같다.

<표 10-1> 지난 1년간 건강기능식품을 2주 이상 지속적으로 복용한 비율 및 복용 동기

(단위 : %)

| 구분 | 복용 경험 | 복용 동기 | | | | |
|---|---|---|---|---|---|---|
| | | 의사의 권유 | 광고 | 친지나 주위 사람의 권유 | 자신의 판단 | 기타 |
| 남자 | | | | | | |
| 50~64세 | 9.5 | 3.7 | 3.1 | 57.8 | 29.1 | 6.3 |
| 65세 이상 | 7.5 | 6.0 | 6.2 | 62.2 | 20.4 | 5.2 |
| 여자 | | | | | | |
| 50~64세 | 18.5 | 3.2 | 3.6 | 44.0 | 42.3 | 6.9 |
| 65세 이상 | 13.3 | 6.4 | 0.9 | 67.6 | 23.0 | 2.1 |

<표 10-2> 지난 1년간 비타민/무기질을 2주 이상 지속적으로 복용한 비율 및 복용 동기

(단위 : %)

| 구분 | 복용 경험 | 복용 동기 | | | | |
|---|---|---|---|---|---|---|
| | | 의사의 권유 | 광고 | 친지나 주위 사람의 권유 | 자신의 판단 | 기타 |
| 남자 | | | | | | |
| 50~64세 | 17.1 | 10.5 | 4.8 | 41.8 | 35.2 | 7.7 |
| 65세 이상 | 13.6 | 5.7 | - | 55.6 | 32.0 | 6.7 |
| 여자 | | | | | | |
| 50~64세 | 22.8 | 11.7 | 3.1 | 38.0 | 36.1 | 11.2 |
| 65세 이상 | 17.8 | 7.8 | - | 67.3 | 16.1 | 8.8 |

건강기능식품은 소비자들이 올바로 인식하고 섭취할 경우 질병 예방 측면에서 건강관리에 큰 역할을 해낼 수 있다. 즉 식사를 통해서 충분한 영양을 섭취하지 못하거나 또는 어떤 이유로 특정 영양소 부족으로 인한 문제점이 발생할 경우 이들 영양분을 섭취하고 보강해 나가는 것이 건강기능식품의 역할이다. 건강기능식품은 의약품이 아니며 결코 만병통치약도 아니다.

## 4. 건강기능식품법

'건강기능식품에 관한 법률'(2002년 8월 26일 법률 제6727호로 제정·공포)은 건강기능식품의 안전성 확보 및 품질향상과 건전한 유통·판매를 도모함으로써 국민의 건강증진과 소비자보호에 이바지함을 목적으로 한다.

'건강기능식품에 관한 법률'에서 사용하는 용어의 정의는 다음과 같다. 즉 "건강기능식품이라 함은 인체에 유용한 기능성을 가진 원료나 성분을 사용하여 정제·캅셀·분말·과립·액상·환 등의 형태로 제조·가공한 식품을 말한다". "기능성이라 함은 인체의 구조 및 기능에 대하여 영양소를 조절하거나 생리학적 작용 등과 같은 보건용도에 유용한 효과를 얻는 것을 말한다".

건강기능식품에 관한 법률 제 14조의 규정에 의하여 건강기능식품 공전에 수록되어 있는 건강기능식품은 다음과 같다.

(1) 영양보충용제품, (2) 인삼제품, (3) 홍삼제품, (4) 뱀장어유 제품, (5) EPA 또는 DHA 함유제품, (6) 로얄젤리 제품, (7) 효모제품, (8) 화분제품, (9) 스쿠알렌 함유제품, (10) 효소 함유제품, (11) 유산균 함유제품, (12) 클로렐라 제품, (13) 스피루리나 제품, (14) 감마리놀렌산 함유제품, (15) 배아유제품, (16) 배아제품, (17) 레시틴제품, (18) 옥타코사놀 함유제품, (19) 알콕시글리세롤 함유제품, (20) 포도씨유 제품, (21) 식물추출물 발효제품, (22) 뮤코다당·단백제품, (23) 엽록소 함유제품, (24) 버섯제품, (25) 알로에제품, (26) 매실추출물제품, (27) 자라제품, (25) 베타카로틴 함유제품, (29) 키토산 함유제품, (30) 키토올리고당 함유제품, (31) 글루코사민 함유제품, (32) 프로폴리스 추출제품, (33) 녹차 추출물제품, (34) 대두단백 함유제품, (35) 식물스테롤 함유제품, (36) 프락토올리고당 함유제품, (37) 홍국제품 등 37종이다.

한편 영양보충용제품에는 단백질, 비타민, 무기질, 아미노산, 지방산, 식이섬유가 포함된다. 또한 비타민에는 13종류의 비타민(수용성 및 지용성)이, 무기질(미량 및 다량)에는 11종류의 무기질이 포함되어 있다.

## 5. 건강기능식품의 기능성

건강기능식품공전의 제조기준과 규격에 적합하게 제조된 건강기능식품별 유형과 기능성은 다음과 같다.

### (1) 뱀장어유제품

'뱀장어유(油)제품'이란 뱀장어에서 채취한 기름을 식용(食用)에 적합하도록 정제한 것 또는 이를 주원료(98.0% 이상)로 하여 캅셀에 충전·가공한 것을 말한다. 뱀장어유제품의 기능성은 건강증진 및 유지, 영양보급 등이다.

### (2) EPA 및/또는 DHA 함유제품

'에이코사펜타엔산(EPA) 및 도코사헥사엔산(DHA) 함유제품'이란 식용 가능한 어류, 수서동물, 조류(藻類)에서 채취한 에이코사펜타엔산(Eicosapentaenoic acid, EPA) 및 도코사헥사엔산(Docosahexaenoic acid, DHA)을 함유한 유지를 식용에 적합하도록 정제한 것 또는 이를 주원료로 하여 제조·가공한 것을 말한다.

EPA DHA 함유제품의 기능성은 EPA 함유제품은 콜레스테롤 개선과 혈행을 원활히 하는데 도움을 주며, DHA 함유제품은 두뇌·망막의 구성성분, 두뇌 영양공급에 도움)을 준다.

### (3) 로얄젤리제품

'로얄젤리'란 일벌의 인두선(咽頭腺)에서 분비되는 분비물로 식용에 적합하도록 이물을 제거한 것을 말하며, 기능성은 영양보급, 건강증진 및 유지, 고단백식품 등이다.

### (4) 효모제품

'효모추출물제품'이란 식용 효모균주를 분리, 정제한 후 자가소화, 효소분해, 열수추출 등의 방법에 의해 추출한 식용효모추출물을 주원료로 하여 제조한 것을 말한다.

효모제품의 기능성은 영양의 불균형 개선, 영양공급원, 건강증진 및 유지, 신진대사 기능 등이다.

### (5) 화분제품

'화분'이란 벌 또는 인공적으로 채취한 화분에서 이물을 제거하고 껍질을 파쇄한 것을 말하며, '화분추출물'이란 화분을 기계적으로 껍질을 파쇄 또는 효소처리하여 추출한 것을 농축하거나 분말로 한 것을 말한다.

화분제품의 기능성은 영양보급, 피부건강에 도움, 건강증진 및 유지, 신진대사 기능 등이다.

### (6) 스쿠알렌함유제품

'스쿠알렌'이란 상어의 간에서 추출한 스쿠알렌성분을 함유한 유지를 정제한 것을 말하며, 기능성은 산소공급의 원활화, 피부건강에 도움, 신진대사 기능 등이다.

### (7) 효소함유제품

'효소함유제품'이란 곡류, 곡물배아 또는 과·채류 원료에 미생물을 배양시킨 것을 주원료로 하여 제조·가공한 것을 말한다.

효소함유제품의 기능성은 신진대사 기능, 건강증진 및 유지, 연동작용 및 배변에 도움(식이섬유 다량 함유 시), 체질개선 등이다.

### (8) 유산균함유제품

'유산균이용제품'이란 유산균을 주원료로 하여 제조·가공한 것을 말하며, '비피더스균이용제품'이란 비피더스균을 주원료로 하여 제조·가공한 것을 말한다. '혼합유산균이용제품'이란 유산균과 비피더스균을 혼합한 것을 주원료로 하여 제조·가공한 것을 말한다.

유산균함유제품의 기능성은 유익한 유산균의 증식, 장내 유해미생물의 억제, 장내 연동운동, 정장작용 등이다.

### (9) 클로렐라제품

'클로렐라원말'이란 클로렐라속(屬) 조류(藻類)를 인위적으로 배양하여 가열 등의 방법으로 소화성을 높이도록 처리한 후 건조하여 식용에 적합하도록 한 것을 말하며, '클로렐라제품'이란 클로렐라원말을 주원료로 하여 제조·가공한 것을 말한다.

클로렐라제품의 기능성은 단백질 공급원, 체질개선, 영양보급, 건강증진 및 유지, 핵산 및 단백질, 엽록소, 섬유소 등 성분 함유 등이다.

### (10) 스피루리나제품

'스피루리나원말'이란 스피루리나속(屬)의 조류(藻類)를 인위적으로 배양하여 가열 등의 방법으로 소화성을 높이도록 처리한 후 건조하여 식용에 적합하도록 한 것을 말하며, '스피루리나제품'이란 스피루리나원말을 주원료로 하여 제조·가공한 것을 말한다.

스피루리나제품의 기능성은 필수 아미노산의 공급원, 단백질공급, 영양공급, 생리활성성분 함유, 건강증진 및 유지 등이다.

### (11) 감마리놀렌산함유제품

'감마리놀렌산함유유지'란 달맞이꽃 종자, 보라지(Borage) 종자 또는 블랙커런트(Black currant) 종자(種子)에서 채취한 감마리놀렌산($\gamma$-linolenic acid)을 함유한 유지(油脂)를 식용에 적합하도록 정제한 것을 말한다. '감마리놀렌산함유제품'이란 감마리놀렌산함유유지를 주원료로 하여 제조·가공한 것을 말한다.

감마리놀렌산함유제품의 기능성은 필수지방산의 공급원, 콜레스테롤 개선에 도움, 혈행을 원활히 하는 데 도움, 생리활성물질 함유 등이다.

### (12) 배아유제품

'배아유'란 쌀, 밀 등 곡류의 배아(胚芽)에서 채취한 기름을 식용에 적합하도록 정제한 것을 말하며, '배아유제품'이란 배아유를 주원료로 하여 제조·가공한 것을 말한다. 배아유제품의 기능성은 영양보급이다.

### (13) 배아제품

'쌀배아'란 쌀의 배아를 분리·정선하여 가열 등 식용에 적합하도록 한 것을 말하며, '밀배아'란 밀의 배아를 분리·정선하여 가열 등 식용에 적합하도록 한 것을 말한다. 배아제품의 기능성은 쌀배아(제품)는 영양보급, 밀배아(제품)는 항산화작용, 생리활성성분 함유, 신진대사기능 등이다.

### (14) 레시틴제품

'대두레시틴제품'이란 대두유(油)에서 분리한 인지질(燐脂質) 함유 복합지질을 식용에 적합하도록 정제한 대두레시틴을 주원료로 하여 제조·가공한 것을 말한다. '난황레시틴제품'이란 난황(卵黃)에서 분리한 인지질 함유 복합지질을 식용에 적합하도록 정제한 난황레시틴을 주원료로 하여 제조·가공한 것을 말한다.

레시틴제품의 기능성은 콜레스테롤 개선에 도움, 두뇌 영양공급, 황산화작용, 혈행을 원활히 하는 데 도움 등이다.

### (15) 옥타코사놀함유제품

'옥타코사놀'이란 미강(米糠·쌀겨), 소맥배아(小麥胚芽·밀의 씨눈), 사탕수수, 사과 과피, 포도 과피 등 식용식물에서 추출한 옥타코사놀을 함유한 유지를 식용에 적합하도록 정제한 것을 말하며, '옥타코사놀함유제품'이란 옥타코사놀을 주원료로 하여 제조·가공한 것을 말한다.

옥타코사놀함유제품의 기능성은 건강증진 및 유지, 지구력 증진 등이다.

### (16) 알콕시글리세롤함유제품

'알콕시글리세롤함유유지'란 상어간(肝)에서 채취한 알콕시글리세롤함유유지(油脂)를 분리하여 식용에 적합하도록 정제한 것을 말하며, '알콕시글리세롤함유제품'이란 알콕시글리세롤함유유지를 주원료로 하여 제조·가공한 것을 말한다.

알콕시글리세롤함유제품의 기능성은 유아성장에 도움, 생리활성성분 함유, 신체저항력 증진 등이다.

### (17) 포도씨유제품

'포도씨유(油)'란 포도씨에서 채취한 기름을 식용에 적합하도록 정제한 것을 말하며, '포도씨유제품'이란 포도씨유를 주원료로 하여 제조·가공한 것을 말한다. 포도씨유제품의 기능성은 항산화 작용, 필수지방산 공급원 등이다.

### (18) 식물추출물발효제품

'식물추출물발효제품'이란 채소류, 과일류, 종실류, 해조류 등 식용식물을 압착 또는 당류(설탕, 맥아당, 포도당, 과당 등)의 삼투압에 의해 얻은 추출물을 자체발효 또는 유산균·효모균 등의 접종에 의하여 발효시켜 식용유래성분과 발효생성물을 섭취에 적합하도록 제조·가공한 것을 말한다.

식물추출물발효제품의 기능성은 건강증진 및 유지, 체질개선, 영양공급원 등이다.

### (19) 뮤코다당·단백제품

'뮤코다당·단백'이란 소, 돼지, 양, 사슴, 상어, 가금류, 오징어, 게, 어패류 등의 연골조직을 분리, 정선한 후 열수추출 또는 효소분해하여 여과, 농축, 건조 등의 공정을 거쳐 식용에 적합하도록 정제하여 건조한 것을 말한다.

뮤코다당·단백제품의 기능성은 연골의 구성성분, 건강증진 및 유지, 영양보급 등이다.

### (20) 엽록소함유제품

'맥류약엽엽록소원말'이란 보리, 밀, 귀리의 어린 싹 또는 어린 이삭 형성 전의 것을 채취하여 잎의 전부 또는 일부를 그대로 또는 착즙하여 건조분말로 한 것을 말하며, '알팔파엽록소원말'이란 알팔파의 성숙한 잎, 잎 꼭지, 줄기의 전부 또는 일부를 그대로 또는 착즙하여 건조분말로 한 것을 말한다.

'해조류엽록소원말'이란 엽록소를 함유한 식용해조류를 채취하여 전부 또는 일부를 건조분말로 한 것을 말하며, '기타식물류엽록소원말'이란 엽록소를 함유한 케일 등의 식용식물류(단일식품 100%)를 채취하여 전부 또는 일부를 그대로 또는 착즙하여 건조분말로 한 것을 말한다.

엽록소함유제품의 기능성은 SOD 함유, 유해산소의 예방, 피부건강에 도움, 건강증진 및 유지 등이다.

### (21) 버섯제품

'버섯자실체제품'이란 영지버섯, 운지버섯, 표고버섯의 자실체(子實體)의 건조물을 분말화한 것이나 자실체를 물 또는 주정으로 추출한 것을 주원료로 하여 제조·가공한 것을 말한다. '버섯균사체제품'이란 영지버섯, 운지버섯, 표고버섯의 균사체(菌絲體) 배양물(균사체 및 배양액)을 물 또는 주정으로 추출한 것을 주원료로 하여 제조·가공한 것을 말한다.

버섯제품의 기능성은 생리활성 물질 함유, 혈행을 원활히 하는데 도움, 건강증진 및 유지 등이다.

### (22) 알로에제품

'알로에겔'이란 식용(食用)알로에 품종(베라, 아보레센스(키타치), 사포나리아)의 잎에서 채취한 겔(gel)성분으로 고형분을 0.5% 이상 함유한 것을 말한다. '알로에겔농축액'이란 알로에겔을 농축한 것을 말하며, '알로에겔분말'이란 알로에겔을 농축하여 분말화한 것을 말한다.

알로에제품의 기능성은 장운동에 도움, 면역력 증강기능, 위(胃)와 장(腸)건강에 도움, 피부건강에 도움(알로에베라), 배변활동에 도움(아보레센스) 등이다.

### (23) 매실추출물제품

'매실추출물'이란 매실(梅實)의 과즙(果汁)을 식용에 적합하도록 여과, 농축한 것으로 고형분이 20.0% 이상인 것을 말하며, '매실추출물제품'이란 매실추출물을 주원료로 하여 제조·가공한 것을 말한다.

매실추출물제품의 기능성은 유해균의 번식억제, 피로회복에 도움, 유기산 작용, 알칼리성 생성식품 등이다.

### (24) 자라제품

'동결건조자라분말'이란 식용양식(養殖)자라의 가식부위 전체 또는 일부 지방을 제거한 것을 동결(凍結)건조하여 분말화한 것을 말하며, '열풍건조자라분말'이란 식용양식자라의 가식부위 전체 또는 일부 지방을 제거한 것을 열풍(熱風)건조하여 분말화한 것을 말한다. '자라유(油)'란 식용양식자라에서 채취한 기름을 정제한 것을 말한다.

자라제품의 기능성은 자라유(제품)는 영양보급, 자라분말(제품)은 건강증진 및 유지, 영양보급, 단백질 공급원, 신체기능의 활성화, 체력증진, 체력보강 등이다.

### (25) 베타카로틴함유제품

'조류추출카로틴함유제품'이란 수중에서 증식하는 식용조류(藻類)(두나리엘라, 클로렐라, 스피루리나 등)로부터 베타카로틴(β-carotene)을 추출하여 식용에 적합하도록 가공한 조류추출카로틴을 주원료로 하여 제조·가공한 것을 말한다. '녹엽식물추출카로틴함유제품'이란 식용녹엽(綠葉)식물(종자, 과실 포함)로부터 베타카로틴을 추출하여 식용에 적합하도록 가공한 녹엽식물추출카로틴을 주원료로 하여 제조·가공한 것을 말한다. '당근추출카로틴함유제품'이란 당근(carrot)으로부터 베타카로틴을 추출하여 식용에 적합하도록 가공한 당근추출카로틴을 주원료로 하여 제조·가공한 것을 말한다.

베타카로틴함유제품의 기능성은 비타민 A의 전구체, 항산화작용, 유해산소의 예방, 피부건강 유지 등이다.

### (26) 키토산함유제품

'키토산분말'이란 갑각류(게, 새우 등)의 껍질, 연체류(오징어, 갑오징어 등)의 뼈를 분쇄, 탈단백, 탈염화한 키틴을 탈아세틸화하여 식용에 적합하도록 처리한 것을 말하며, '키토산함유제품'이란 키토산 분말을 주원료로 하여 제조·가공한 것을 말한다.

키토산함유제품의 기능성은 콜레스테롤 개선에 도움, 항균 작용, 면역력 증강기능 등이다.

### (27) 키토올리고당함유제품

'키토올리고당분말'이란 키토산을 효소처리하여 얻은 올리고당류로 식용에 적합하도록 처리한 것을 말하며, '키토올리고당함유제품'이란 키토올리고당분말을 주원료로 하여 제조·가공한 것을 말한다.

키토올리고당함유제품의 기능성은 콜레스테롤 개선에 도움, 항균작용, 면역력 증강기능 등이다.

### (28) 글루코사민함유제품

'글루코사민분말'이란 키틴 또는 키토산을 가수분해하여 얻은 단당류로 식용에 적합하도록 처리한 것(염류 포함)을 말하며, '글루코사민함유제품'이란 글루코사민분말을 주원료로 하여 제조·가공한 것을 말한다.

글루코사민함유제품의 기능성은 관절 및 연골의 구성성분, 관절 및 연골을 튼튼히 하는데 도움을 줌, 관절 및 연골 건강에 도움 등이다.

### (29) 프로폴리스추출물제품

'프로폴리스추출물'이란 꿀벌이 나무의 수액, 꽃의 암·수술에서 모은 화분과 꿀벌 자신의 분비물을 이용하여 만든 프로폴리스에서 왁스를 제거하여 얻은 추출물, 이의 농축물 또는 건조물을 말한다. 프로폴리스추출물제품의 기능성은 항균작용, 항산화작용 등이다.

### (30) 녹차추출물제품

'녹차추출물'이란 카멜리아 시넨시스(Camellia sinensis, Thea sinensis)의 잎을 물 또는 주정으로 추출·정제한 후 식용에 적합하도록 제조, 가공한 것을 말한다. '녹차추출물제품'이란 녹차추출물을 주원료로 하여 섭취에 적합하도록 제조, 가공한 것을 말한다.

녹차추출물제품의 기능성은 항산화 작용이 있다. 주의 사항으로 과량 섭취 시 초조감, 불면 등을 유발할 수 있으며, 카페인이 다량 함유되어 있는 다른 제품을 섭취하고 있는 경우 주의하여야 한다.

### (31) 대두단백 함유제품

'대두단백'이란 대두(大豆, soybean)에서 단백질(蛋白質)을 분리, 정제하여 식용에 적합하도록 제조, 가공한 것을 말한다. '대두단백함유제품'이란 대두단백(大豆蛋白)을 주원료로 하여 섭취에 적합하도록 제조, 가공한 것을 말한다.

기능성으로 대두단백은 높은 혈중 콜레스테롤(cholesterol) 수치의 개선에 도움이 된다. 주의 사항에는 대두단백 알레르기(allergy)가 있는 경우에는 섭취 시 주의가 필요하다.

### (32) 식물스테롤 함유제품

'식물스테롤(Phytosterol)'이란 식물에서 얻은 베타-시토스테롤($\beta$-sitosterol), 브라시카스테롤(brassicasterol), 스티그마스테롤(stigmasterol), 캄페스테롤(campesterol)의 혼합물로서 식용에 적합하도록 제조, 가공한 것을 말한다. '식물스테롤에스테르(Phytosterolester)'란 식물스테롤을 식용유지 유래 지방산(예 : 올레산)으로 에스테르화하여 식용에 적합하도록 제조, 가공한 것을 말한다. '식물스테롤함유제품'이란 식물스테롤 또는 식물스테롤에스테르를 주원료로 하여 섭취에 적합하도록 제조, 가공한 것을 말한다.

식물스테롤함유제품의 기능성은 식물스테롤은 높은 혈중 콜레스테롤(cholesterol) 수치의 개선에 도움이 된다. 식사와 같이 섭취하는 것이 효과적이다. 식물스테롤은 베타-카로틴(β-carotene)의 흡수를 방해할 수 있으며, 하루 섭취량이 3,000mg을 넘지 않도록 주의가 필요하다.

### (33) 프락토올리고당 함유제품

'프락토올리고당'이란 설탕분자에 1개에서 3개의 과당분자가 결합된 올리고당류로 식용에 적합하도록 제조, 가공한 것을 말한다.

프락토올리고당함유제품의 기능성은 프락토올리고당은 장내 비피더스(bifidus)균의 증식 및 장내 유해균(有害菌)의 성장억제에 도움이 된다. 프락토올리고당은 배변활동을 원활히 하는 데 도움이 되며, 또한 칼슘 흡수에도 도움이 된다. 주의 사항으로 과량 섭취 시 복부팽만감, 설사를 유발할 수 있다.

### (34) 홍국제품

'홍국(紅麴)'이란 쌀에 홍국균(菌)을 접종하여 생산한 발효(醱酵)물로서 식용에 적합하도록 제조, 가공한 것을 말한다. '홍국제품'이란 홍국을 주원료로 하여 섭취에 적합하도록 제조, 가공한 것을 말한다.

홍국제품의 기능성은 높은 혈중 콜레스테롤(cholesterol) 수치의 개선에 도움이 된다. 주의 사항으로 임신부, 수유부, 간질환 환자, 어린이, 청소년은 섭취를 삼가는 것이 좋다. 복통, 속쓰림, 어지럼증, 복부팽만감이 일어날 수 있다. 콜레스테롤 조절 의약품을 복용하는 환자는 의사와 상담하여야 한다.

### (35) 인삼제품

'인삼농축액'이란 인삼(태극삼 포함)근(100%)으로부터 물이나 주정(酒精) 또는 물과 주정을 혼합한 용매로 추출하여 여과한 가용성(可溶性) 인삼성분을 그대로 농축한 것을 말한다. '인삼농축액분말'이란 인삼농축액을 그대로 분말화한 것을 말하며, '인삼분말'이란 인삼근(人蔘根)을 건조하여 분말화한 것을 말한다.

인삼제품의 기능성은 원기 회복, 면역력 증진, 자양강장(滋養强壯)에 도움 등이다.

### (36) 홍삼제품

'홍삼농축액'이란 수삼(水蔘)을 증기 또는 기타의 방법으로 쪄서 익혀 말린 홍삼으로부터 물이나 주정 또는 물과 주정을 혼합한 용매로 추출·여과한 가용성 홍삼성분을 그대로 농축한 것을 말한다. '홍삼농축액분말'이란 홍삼농축액을 그대로 분말화한 것을 말하며, '홍삼분말'이란 홍삼(100%)을 분말화한 것을 말한다.

홍삼제품의 기능성은 원기회복, 면역력 증진, 자양강장(滋養强壯)에 도움 등이다.

Chapter 11

# 대사증후군

## 1. 대사증후군의 범주

### (1) 대사증후군이란

최근 대사증후군(代謝症候群)이라는 단어가 많이 쓰이고 있다. 대사증후군(Metabolic Syndrome)이란 우리 몸의 신진대사(新陳代謝)에 문제가 있어 여러 가지 증상이 나타나는 것을 말한다. 이들 증상이란 복부비만(腹部肥滿), 고중성지방(高中性脂肪), 고밀도(高密度) 콜레스테롤 감소, 고혈압(高血壓), 당뇨(糖尿)을 말하며 5가지 인자 중 3가지 이상을 갖고 있으면 대사증후군으로 분류한다. 당뇨, 고혈압, 고지혈증은 함께 발생하는 경우가 많아 '대사증후군' 범주에 포함시켜 치료·관리하는 것이 최근의 경향이다.

특히 문제가 되는 것은 이들 위험인자들을 갖고 있는 환자는 심장병(心臟病)의 위험도가 급상승한다. 따라서 심혈관질환을 예방하기 위한 예방책과 대사증후군이 심장병으로 발전하지 않도록 하는 대책이 시급하다.

미국 국립 콜레스테롤 교육 프로그램(NCEP : 2000년 제3차 콜레스테롤 관리지침)에서 성인을 위해 제시한 대사증후군 진단 기준은 다음과 같다.

허리둘레가 동양인 남자는 90cm 이상(서양인 남자 102cm 이상), 동양인 여자는 80cm 이상(서양인 여자 88cm 이상)이면 '복부비만'이다. 중성지방이 150mg/dl 이상이면 '고중성지방'으로 분류된다. 고밀도 콜레스테롤(HDL Cholesterol)치(値)가 남자 40mg/dl 이하, 여자 50mg/dl 이하 이면 '고밀도 콜레스테롤 감소'로 본다. 혈압이 최고혈압 130mmHg 이상, 최저혈압 85mmHg 이상이면 '고혈압'으로, 공복혈당이 110mg/dl 이상이면 '당뇨'로 진단한다.

### (2) 대사증후군 예방 및 치료

대사증후군을 예방하는 방법은 인슐린 저항성이 생기지 않도록 하는 것이다. 미국 당뇨병협회가 권하는 최선의 예방 및 치료법은 생활양식을 바꾸는 것이다. 소위 '성인병'이라 불렀던 당뇨병, 고혈압, 심장병, 뇌졸중 등을 '생활습관병'으로 고쳐 부르는 이유가 여기 있다. 즉 이들 질병의 근원인 인슐린 저항성을 예방·치료하려면 생활양식을 근본적으로 올바르게 바꿔야 하기 때문이다.

우리나라 2005년도 국민건강영양조사 결과에 따르면 대사증후군 유병률(30세 이상)은 32.3%(남자 32.9%, 여자 31.8%)로 나타났다. 50대와 노년층의 대사증후군 유병률은 <표 11-1>과 같다. 미국의 경우 20세 이상 성인의 25%, 50세 이상에서는 약 45%가 대사증후군으로 이환되는 것으로 보고 됐다.

<표 11-1> 성별, 연령별 대사증후군 유병률

| 연령 | 전체(%) | 남자(%) | 여자(%) |
|---|---|---|---|
| 50~59세 | 44.6 | 43.7 | 45.5 |
| 60~69세 | 49.8 | 37.9 | 60.1 |
| 70세 이상 | 52.7 | 34.1 | 63.4 |

우리나라 사람들이 대사증후군에 취약한 이유는 최근 20~30년 동안 급속한 경제발전과 더불어 식생활이 서구화되어 육류 소비가 증가하였다. 또한 섭취한 에너지를 충분히 소비할 정도의 활동과 운동이 부족하여 비만 인구가 증가하였다. 한국인의 평균 콜레스테롤치가 1990년 161mg/㎖에서 2002년에는 191mg/㎖, 현재는 200mg/㎖을 넘어섰다. 또한 한국인은 유전적으로 중성지방을 처리하는 능력이 떨어진다.

'대사증후군'이란 큰 숲을 보고 총체적으로 관리해 나가기 위해 우선 식사, 운동 등 기본적인 생활 습관의 변화가 필요하다. 즉, 인슐린 분비의 부담이 적은 저(低)혈당지수 음식을 먹으면서 비만을 줄이고 꾸준히 규칙적으로 운동하는 것이 최선의 방법이다.

혈당지수가 낮은 음식은 섬유질이 풍부한 식품들이다. 현미, 잡곡밥, 호밀빵, 메밀국수, 콩, 각종 채소 등은 우리 몸에서 소화된 후에도 혈당을 천천히 올린다. 한편 흰 쌀밥, 밀가루 음식, 정제된 설탕이 든 음식 등은 음식을 먹자마자 혈당이 확 올라가게 하므로 인슐린도 순간적으로 많이 분비돼야 한다. 이런 일이 반복되면 인슐린 분비에 이상이 생겨 인슐린 저항성을 초래하게 된다.

규칙적인 운동도 인슐린 저항성을 없애는데 큰 도움이 된다. 미국 당뇨협회에 따르면 하루 30분씩 걷기를 꾸준히 하면 고인슐린 혈증이 치료되고, 혈압이 떨어지면 당뇨병 발병 위험도 감소한다.

### (3) 통합 식사지침

미국 암학회, 영양학회, 소아과학회, 보건연구원 전문가들이 미국 심장학회 영양위원회 전문가들과 함께 2년 동안 공동 연구를 수행하여 심장병, 뇌졸중, 암, 당뇨병 등 성인병을 예방해주는 통합 식사지침(Unified Dietary Guideline)을 발표하였다. 식사지침의 요지는 다음과 같다.

① 여러 종류의 식품을 다양하게 섭취하라.
② 지방 섭취를 될 수 있는 한 제한하라.
③ 과일, 야채, 도정하지 않은 곡물 섭취를 늘려라.
④ 표준체중을 유지할 정도만 먹으라.

구체적으로

- 매일 식사로 섭취하는 칼로리 가운데 포화지방으로부터 얻는 비율이 10%를 넘지 말아야 하고, 전체 지방군에서 섭취하는 칼로리가 전체 열량 섭취량의 30% 이하가 되도록 한다.
- 매일 섭취하는 칼로리 가운데 55% 이상은 곡류나 과일, 야채 속에 포함된 복합 탄수화물로부터 얻어야 한다.
- 하루 콜레스테롤 섭취량이 300mg 이하가 되도록 한다.
- 소금 섭취량은 하루 6g 이하가 바람직하다.

이를 위해

- 식물성 음식을 많이 섭취한다.
- 매일 다섯 번 이상 과일과 야채를 섭취한다.
- 매일 빵 6쪽(밥으로는 2 공기, 국수로는 3 공기) 이상을 먹는 것이 좋다.

• 포화지방, 콜레스테롤 등이 많이 든 음식은 피한다.
• 단당(單糖)류 섭취는 적당히 제한한다.

이 지침에 대한 평가는 여러 질환 예방에 모두 효과가 있는 단일 식사지침이 처음으로 마련되었다는 데 의미가 있다. 즉, 당뇨병을 예방하기 위해 특정 식사법을 따르고, 뇌졸중을 예방하기 위해 또 다른 식사법을 참고할 필요가 없어졌다.

비록 미국인 중심의 지침이긴 하지만 한국인들도 잦은 외식과 고지방, 고단백질 섭취로 식단이 서구화(西歐化)된 만큼 신경을 써야 한다. 특히 갈비, 곱창, 삼겹살 등 기름진 고기 위주의 외식을 자주 하는 사람들은 식물성 식품 섭취비율을 높이는데 관심을 기울여야 한다. 또한 우유, 치즈, 마요네즈, 각종 소스 등을 저(低)지방으로 바꾸고 일반 탄산음료 대신에 과일주스를 마시며, 닭고기 요리는 껍질을 벗겨내고 조리하는 등 세심함이 필요하다.

## 2. 복부 비만

### (1) 비만인 급증

보건복지부가 전국 1만2000가구, 4만 명을 대상으로 실시한 국민건강영양조사(2005년)에 따르면 우리나라 성인 중 비만(BMI 25 이상)인 사람은 32.4%고 10년 전인 1995년의 20.5%에 비해 1.6배 증가했다. 여자는 1995년 22.2%에서 2005년 29.9%고 1.3배 증가했지만 남자는 18.8%에서 36%로 2배 늘었다.

비만은 당뇨병, 고혈압, 고지혈증, 심장질환, 암, 통풍 등 각종 성인병(생활습관병)의 원인이 된다. 우리나라 건강보험공단이 2005년에 성인 남성 78만 명의 지난 10년간 진료 기록을 분석한 결과 비만인 사람은 정상인보다 각종 암(간암 1.6배, 대장암 1.9배, 전립선암 1.9배, 갑상선암 2.2배, 담도암 2.2배 등)에 걸릴 위험이 높은 것으로 조사됐다. 또 보건복지부 자료에 따르면 비만인 사람은 정상인보다 당뇨에 걸릴 위험이 2배, 고혈압은 1.5배 높으며, 특히 고도비만(BMI 30 이상)인 사람은 당뇨에 걸릴 확률이 5배, 고혈압은 2.5배로 높아진다. 보건복지부는 비만 진료비와 조기 사망이나 입원(비만인은 정상인보다 1.8배 많이 입원)으로 인한 노동 생산성 손실 등을 더한 비만의 사회경제적 비용을 연간 1조8000억원으로 추산하고 있다.

이에 우리나라 정부는 '국가 비만관리 종합대책'을 수립하여 순차적으로 시행하고 있다. 주요 비만 대책은 ① 식품의 열량, 지방, 소금, 설탕 함유량 표시 의무화, ② 비만 경고 문구 의무화(예 : "지나친 설탕 섭취는 비만의 원인이 될 수 있다"), ③ 한국인의 식생활 및 운동 지침 제정, ④ 심한 비만환자의 비만치료약 건강보험 적용 추진, ⑤ 보건소에서 비만환자 1대1 관리, ⑥ 회사가 운동장비 구입비나 헬스장 이용료 지원 권장, ⑦ 초·중·고교 음료수 자판기 설치 제한, ⑧ 학교급식에 신선한 채소·과일 공급 유도, ⑨ 비만 없는 학교 지정, ⑩ 패스트푸드, 어린이 취침시간(오후 9시) 이전 광고 금지 등이다.

전국 시·군·구 보건소의 '비만클리닉'에 등록하면 비만 관련 상담, 식이요법, 운동요법, 약물처방 등의 서비스를 무료로 받을 수 있다. 비만클리닉은 환자 진료 후에도 주기적으로 체중 변화, 처방 준수 여부 등을 점검한다.

### (2) 비만 판정 기준

비만을 진단하는 방법으로는 체중과 신장을 이용하여 측정할 수 있는 체질량지수(Body Mass Index)가 있으며, 허리둘레를 재서 복부비만을 평가한다.

허리둘레가 성인 남성에서 90cm이상, 여성에서 80cm이상을 복부비만이라 한다. 체질량지수(BMI)는 체중(kg)을 키(m)의 제곱으로 나눈 값이다. 한국인의 정상 BMI는 18.5~22.9이며, 23~24.9는 과체중, 25 이상이면 비만이다. 동양인 성인에서의 체질량지수에 의한 체중의 분류는 <표 11-2>와 같다.

**<표 11-2> 체질량지수에 의한 체중의 분류**

| 분류 | 체질량지수(BMI) |
|---|---|
| 저체중 | <18.5 |
| 정상 | 18.5 ~ 22.9 |
| 과체중 | 23 ~ 24.9 |
| 비만 | 25 ~ 29.9 |
| 고도비만 | >30 |

### (3) 비만의 치료

비만이란 의학적으로 체지방이 과다하게 축적되어 있는 상태를 말한다. 우리가 과식을 하거나 운동 부족으로 에너지 섭취가 에너지 소비를 초과하면 체지방이 늘어가게 된다.

비만은 고지혈증, 심장질환, 뇌졸중, 당뇨병 등 성인병(생활습관병)의 직접적 원인으로 알려지고 있으며 관절염, 통풍, 호흡기 장애, 불임이나 여성의 경우 월경불순과도 관련이 있다. 심지어 대장암, 전립선암, 담낭암, 유방암 등의 발생률도 증가되어 생명을 단축시키고 삶의 질을 저하시키는 주요 원인이다.

비만의 치료에는 식이요법, 운동요법, 약물요법, 수술요법 등이 있다. 비만은 생명을 위협하는 질병이므로 과학적이고 체계적인 방법으로 치료하여야 한다. 비만치료는 시작 체중의 10% 감소를 6개월 동안 시행하면 부작용도 없고 재발률도 낮출 수 있다.

비만 치료의 기본은 어디까지나 식생활과 운동의 생활습관을 올바르게 바꾸는 것이므로 노력 없이 살을 빼려는 것은 실패할 가능성이 크다. 또한 체중감소보다 감량체중의 유지가 더욱 어렵다. 감량체중을 유지하기 위하여 규칙적인 운동이 가장 중요하다.

식사요법은 체중유지 열량보다 적게 섭취함으로써 체중감소를 유도하는 방법이다. 열량 7,700kcal를 소모할 때 체지방 1kg이 감소하므로 매일 500kcal를 줄일 경우 한 달에 2kg의 체중을 감량할 수 있다. 이때 양질의 단백질, 비타민, 무기질을 균형 있게 섭취하는 식사요법을 실시하여야 한다. 하루 800kcal 미만의 초저열량 식이, 단식, 이뇨제 복용 등으로 인한 체중 감소는 체지방 감량이 아닌 체내 수분의 감소이다. 따라서 비만 퇴치 정공법은 자신의 의지로 '음식은 덜 먹고, 물은 충분히 마시며, 싱겁게 먹는 것'이다.

특히 초저열량 식이는 에너지원으로 근육의 분해가 일어나 체지방 감량이 아닌 근육의 소모가 일어난다. 체내 근육량이 감소할 경우 기초대사량이 감소해 요요현상을 초래하므로 주의하여야 한다. 즉, 체중감량을 위해 식사요법만 시행하면 지방과 함께 근육과 수분도 같이 소실되어 기초 대사율이 떨어지므로 조금만 먹어도 살이 찌는 '요요현상'이 발생하기 쉽다. 따라서 운동을 병행해야 한다.

운동요법은 규칙적인 운동을 하면 에너지 소비를 늘려 체내에 저장된 지방을 소모하는 역할을 하며, 체내 대사율을 높여 지방 소비를 늘리고 근육량도 증가하여 요요현상을 방지한다. 따라서 운동은 체중조절에 필수적이다.

운동에는 유산소운동과 무산소운동이 있다. 걷기, 조깅, 자전거 타기, 에어로빅 등 유산소운동은 산소를 흡수해 열량을 소모시키는 운동으로 체지방 분해 효과가 크다. 그러나 단거리 달리기, 역기, 아령 등 무산소운동은 근육을 강화시키는 효과가 있다.

적정 운동 강도(운동 중 또는 운동 직후의 심박수가 최대 심박수(220 - 나이)의 60~80% 수준) · 시간(1회 운동시간 30~90분 정도) · 종목(근육이 많이 동원되는 유산소운동)을 선택하여 1주일에 4일 이상 규칙적으로 운동했을 때 체지방 감량에 성공할 수 있다.

약물요법은 최근 어느 정도 안전성이 인정된 비만치료제가 개발되어 임상적으로 사용되고 있다. 현재 내성과 중독성이 없는 약제로 제니칼, 리덕틸 등이 있다. 복부비만의 경우 성장호르몬 등도 사용해 볼 수 있다. 하지만 약물복용에 따른 부작용 등을 일어날 수 있으므로 반드시 전문의와 상의하여야 한다.

체질량지수가 40 이상인 경우에 너무 비만하여 운동을 하려고 해도 관절통증 등으로 움직이지 못하는 경우에는 수술요법이 효과적일 수 있다. 수술요법은 위(胃)용적을 축소시키는 수술이다.

미국비만연구학회의 연구 결과에 의하면 하루 4시간 이하의 수면을 취하는 사람의 비만 확률은 7~9시간정도 충분히 잠을 자는 사람에 비해 73% 높았다. 잠을 적게 자는 사람들에게서는 잠을 억제하고, 지방을 저장하는 코티솔 호르몬이 증가해 체중이 늘어날 수 있다. 한편 10시간이상 잠을 너무 많이 자는 사람도 신체 활동량이 줄어들기 때문에 살이 찔 수 있다. 따라서 수면시간은 성인은 약 7.5시간, 정도가 건강에 좋다.

## 3. 고지혈증

### (1) 고지혈증이란

고지혈증(高脂血症, Hyperlipidemia)이란 말 그대로 혈액 내에 지방질이 많이 떠다니는 증상을 말한다. 고지혈증은 여러 형태로 분류되나, 크게 나누면 혈청에 콜레스테롤(Cholesterol)의 농도가 높은 경우(고콜레스테롤혈증)와 중성지방(Triglyceride)의 농도가 높은 경우(고중성지방혈증), 그리고 이 두 가지가 모두 기준치보다 상승되어 있는 경우가 있다.

혈액 중에 있는 지질 성분은 콜레스테롤, 중성지방, 인지질, 유리지방산 등이며 이들 지방은 우리 몸에서 각기 중요한 역할을 한다. 즉, 콜레스테롤은 세포막 성분, 담즙산 합성, 스테로이드 호르몬 합성 재료로 쓰이며 중성지방은 우리 몸에 에너지를 공급하는 열량원의 역할을 한다. 그러나 이들 지방이 혈액 내에 지나치게 많아지면 여러 가지 문제를 야기 시킬 수 있다.

콜레스테롤과 중성지방은 물과 친하지 않아 수용성인 혈액 내를 잘 떠다닐 수 없으므로 단백질, 인지질, 유리콜레스테롤에 둘러싸여 둥글고 미세한 입자형태를 이루어 혈액 내에서 운반된다. 이 입자를 지단백(Lipoprotein)이라 부른다. 지단백에는 초저밀도 지단백(Very Low Density Lipoprotein, VLDL), 저밀도 지단백(Low Density Lipoprotein, LDL), 고밀도 지단백(High Density Lipoprotein, HDL) 등이 있다.

초저밀도 지단백(VLDL)은 중성지방을 운반하며, 중성지방은 신체 조직에서 열량원으로 쓰이며 또한 동맥경화증의 요인이 되기도 한다.

초저밀도 지단백은 저밀도 지단백(LDL)으로 전환되며, LDL은 콜레스테롤을 조직에 쌓이게 한다. 한편 고밀도 지단백(HDL)은 조직에 쌓인 콜레스테롤을 떼어내는 역할을 하므로 HDL이 LDL에 비해 우리 몸에서 좋은 역할을 담당하고 있다.

고콜레스테롤혈증(Hypercholesterolemia)이란 혈청 콜레스테롤 농도가 240mg/dℓ 이상인 경우를 말하며, 원인은 1차적으로 유전적 요인, 고지방식사 등이며 2차적 원인으로 당뇨, 갑상선기능저하증, 신증후군, 신부전증 등을 들 수 있다.

고중성지방혈증(Hypertriglyceridemia)이란 혈청 중성지방 농도가 240mg/dℓ로 높아진 상태를 말하며 대체로 VLDL-중성지방의 상승과 관련이 있다. 고중성지방혈증의 원인은 비만, 단순당과 포화지방의 과다 섭취, 운동부족, 음주, 포도당불내증 및 당뇨 등이다.

정상 콜레스테롤 수치는 총콜레스테롤 100~200mg/dℓ 미만, 중성지방(TG) 44~166mg/dℓ 미만, 저밀도 지단백(LDL) 70~169mg/dℓ 미만, 고밀도 지단백(HDL) 40~400mg/dℓ 이상이다.

고콜레스테롤혈증의 치료 목표는 총콜레스테롤치 240mg/dℓ 이하, 저밀도 지단백(LDL) 160mg/dℓ 이하로 낮추는 것이다. 고콜레스테롤혈증 치료는 대개 처음에는 식이요법과 운동요법으로 콜레스테롤을 낮추지만 LDL이 190mg/dℓ 이상이거나, 심질환 위험인자가 있고 LDL이 160mg/dℓ 이상일 때는 바로 약물치료를 한다.

### (2) 고지혈증의 식사요법

한국고지혈증치료지침제정위원회가 권장하는 고지혈증 환자의 식사지침(1996년)에 따르면 총 열량은 정상체중을 유지하는 범위 내에서 섭취하며 식사성분은 지방 15~20%, 탄수화물 60~65%, 단백질 15~20%

로 구성한다. 총 지방량 중 포화지방산은 총 열량의 6% 미만, 다불포화지방산은 6% 내외, 단일불포화지방산은 10% 이하를 섭취하도록 한다. 콜레스테롤은 하루 200mg 미만(<100mg/1000kcal)을 섭취하여야 한다.

혈중 콜레스테롤과 중성지방을 낮추려면 ① 콜레스테롤 함량이 높은 식품의 섭취를 제한한다, ② 총지방 섭취량을 줄인다, ③ 포화지방의 섭취를 줄인다, ④ 불포화지방을 사용한다, ⑤ 알코올(술) 섭취를 제한한다, ⑥ 설탕이 들어간 식품의 섭취를 줄인다, ⑦ 섬유소의 섭취를 늘린다, ⑧ 정상체중을 유지한다, ⑨ 규칙적인 운동을 한다 등이다.

식품별 콜레스테롤 함량 및 우리가 외식할 때 섭취하는 음식종류별 콜레스테롤 함량은 <표 11-3>과 <표 11-4>와 같다.

### <표 11-3> 식품별 콜레스테롤 함량표

(mg/가식부 100g)

| | |
|---|---|
| 50mg 이하 | 달걀흰자, 대합, 조개류, 참기름, 옥수수기름, 대두유, 아몬드, 땅콩, 잣, 코코넛, 땅콩버터, 식빵, 모닝 빵, 비스킷, 초콜릿, 우유, 저지방우유, 요구르트, 샤베트 |
| 51~100mg | 닭고기(가슴살), 돼지고기, 베이컨, 소시지, 조기, 갈치, 연어, 삼치, 고등어, 굴, 가재, 쇼트닝, 라아드, 파운드케이크, 아이스크림, 치즈 |
| 101~200mg | 새우, 전복, 미꾸라지, 돼지기름, 마요네즈, 생크림 케이크 |
| 201~300mg | 오징어(생), 꼴뚜기, 장어, 대부분의 젓갈류, 버터, 카스테라 |
| 301mg 이상 | 육류 내장, 달걀노른자, 한치, 오징어(건), 명란젓 |

<표 11-4> 외식 1인분의 콜레스테롤 함량

| 음식 종류 | 음식명 및 콜레스테롤 함량(mg) |
|---|---|
| 한식 | 삼계탕(445), 순두부백반(250), 육개장(100), 갈비탕(95), 불고기 200g(90), 갈비구이 3대(80), 만두국(75), 김밥 1줄(50), 설렁탕, 곰탕(35), 냉면(20), 비빔밥(20), 칼국수(20), 수제비(10), 된장찌개(2) |
| 양식 | 햄버거 스테이크(270), 안심 스테이크(240), 켄터키 후라이드 치킨 가슴살 1조각(96), 햄버거 1개(70), 피자 레귤러 2쪽(12) |
| 일식 | 냄비우동(260), 일본식 돈까스(220), 생선초밥(140) |
| 중식 | 탕수육 1접시(455), 중국식 볶음밥(245), 짬뽕(150) |

## 4. 고혈압

### (1) 혈압(血壓)이란?

혈압은 심장이 수축해 혈액을 내보낼 때 최고(수축기 혈압)가 되며 심장이 확장돼 혈액이 심장으로 들어올 때 최저(확장기 혈압)가 된다.

혈압은 나이, 성별 등에 따라 차이가 있고 육체적 활동과 정신적 긴장도에 따라 시시각각 올랐다 내렸다 한다. 하루 동안에도 오전 중에 가장 높았다가 낮에는 떨어지기 시작하여 취침 중에는 더욱 떨어졌다가 잠에서 깨어나면 올라가게 된다. 또한 기온의 변화도 혈압에 영향을 준다. 기온이 떨어지면 체온을 유지하기 위하여 피부의 혈관이 오므라들어 혈압이 상승하게 된다. 따라서 한번만 혈압을 측정해 혈압이 높다거나 낮다고 말하는 것은 잘못이다.

혈압 측정시 주의사항에는 ① 식사 직후는 피하며 식후 약 20분 후 측정한다, ② 측정 전에 대·소변을 본다, ③ 측정 30분전부터 담배와 커피를 금한다, ④ 측정 전 5분간 안정을 취한다, ⑤ 언제나 같은 자세로 의자에 앉아서 측정하며, 팔은 심장과 같은 높이에 유지하도록 한다, ⑥ 2분 간격으로 2회 이상 측정한다, ⑦ 1차와 2차 측정 차이가 5mmHg 이상이면 다시 측정한다, ⑧ 추운 곳은 피하고 적당한 실온(섭씨 20도 전후)에서 측정한다, ⑨ 매일 같은 시간에 측정한다 등이 있다.

자신의 혈압을 말할 때는 평균치를 기준으로 해야 한다. 즉, 한번 혈압을 잴 때는 수분간격으로 3번 정도 재고 1~2주 뒤에 다시 3번을 재서 평균을 낸다. 예를 들어 처음 2분 간격으로 3번 혈압을 잰 결과가 160/100, 150/90, 145/85였으며 1주후 다시 3번을 잰 것이 155/95, 160/100, 140/85였다면 이 사람의 평균 혈압은 151.6/92.5이며 고혈압에 해당한다.

### (2) 고혈압이란?

서울시소방방재본부가 2006년도 상반기 119구급대 이용자 11만명을 분석한 결과에 따르면 질환별로 고혈압 환자가 9343명으로 가장 많았으며 이어 당뇨(4768명), 심장질환(3179명) 간염(462명), 결핵(304명) 등의 순이다.

고혈압은 혈압이 높은 상태가 계속되는 것을 말한다. 우리나라 성인의 약 25%, 60대 남성의 절반가량이 고혈압으로 고생하고 있다. 고혈압은 뇌혈관질환과 순환계질환의 중요한 위험 요인으로 알려지고 있다. 평소에는 아무런 증세가 없다가 혈압이 급격히 올라가 뇌혈관이 파열되어 뇌출혈을 유발하거나 동맥경화성 심장병이 있는 환자는 심장마비를 일으켜 죽음을 부르는 '침묵의 질환' 또는 '무언(無言)의 살인자'가 고혈압(高血壓)이다.

대한뇌혈관외과학과가 2005년 한해 동안 전국 30개 종합병원에서 고혈압성 뇌출혈로 치료받은 환자 1726명을 분석한 결과에 따르면 오후 6시에 135명(7.8%), 오후 7시에 112명(6.5%)으로 저녁때 가장 많은 환자가 발생했다. 뇌출혈의 휴유증도 심각하여 발병 후 정상회복이 가능한 경우는 25.1%에 불과했다.

수축기 혈압과 이완기 혈압 수치에 따른 혈압분류는 <표 11-5>와 같다.

**<표 11-5> 혈압 분류**

| 혈압 범주 | 수축기혈압(mmHg)/이완기혈압(mmHg) | 생활습관 변화 | 약물치료 |
|---|---|---|---|
| 정상 | 120 미만 이고 80 미만 | 권장 | - |
| 고혈압 전단계 | 120~139 또는 80~89 | 필요 | 필요시 약물 |
| 고혈압 1단계 | 140~159 또는 90~99 | 필요 | 약물치료 |
| 고혈압 2단계 | 160 이상 또는 100 이상 | 필요 | 약물치료 |

고혈압을 일차성(본태성 혹은 특발성) 고혈압과 이차성 고혈압으로 분류한다. 전체 고혈압의 약 95%가 일차성 고혈압에 속하며 다양한 유전적 요소가 관여하는 것으로 알려져 있다. 이차성 고혈압은 신(腎)성 고혈압, 내분비성, 대동맥 교착, 임신에 관련한 고혈압, 신경성 질환, 수술과 급성 스트레스, 혈관내 체액량 증가, 약제 등이 관여한다.

### (4) 고혈압의 증상 및 치료

고혈압은 증상이 없는 경우가 대부분이기 때문에 많은 사람들이 자신이 고혈압인지 모르고 있다. 따라서 정기적으로 병원에서 검진을 받고 그에 따른 처방을 받는 것이 중요하다. 심한 고혈압에서 나타나는 두통은 대부분 잠에서 깨어날 때 머리 뒤쪽에서 느껴지나 몇 시간 지나면 없어진다.

고혈압은 심장질환, 뇌혈관질환, 신장질환, 비뇨생식기질환, 안과질환 등 우리 몸 전반에 걸쳐 합병증을 일으켜 목숨을 위협하는 질환이다. 고혈압을 치료하지 않고 방치하는 환자의 경우 뇌졸중이 발생할 확률이 7배 높아지고, 울혈성 심부전으로 발전할 확률이 6배 높아지며, 심장마비가 발생할 확률은 3배나 높아진다. 따라서 고혈압은 꾸준히 치료해야 한다.

고혈압을 치료하는데 중요한 것은 일상생활의 관리이다. 담배를 끊고 체중을 줄이며 음식을 싱겁게 먹어야 한다. 또 술을 절제하고 규칙적으로 운동을 하는 게 좋다. 이러한 일상생활의 관리만으로도 가벼운 고혈압은 아주 좋아질 수 있다. 또 약을 먹어야 할 정도의 고혈압환자도 평소 생활관리를 잘하면 적은 양의 약으로 치료할 수 있다.

고혈압 강압제(降壓劑)에는 이뇨제(나트륨과 수분을 제거함으로써 혈액량을 감소), 베타 차단제(심장에 부담을 주는 화학적인 영향 차단), ACE 억제제(혈관을 좁히는 화학적 물질의 양 감소), 안지오텐신 길항제(ACE 억제제의 단점 보완), 칼륨 길항제(혈관을 좁히는 화학적인 반응 차단), 알파 차단제(혈관을 좁히는 화학적인 반응 차단) 등이 있다. 아무리 좋은 약이라도 제대로 복용하지 않으면 효과가 없으며, 먹던 약을 의사와 상의도 없이 함부로 끊으면 혈압이 다시 올라가므로 주의하여야 한다. 어떤 약은 다른 약과 함께 복용시 위험하거나 효과가 반감될 수 있으므로 의사의 처방에 따라야 한다.

노인이 고혈압 약을 복용할 때 가장 중요한 것 중의 하나는 부작용이 적으며 자기에게 맞는 약을 복용하는 것이다. 이에 자기가 먹고 있는 혈압약의 부작용이 무엇인지 또 무엇을 주의해야 하는지 반드시 알고 있어야 한다. 한 예로 노인에게 많이 생기는 부작용인 어지러움이나 저혈압의 경우를 보면 예전에는 없던 어지러움증이 약을 먹고 나서 생겼는데도 약보다는 기력(氣力)이 쇠해서 그런 것으로 생각하고 그대로 약을 복용한다. 당연히 어지러움증은 심해지게 되고 이 때문에 병원을 찾게 된다.

노인환자들은 대개 2개 이상의 질병을 같이 갖고 있기 때문에 여러 가지 약을 같이 먹고 있는 경우가 많다. 예를 들어 당뇨, 심장병, 만성 폐질환, 관절염 등에 관한 약을 먹고 있다면 고혈압 약을 선택할 때 더욱 조심하여야 한다.

### (5) 고혈압 환자의 건강관리

고혈압으로 진단이 되면 고혈압으로 인한 합병증이 생길 위험이 지속되므로 꾸준히 치료를 받아야 한다. 비(非)약물요법으로 혈압이 조절되지 않으면 약을 복용하여야 하며 또한 생활습관을 바꾸어야 한다.

세계보건기구(WHO)가 고혈압 예방 및 관리를 위해 권장하는 생활습관에는 ① 각종 영양소가 균형을 이루는 식사를 한다, ② 비만이 되지 않도록 체중 조절을 한다, ③ 음식을 싱겁게 먹어 염분 섭취를 줄인다, ④ 과음을 피해야 한다, ⑤ 금연 한다, ⑥ 규칙적인 운동을 한다, ⑦ 잠을 충분히 잔다, ⑧ 변비가 되지 않도록 한다, ⑨ 추위, 냉기를 피한다, ⑩ 목욕할 때 뜨거운 물에 들어가지 않는다, ⑪ 갑자기 뛰거나 급하게 계단을 오르지 않는다, ⑫ 끙끙대거나 안절부절 못하거나 초조해 하지 않는다 등이 있다.

고혈압 환자가 운동을 할 때는 약 10분간 가벼운 준비운동을 한 뒤,

20분가량 걷기, 조깅, 수영, 자전거 타기 등 유산소 운동을 하는 게 좋다. 운동을 마친 뒤에는 5분쯤 정리운동을 해야 한다. 주 3회쯤으로도 운동효과를 볼 수 있다.

걷기는 운동 강도를 조절하기 쉽기 때문에 고혈압 환자에게 가장 좋은 운동이며, 조깅과 병행해도 좋다. 수영은 강도가 높지 않으면서 심혈관계를 자극하므로 수중 체조나 물 속 걷기도 좋다. 자전거 타기의 운동 효과는 근관절계의 상해를 예방할 수 있고 충격이 작기 때문에 걷기만큼 좋다.

그러나 헬스클럽에서 하는 웨이트 트레이닝은 갑작스런 혈압 상승을 초래해 급사(急死)에 이를 수도 있기 때문에 조심해야 한다. 또한 고혈압 환자가 피해야 할 운동에는 다이빙, 조정, 승마, 보디빌딩, 윗몸 일으키기, 경쟁적 구기경기 등이 있다.

고혈압이 조절되지 않거나, 건강상태가 나빠지고 서서히 몸에 손상이 올 때 고혈압성 위기의 경고 증상이 나타난다. 즉 극심한 두통에 혼미와 의식 저하, 심한 가슴 통증, 짧은 호흡 상태, 오심과 구토, 어지러움증, 시야혼미, 빈맥, 경련, 무반응/무의식 등 위기 증상이 나타나면 빨리 119를 불러 근처 가까운 병원으로 가야 한다. 이런 증상이 나타나면 아무것도 미시거나 먹지 말고 응급 처치를 받을 때까지 누워 있고 신속히 의사에게 치료를 받아야 한다.

음식물중에 포함된 소금의 섭취량과 고혈압의 관계는 이미 오래전부터 많은 과학적인 연구를 통해 입증된 사실이다. 먹는 소금의 양을 조절함에 따라 혈압이 5~10mmHg정도까지 변화가 온다. 염분을 많이 섭취한 경우는 물을 많이 마셔서 소변을 통해 배출시키도록 한다.

세계보건기구(WHO)는 하루 소금 섭취량을 5g 이하로 할 것을 권장하고 있다. 소금 1g에 해당되는 염분량: 소금 1/2 작은 숟가락, 진간장 1 작은 숟가락, 된장 및 고추장 1/2 큰 숟가락, 마요네즈 케첩 마가린 버터 2 큰 숟가락.

칼륨을 충분히 섭취하면 고혈압 예방효과가 있을 수 있으며, 반대로 부족하면 혈압이 높아지고 심장에 부정맥이 생길 수 있다. 특히 이뇨제계통의 고혈압 약을 복용하는 환자의 경우 혈액속의 칼륨이 소변으로 빠져나가서 저(低)칼륨증이 오기 쉽다. 칼륨이 풍부한 식품에는 토마토, 사과, 바나나, 오이, 호박, 가지 등이 있다.

## 5. 당뇨병

### (1) 당뇨대란

대한당뇨병학회와 건강심사평가원이 공동으로 2005년 3월에 주최한 세미나에서 의료보험 이용 자료를 이용하여 분석 추산한 결과 2003년 한국인의 당뇨병(糖尿病) 유병률은 8.29%로 이미 400만 명을 넘어섰고, 2030년이 되면 700만 명을 넘어 총인구의 14.3%가 될 것이라는 전망이었다. 이에 우리나라는 당뇨병 환자가 엄청나게 많고 계속 증가하여 '당뇨대란(糖尿大亂)'이 올 것으로 전망된다.

현재까지의 각종 연구 분석에 따르면 60세 이상 노년층에서는 10명 중 2명이 '당뇨병'이고, 2명은 '당뇨병 전단계(공복혈당 장애 또는 내당능 장애)'에 있다. 문제는 당뇨병 전단계에 있는 사람은 물론이고 이미 당뇨병에 걸린 사람의 반 정도가 자기가 당뇨병을 앓고 있다는 사실을 모르고 있다는 점이다.

세계적인 당뇨병 추세를 살펴보면 세계당뇨병학회(International Diabetes Federation), 미국당뇨병학회(American Diabetes Association) 등은 2003년 세계적으로 약 1억9400만 명의 당뇨병 환자가 있다고 추산되며, 20~79세 세계 인구의 5.1%에 해당한다. 이 수는 2025년까지 3억3300만 명(세계 인구의 6.3%)으로 증가할 것이다. 당뇨병 예비군인 '당뇨병 전단계'의 경우는 2003년 현재 세계적으로 약 3억1400만 명이며, 이는 20~79세 인구의 8.2%에 해당한다. 2025년에는 이 숫자가 4억7200만 명(9%)에 이를 전망이다.

문제는 우리나라 당뇨병 및 당뇨병 전단계의 유병률이 권위 있는 세계학계의 예측을 이미 앞지르고 있으며 앞으로도 그 추세가 변화하지 않을 것이라는 점이다. 또한 우리나라 인구의 노령화가 급속히 진행되어 당뇨병 확산이 가속화되고 있다.

### (2) 당뇨병이란

당뇨병(糖尿病 · Diabetes)은 음식을 통해 섭취한 당(糖) 성분이 제대로 분해 되지 않아 혈액 속의 당 수치(數値)가 높아지는 병이다. 혈액 속의 당 성분은 췌장(膵臟)에서 분비되는 호르몬인 인슐린(Insulin)에 의해 분해돼 에너지로 사용되는데 인슐린 분비가 제대로 안되거나, 분비되더라도 제대로 혈당을 분해하지 못하면 당 수치가 높아진다. 당뇨는 머리부터 발끝까지 각종 합병증을 일으키는 '만병의 근원'이다.

한국바이엘사가 당뇨병 환자 201명을 대상으로 2006년 6월부터 2개월간 설문 조사한 결과 83명(41.3%)이 합병증을 앓고 있다고 답했다. 당뇨합병증 환자 83명 가운데 39명(46.9%)은 당뇨 진단 후 5년 이내, 19명(22.9%)은 5~10년, 25명(30.1%)은 10년 이후 합병증이 발생했다. 당뇨 합병증의 종류를 복수응답으로 조사한 결과, 눈의 망막 이상이 43.8%로 가장 많았고, 신경계 이상(17.7%), 고혈압(16.7%), 심장질환

(6.3%), 관절 이상(5.2%), 성기능 장애(4.2%)순으로 나타났다.

당뇨병은 크게 제1형과 제2형으로 분류된다. 인슐린 분비가 거의 되지 않아 생기는 당뇨병을 '제1형 당뇨병'이라고 하며, 인슐린 분비가 되기는 하지만 불충분하고 제 기능을 못해 생기는 당뇨병을 '제2형 당뇨병'이라고 한다. 제1형 당뇨병은 최근 우리나라에서도 증가세를 보이지만 아직은 전체 당뇨병의 5% 미만으로 추정된다. 이에 대부분의 당뇨병은 제2형 당뇨병으로 볼 수 있다.

제1형 당뇨병은 혈당을 조절하는데 가장 중요한 호르몬인 인슐린을 분비하는 췌장(膵臟)의 베타 세포가 지속적으로 파괴돼 인슐린 분비가 결핍돼 고혈당(高血糖)이 발생하는 질환이다. 따라서 일생 동안 매일 인슐린을 보충해 주어야 한다. 과거엔 제1형 당뇨병이 주로 소아(小兒)에서 발생하여 '소아 당뇨병'이라 불리기도 했다. 그러나 최근 진단 방법이 개발되고 정확한 분류가 가능해지면서 성인에게서도 제1형 당뇨병이 발생한다.

제2형 당뇨병의 원인은 사람마다 다르며, 유전적 요인과 환경적 요인이 복합돼 나타난다. 제2형 당뇨병은 인슐린 부족과 함께 인슐린 저항이 있는 경우를 말한다. 당뇨병 환자의 경우 직계 자손에서 당뇨병 발병률이 30~50%에 이른다. 그러나 가족력이 있어도 환경적 요인을 바꾸면 별문제가 되지 않는다. 제2형 당뇨병의 환경적 요인으로 비만(복부 비만)과 육체적 활동 부족(운동 부족)을 우선 들 수 있다.

### (3) 인슐린 저항성

인슐린은 췌장에서 분비되는 혈당을 조절하는 호르몬이다. 인슐린은 혈관을 따라 흐르는 피 속에 있는 포도당을 세포 안으로 운반하는 것이 주된 임무다. 우리 몸의 세포는 활동을 하는데 포도당이 필요하므로 혈액에서 포도당을 끌어와 에너지로 사용한다. 그런데 혈중에 인슐린이 충분히 있어도 포도당을 세포 속으로 넣어주는 역할을 에대로 하지 못하는 경우가 있다. 이를 '인슐린 저항성'이라 부른다.

인슐린의 작용에 저항이 생겨 인슐린이 충분히 나와도 포도당은 세포 안으로 들어가지 못하고 피 속에 그대로 남아 있게 돼 혈당치가 높아지게 된다. 이에 세포는 포도당을 얻지 못하므로 당뇨병 환자의 식욕이 왕성해지는 게 바로 이 때문이다. 당뇨병에 걸리면 몸이 필요한 만큼의 에너지를 활동에 대응해 제대로 만들어내지 못한다.

이런 경우에 뇌(腦)는 고혈당을 인식하고 인슐린이 부족하다고 판단하여 췌장에서 더 많은 인슐린을 만들어내도록 명령을 내린다. 그러면 인슐린이 대량으로 나오면서 어느 정도 세포에 포도당을 공급할 수 있게 된다. 하지만 인슐린 저항성이 생긴 상태에서는 인슐린이 많이 나와도 포도당 운반이 여전히 원활하지 않다.

이에 췌장은 계속해서 엄청난 양의 인슐린을 만들어내야 하므로 혈중 인슐린 농도가 엄청나게 높은 '고(高)인슐린 혈증'이 온다. 인슐린을 계속해서 분비할 수 있다면 당뇨병으로 진행되지 않을 수도 있다. 하지만 많은 양의 인슐린을 계속 만들어 내다보면 췌장도 지치게 되고, 더 이상은 인슐린을 대량 생산할 수 없는 순간이 오게 된다. 그러면 적절한 혈당을 유지할 수가 없게 된다. 이것이 바로 (제2형) 당뇨병이다.

당뇨병 환자는 포도당 대사에 장애가 생겨 혈당이 올라가며, 또한 단백질이나 지방질 대사에도 장애가 온다. 따라서 신체의 대사가 원활하지 못하여 영양결핍이 초래된다. 대사(代射)란 우리가 섭취한 음식물이 이용되고 저장되며 무엇을 만들어 내고 필요 없는 것은 없애고 하는 식의 현상이 쉴 새 없이 일어나는 상황을 의미한다.

### (4) 내당능 장애

당뇨병은 대표적인 만성 대사(代射)질환으로 일반적으로 건강한 상태에서 당뇨병으로 진행하는데 약 10년 정도의 기간이 걸린다. 이 시기를 '내당능 장애' 또는 '공복혈당 장애'라고 한다. '공복' 혈당이 110~125mg/dℓ 이거나 '식후 2시간' 혈당이 140~199mg/dℓ 인 경우를 의미한다. 즉, 당뇨병 전 단계라고 볼 수 있으며, 이 시기를 놓치면 당뇨병으로 진행된다.

당뇨병 전(前)단계 상태 때부터 문제점을 개선하려고 노력한다면 당뇨병을 사전에 막을 수 있다. 당뇨병 자체를 막는다는 의미의 '1차 예방' 개념이 도입되고 있다. 이에 미국당뇨병학회에서는 당뇨병 전 단계의 혈당기준을 강화하여 '공복혈당'이 100mg/dℓ 이상이면 비정상으로 분류할 것을 제시하고 있다.

### (5) 증상 및 진단

흔히 당뇨병(糖尿病)은 말 그대로 '소변(尿)에 당(糖)이 나오는 병(病)'으로 알고 있다. 그러나 소변에 당이 나와도 당뇨병이 아닐 수 있고 당뇨병이 있어도 소변에 당이 나오지 않는 경우도 있다. 따라서 정확한 당뇨병 진단은 혈당(血糖)검사로만 가능하다.

인슐린이 부족하면 혈당이 높아지고 혈액이 진해진다. 이 때문에 혈액의 삼투압(滲透壓)이 높아져 소변이 잦고 소변양이 증가하게 된다(다뇨 · 多尿). 소변양이 많아지면 자연히 갈증을 느끼게 되어 물을 많이 마시게 된다(다음 · 多飮). 우리 몸의 세포가 포도당을 얻지 못하므로 공복감이 생겨 많은 양의 음식을 먹게 된다(다식 · 多食).

그러나 이런 삼다(三多) 증상은 당뇨병이 매우 심해서 혈당이 200~

300mg/dℓ 이상으로 올라간 경우에 나타난다. 한편 많은 경우 혈당이 올라가도 이런 증상이 나타나지 않는다. 따라서 당뇨병은 대부분 증상이 없거나, 있어도 뚜렷한 특징이 없다.

고혈당(高血糖)을 시사하는 증상으로 ① 소변이 잦다, ② 목이 말라 물을 자주 마신다, ③ 공복감을 느껴 많이 먹는다, ④ 체중이 줄어든다, ⑤ 무력감이 생기고 쉽게 피곤해진다, ⑥ 상처가 잘 낫지 않는다, ⑦ 감염되기 쉽다 등이 나타난다.

몸 안의 지방이나 단백질이 파괴되어 체중이 줄고 힘이 나지 않아 무력감과 피곤을 느끼게 된다. 단백질이 제대로 합성되지 못하고 오히려 파괴되기 때문에 체내 조직의 회복이 나빠지고 영양 결핍상태에 이른다. 이에 감염에 대한 저항력도 약해진다.

당뇨병의 정확한 진단을 위해서 정기적인 혈당검사를 하여야 한다. 혈액검사는 공복(空腹) 혈당치와 식후(食後) 2시간 혈당치를 측정한다. '공복' 혈당치(値)의 측정은 저녁식사 후 8시간 이상 지난 시간에 혈액을 채취해 혈청 부분의 포도당치(値)를 측정한다. 또한 식사 후 2시간(식사 시작 시간부터)에 '식후 혈당'을 측정한다. 당뇨병 초기에는 공복 혈당치가 정상 범위에 들어도 식후 혈당치가 200mg/dℓ 이상을 보일 수 있으므로 두 가지를 모두 측정하여야 한다.

혈당을 측정하여 공복에 100mg/dℓ 미만이고, 식후 2시간에 140mg/dℓ 미만이면 정상이다. 공복에 126mg/dℓ 이상이거나 식후 2시간 혹은 식사에 관계없이 200mg/dℓ 이면 당뇨병으로 진단한다.

혈당이 정상보다는 높고 당뇨병 기준보다는 낮은 경우에는 당뇨병을 향해 가고 있는 단계라는 의미인 '당뇨병 전단계'라고 한다. 식후 혈당은 정상인데 공복 혈당이 100~125mg/dℓ인 것을 '공복 혈당 장애'라고 하며, 공복 혈당은 정상인데 식후 2시간 혈당이 140~199mg/dℓ

인 것을 '내당능 장애'라고 한다. 이는 당뇨병으로 진행될 가능성이 높으므로 정기적인 혈당검사와 생활습관 교정이 필요하다.

### (6) 혈당관리

당뇨병 환자의 혈당관리에는 식사요법, 운동요법, 약물요법 등 3가지 중요한 요소가 있다. 특히 식사요법과 운동요법은 혈당 조절의 기본이므로 지속적으로 유지하여야 한다.

#### 1 식사요법

식사요법은 혈당 조절 뿐 아니라 비만도 치료하여 인슐린 저항을 줄인다. 당뇨 환자는 전문영양사의 상담아래 적절한 양의 칼로리를 섭취하여야 한다. 대한당뇨병학회 권장안(1995년)에 따르면 3대 영양소의 배분을 탄수화물 60%, 단백질 20%, 지방 20%를 제시하였다.

식이요법의 주의사항은 ① 3끼 식사와 간식은 규칙적으로 한다, ② 설탕, 지방이 많은 식품은 제한한다, ③ 섬유소가 많은 식품을 섭취한다, ④ 외식할 때는 식사계획에 알맞은 음식을 선택하여 알맞게 먹도록 한다, ⑤ 술, 청량음료는 제한한다 등이다.

특히 외식은 하루 한번 정도만 하며 외식을 할 때는 한 끼 식사량에 적절한지, 기름이나 단순당이 많지 않은지, 사용한 재료와 분량을 알 수 있는지, 식품군이 골고루 들어 있는지를 확인하여야 한다. 중식, 양식, 패스트푸드보다는 영양적으로 균형이 잡힌 우리나라 한식이나 일식이 더 좋다.

혈당지수(glycemic index)란 흰빵을 기준(100)으로, 어떤 식품이 혈당을 얼마나 빨리, 많이 올리느냐를 나타내는 수치다. 혈당지수가 높으면 혈당을 내리는 것도 빨라 공복감이 금세 온다. 혈당부하

(glycemic load)란 혈당지수에 평소 해당 식품을 얼마나 많이 먹느냐를 반영한 값이다.

주요 식품의 혈당지수와 혈당부하는 다음과 같으며, 지수가 높은 식품은 혈당지수 70 이상/혈당부하 20 이상이며, 중간은 (56~69/11~19), 낮음은 (55 이하/10 이하)이다. 복합 탄수화물인 콘플레이크의 혈당지수는 114인 반면 단순 탄수화물인 아이스크림은 61, 설탕은 58이다.

사과(40/6), 구운 감자(85/26), 현미(50/16), 당근(92/5), 설탕(58/6), 오렌지 주스(50/13), 베이글(72/25), 감자칩(54/12), 파운드 케이크(54/15).

당뇨병 환자에게 권장하는 식단의 예는 다음과 같다.

• 1500 칼로리(아침 · 점심 · 저녁 각각 500kcal씩)

- 아침: 현미밥, 팽이된장국, 쇠고기장조림, 두릅된장무침, 꽁치구이, 포기김치, 사과.
- 점심: 버섯해물칼국수, 배추겉절이.
- 저녁: 콩나물밥, 양념간장, 쇠고기뭇국, 닭감자조림, 오이소박이.

• 1800 칼로리(아침 · 점심 · 저녁 각각 600kcal씩)

- 아침: 율무밥, 청국장, 미나리나물, 어묵달걀찜, 포기김치, 딸기.
- 점심: 비빔밥, 미역된장국, 백김치.
- 저녁: 보리밥, 김칫국, 쑥갓두부무침, 코다리콩나물찜, 포기김치.

### 2 운동요법

운동은 혈당 조절, 비만 치료를 통해 인슐린 저항성을 줄여서 혈관 기능을 좋게 한다. 운동이 필요한 이유는 ① 혈당이 낮아진다, ② 인슐린 치료시 인슐린 주사량을 줄일 수 있다, ③ 체중을 조절할 수 있다, ④ 심박수가 줄어들고 혈압이 안정된다, ⑤ 신경계가 발달한다, ⑥ 질병에 대한 면역력이 강해진다, ⑦ 생활에 활기가 생기고 스트레스가 해소된다, ⑧ 건강해졌다고 느끼며 정신건강에 좋다 등이다.

운동은 나이·체력·적성에 맞는 종목을 선택하며, 운동의 강도는 단계적으로 높이는 것이 바람직하다. 운동의 순서는 준비운동-본운동-마무리운동을 한다. 준비운동(5~10분)은 가벼운 유산소 운동, 맨손 체조, 스트레칭 등을 한다. 본운동(15~30분)은 근력 운동과 유산소 운동을 병행하는 방법과 유산소 운동을 주로 하고 근력 운동은 주 3회 격일로 하는 방법이 있다. 정리운동(5~10분)은 본운동이 끝나면 반드시 스트레칭 등 정리운동을 한다.

운동 시간은 한번에 최소 20분에서 40~50분, 일주일에 4~5회가 적당하다. 운동 강도는 자신의 최대 심박수가 나타나는 운동 강도의 70~80% 사이이다. 초보자의 경우는 40~60%에서 점차 증가시키고 약간 힘들지만 견딜 만한 정도의 느낌으로 조절한다.

운동은 유산소 운동, 근력 운동, 유연성 운동 등 3가지 운동을 균형 있게 실천하는 것이 좋다. 유산소 운동(걷기, 조깅, 등산, 수영, 자전거타기, 에어로빅댄스 등)은 심폐 기능을 향상시키고 체지방을 분해할 수 있어 체중조절에 좋고 혈액 내 지방도 줄여준다. 근력 운동(아령·바벨 운동, 근력 강화 체조 등)은 근육을 강하게 한다. 유연성 운동(스트레칭 등)은 몸을 부드럽게 하는 운동으로 근육이나 관절의 동작 범위가 넓어지며 운동 중에 발생하는 상해를 막을 수 있다.

### 3 약물요법

당뇨병의 약물요법은 경구(經口)혈당강하제와 인슐린 치료로 크게 구분된다. 최근에 새로운 작용을 하는 약제와 인슐린이 많이 개발돼 당뇨병 환자의 혈당조절에 많은 도움이 되고 있다.

경구혈당강하제에는 설폰요소제, 메트폴민, 알파글루코시다제 억제제, 인슐린감작제, 속효성 인슐린 분비촉진제 등이 있다. 설폰요소제는 췌장 베타세포에서 인슐린 분비를 촉진하여 혈당을 낮추는 작용을 하는 약제로서 우리나라에서 가장 많이 사용되는 경구혈당강하제다. 모든 경구혈당강하제는 단독 혹은 두 가지 이상의 약제를 복합적으로 사용할 수 있으며 이는 환자의 특성에 따라 주치의의 판단 하에 가장 적절한 약제를 선택하는 것이 중요하다.

경구혈당강하제로 혈당조절이 원만하지 않을 때는 인슐린 치료를 빨리 시작하는 것이 매우 중요하다. 인슐린 치료는 철저한 혈당조절을 위해서 당뇨병 환자에게 매우 중요한 치료법이다. 인슐린 치료를 지연한 결과 당뇨병성 만성합병증으로 고생하는 환자가 많다.

### (7) 당뇨병 예방 및 정복 수칙

대한당뇨병학회가 권장하는 당뇨병 예방 수칙 및 당뇨병 정복 10대 수칙은 다음과 같다.

**<예방 수칙>**

① 허리둘레를 줄여라. 남자는 90cm, 여자는 80cm 이상이면 복부비만이며, 복부비만은 당뇨병의 지름길이다.

② 많이 움직여라. 수영, 조깅, 자전거 타기 등 유산소 운동을 규칙적으로 하며 또한 생활 속 활동량을 늘리도록 한다.

③ 식사습관을 고쳐라. 과식(過食)을 피하고 패스트푸드와 청량음료는 가급적 먹지 않으며 야채·과일·곡물·해조류를 골고루 먹는다. 또한 짜게 먹지 않으며 술을 마실 때는 과음(過飮)을 피하고 안주는 적게 먹는다.

④ 금연을 실천한다. 흡연은 건강의 적이므로 금연(禁煙)하여야 한다.

⑤ 건강검진을 정기적으로 하라. 당뇨병은 조기 발견이 관건이므로 건강검진을 정기적으로 받도록 한다.

**<당뇨병 정복 10대 수칙>**

① 환자 자신이 당뇨병 전문가가 되자. 환자가 당뇨병 관련 지식의 유무에 따라 치료 효과가 다르므로 당뇨병 교육을 반복해서 받는다.

② 당뇨병과 친구가 되자. 당뇨병을 두려워하지 말고 잘 다스리면 건강에 도움이 되므로 긍정적인 생각이 중요하다.

③ 생활습관을 바꾸자. 잘못된 생활습관을 바꾸면 당뇨병 치료는 반 이상 성공이므로 당뇨병도 좋아지고 합병증도 예방할 수 있다.

④ 잘 먹자. 당뇨병은 배고프게 지내는 병이 아니므로 식사는 제때에 적당량을 골고루 먹어야 한다. 외식, 회식, 야식은 혈당을 올릴 수 있으므로 피한다.

⑤ 많이 움직인다. 운동은 일주일에 3번 이상, 한 번에 30분 이상 땀이 나게 한다. 되도록 가까운 거리는 차를 타지 말고 걷고, 엘리베이터 · 에스컬레이터는 타지 말고 계단을 이용한다.

⑥ 혈당 · 혈압 · 콜레스테롤을 자주 체크하자. 혈당을 자주 재서 기록하고 당화혈색소는 3개월에 한 번 잰다. 혈압은 130/80mmHg 이하로 유지하고, 좋은 콜레스테롤과 나쁜 콜레스테롤 수치를 적정 수준으로 유지한다.

⑦ 의사 말을 잘 따르자. 의사의 처방 없이 본인이 임의로 약을 줄이거나 끊으면 안 된다. 또한 과학적으로 검증되지 않은 민간요법이나 이상한 치료법에 속지 않도록 한다.

⑧ 정기적으로 합병증 검사를 실시하자. 6개월 혹은 1년마다 당뇨병 합병증 검사를 한다.
⑨ 과음과 담배는 피하자. 흡연은 혈당과 혈압을 높이므로 금연한다. 과음은 금물이지만 소량의 술은 나쁘지 않다.
⑩ 발 관리에 정성을 쏟자. 발을 매일 씻고 상처가 있는지 살핀다. 신발은 편한 운동화를 신는 게 좋다.

## 6. 심장병

### (1) 심장질환 급증

한국인 10대 사망원인 가운데 가장 빠른 속도로 증가하는 질병이 심장질환(心臟疾患)이다. 한국인 사망률 1위 질환은 암(癌)이지만 심장병은 고혈압, 당뇨 등 성인병(생활습관병)과 밀접한 관계를 맺고 있어 일반인에게 가장 많이 노출돼 있는 질환이다.

통계청 자료에 의하면 암, 뇌혈관질환에 이에 한국인 사망원인 3위인 심장질환은 매년 급속히 증가하고 있다. 심장질환 중 협심증(狹心症), 심근경색증(心筋梗塞症)과 같은 허혈성(虛血性) 심장질환(심장근육으로 전달되는 혈액이 불충분해 발생하는 심장질환)으로 사망하는 사람이 지난 20여 년 동안 약 25배 증가하였다.

돌연사(突然死)의 원인 중 약 90%가 허혈성 심장질환이다. 지난 2006년 3월 헬스클럽에서 돌연사한 개그맨 김형곤씨도 심근경색이 사망원인이었던 것으로 추정되고 있다. 즉 평소 비만에 의한 관상동맥경화가 진행된 것을 모르고 급격한 운동을 하다 급성 관상동맥 폐쇄로 사망한 것으로 추정된다.

### (2) 동맥경화증

관상동맥 안의 지름을 좁아지게 하는 주범은 동맥경화증(動脈硬化症)이다. 동맥경화증이란 주요 혈관 안에 기름덩어리가 쌓이면서 염증 반응이 발생하고 혈관이 딱딱하게 좁아지는 현상이다. 동맥경화증은 어느 날 갑자기 발생하는 것이 아니고 수십 년에 걸쳐 일어나는 일종의 인체 노화과정이다.

동맥경화증이 뇌로 가는 뇌혈관에 생기면 뇌졸중(腦卒中)이 되고, 심장에 혈액을 공급하는 관상동맥에 생기면 협심증이나 심근경색증이 나타난다. 또한 다리에 혈액을 공급하는 대퇴동맥에 생기면 걸을 때 다리가 아프거나 저린 증세가 나타나는 말초혈관 질환을 초래한다.

동맥경화증의 원인은 다양하다. 연령(남성 45세 이상, 여성 55세 이상), 성별(남성), 유전적 소인, 흡연, 고지혈증(특히 고콜레스테롤혈증), 고혈압, 당뇨, 비만, 스트레스, 운동부족 등이 주요 위험 인자이다. 특히 흡연, 고혈압, 고지혈증, 당뇨는 관상동맥질환을 일으키는 4대 위험 인자로 불린다.

### (3) 협심증과 심근경색증

나쁜 생활습관이나 유전 등으로 관상동맥이 좁아지면 심장 근육에 충분한 혈액을 공급할 수 없게 된다. 심장 근육이 빈혈 상태가 되면서 심한 가슴 통증이 생기는 것이 협심증이다. 이때 하나 혹은 몇 개의 관상동맥이 완전히 막혀 심장에 혈액을 전혀 공급할 수 없게 되면 심장 근육의 일부가 죽어 심근경색증이 된다.

협심증 환자는 대개 가슴이 빠개지는 듯한 흉통(胸痛)을 호소한다. 흉통은 대개 왼쪽 가슴과 목이나 등 부위에서 일어나며 왼쪽 팔까지 이어지는 통증을 호소하기도 한다. 환자들 중에는 1~2분 정도 잠깐 아프다가 잠시 쉬면 괜찮아진다면서 흉통을 가볍게 여기는 사람들이 있다.

심근경색증은 협심증보다 훨씬 위험한 상태이며, 심근경색증이 생기면 협심증보다 훨씬 극심한 가슴 통증이 발생한다. 가슴이 찢어지듯 하며, 숨이 멎을 것 같이 아프고 무시무시한 통증이 30분 이상 지속되기 때문에 환자들은 죽음의 공포를 경험한다.

심근경색증은 피가 응고된 덩어리인 혈전(血栓, 피떡)이 동맥경화증으로 좁아진 관상동맥을 갑작스레 완전히 막아 발생한다. 종종 심장마비까지 일으키는 심각한 병이다. 관상동맥질환은 실신, 호흡 곤란, 최악의 경우 돌연사(突然死)로 이어지는 무서운 질환이다.

### (4) 진단과 치료

심장병은 환자가 급사하는 경우가 많기 때문에 조기 발견 해 초기에 적절한 치료를 하는 것이 무엇보다 중요하다. 또한 심장병으로 의심되는 증상이 없는 사람도 평소 고혈압, 고지혈증, 당뇨가 있거나 가족 중 심장병 환자가 있으면 자신의 상태를 점검해 봐야 한다.

심장병을 진단하는 방법은 다양하다. 병원에서 주로 이용하는 대표적인 방법에는 심전도(심장에서 나오는 전기를 1~2분간 기록) 및 홀트 심전도(24~48시간 동안 계속해서 심장상태를 기록), 흉부 방사선(X-ray)촬영, 혈액검사, 심장 초음파검사(심장과 혈관의 내부 구조 및 기능을 파악), 운동 부하 검사(약 30분 정도 운동을 하면서 심장의 활동력을 측정), 심도자 검사(심장질환의 특수 치료를 위해 실시하는 정밀 검사), 관상동맥 조영술(심장 혈관을 촬영하는 시술), 심장 전산화 단층촬영(Cardiac CT, 심장을 10mm 또는 5mm 두께의 단면으로 층

층이 촬영), 심전기생리검사(심장의 맥박이 불규칙해지는 부정맥의 원인과 경로를 파악) 등이 있다.

심장병이 생겼을 때 다른 병처럼 약을 먹는 것 외에 수술을 통한 치료방법이 있다. 대표적인 치료방법에는 부분 마취 후 혈관에 작은 관을 집어넣어 엑스레이로 심장과 혈관을 관찰하면서 검사와 치료를 하는 경피적 시술과 가슴뼈를 절개하고 직접 심장을 보면서 치료하는 외과적 수술이 있다.

협심증 환자는 항(抗)혈소판제, 니트로글리세린, 베타 차단제 등의 약물로 치료를 시작한다. 약물치료를 하여도 증상이 좋아지지 않고 심장기능이 떨어지면 관상동맥 조영술을 실시한다. 관상동맥 조영술을 통하여 혈관의 크기와 좁아진 부위 및 정도를 관찰할 수 있어, 환자의 상태가 얼마나 위험한지 판단할 수 있다.

관상동맥 조영술 결과 관상동맥이 정상 혈관보다 60~70% 이상 좁아졌다는 판정을 받으면 '경피적 관상동맥 성형술'을 한다. 관상동맥 성형술은 막힌 관상동맥에 풍선이 달린 카테타라는 기구를 넣어 좁아진 부위를 확장시키는 '풍선 확장술'과 풍선으로 부풀어진 혈관에 특수금속 스프링인 스텐트를 삽입해 혈관벽을 고정하는 '스텐트 삽입술'이 있다.

관상동맥이 좁아진 부위가 여러 곳이거나 스텐트와 같은 경피적 관상동맥 성형술이 어려울 때는 가슴을 절개한 뒤 관상동맥의 막힌 부위를 우회해 피가 흐를 수 있도록 혈관을 연결해 주는 '혈관우회 성형술(개흉수술)'을 한다. 다리의 정맥 혈관을 떼어내 관상동맥의 좁아진 부위를 피해 연결시키거나 가슴 벽에 있는 내유동맥을 직접 원인부위에 연경하는 방법이 대표적이다.

심근경색증은 심근경색이 일어나고 수분 안에 사망하는 사람이 환자의 약 40%나 된다. 나머지 환자에서도 20분이 넘으면 심근 세포의 파괴가 진행돼 6시간이 지나면 거의 모든 심장근육세포(심근세포)가 죽게 된다. 따라서 심근경색이 발생하면 빨리 막힌 혈관을 뚫고 피를 통하게 해야 심근이 죽는 것을 막을 수 있다. 이에 얼마나 빨리 병원에 와서 막힌 혈관을 뚫어주느냐에 따라 생사(生死)가 판가름 나며, 살아나더라도 후유증의 정도가 달라진다.

### (5) 심장질환 예방

세계보건기구(WHO)는 대중교육을 통해 생활습관과 환경을 변화시키면 관상동맥심장질환 원인을 개선할 수 있다고 보고하였다. 대한순환기학회에서도 심장질환 예방을 위한 생활지침을 발표했다. 즉 금연, 식이요법 및 약물치료를 통한 고혈압 조절, 동물성 지방 및 콜레스테롤 섭취 감소로 혈중 콜레스테롤 농도를 낮게 유지, 적절한 칼로리 섭취, 적당한 운동, 당뇨병 치료 등을 권장하고 있다.

미국심장학회(AHA)는 현행 '심장혈관 건강지침'이 제정된 2000년 이후 발표된 90여건의 연구 결과를 분석해 이를 바탕으로 새로운 지침을 마련하여 2006년 6월 19일 발표하였다.

새 지침은 ① 트랜스 지방을 전체 칼로리 섭취량의 1% 이하로 제한하고 포화 지방(동물성 지방) 섭취량도 7% 이하(종전 10% 이하)로 낮추도록 하여 전체적인 지방 섭취량을 줄일 것, ② 시금치·당근·복숭아·딸기 등 짙은 색 과일과 채소를 섭취할 것, ③ 가공하지 않은 곡물과 섬유질 많은 식품을 섭취할 것, ④ 연어·송어 등 생선을 일주일에 2번 이상 먹을 것, ⑤ 탈지 우유나 지방이 1%인 저지방 우유를 선택할 것, ⑥ 음료를 통한 칼로리 섭취를 최소화하고 가당(加糖)음료를 피할 것, ⑦ 염분(소금)을 피할 것, 8)술은 적당하게 마실 것, ⑧ 하루에 최소 30분 이상 운동할 것 등을 권고하고 있다.

### (6) 바람직한 식생활

최근 우리의 식생활이 서구화되면서 질병도 빠르게 서구화되는 추세를 보이고 있다. 우리나라의 전통 식생활은 육식이 비교적 적고 채식 위주로 이루어져 있기 때문에 매우 이상적인 건강식이다. 그러나 최근 육류 소비가 급증하고 몸에 해로운 햄버거와 같은 정크 푸드(junk food)와 각종 튀김 음식의 섭취가 늘어나면서 국민 건강측면에 나쁜 영향을 미치고 있다.

심장병 예방을 위한 바람직한 식생활은 ① 매일 먹는 음식의 전체 칼로리에서 포화지방산은 10% 이하로 한다, ② 섭취하는 콜레스테롤은 1000kcal당 100mg 이하로 하여 하루 300mg을 넘지 않도록 한다, ③ 단백질은 전체 섭취 칼로리의 15%를 넘지 않게 하고 탄수화물은 50~55%가 되도록 한다, ④ 나트륨(소금) 섭취량은 하루 3g 정도로 한다, ⑤ 여러 가지 식품을 골고루 섭취하며 전체 칼로리는 정상 체중을 유지하는데 필요한 양만을 먹는다, ⑥ 채식을 위주로 하는 우리나라 전통식단은 심장병 예방에 이상적이다.

**〈심장에 좋은 식품〉**

1. **등 푸른 생선** : 연어, 고등어, 참치 등의 등 푸른 생선에 들어 있는 불포화(不飽和)지방의 일종인 '오메가-3 지방산'은 혈중지방 수치와 콜레스테롤 수치를 낮추고, 혈액을 잘 엉기지 않게 하며, 심장 맥박이 불규칙해지는 악성 부정맥을 예방하는데 효과가 있다. 일주일에 손바닥 크기 정도의 등 푸른 생선 두 토막 정도 먹으면 좋다. 그러나 등 푸른 생선도 기름에 튀겨 먹으면 효과가 크게 감소된다.
2. **채소와 과일** : 채소와 과일에는 혈관 노화를 막아주는 항(抗)산화

물질과 비타민 C와 E가 풍부하다. 이들은 신진대사 과정에서 나오는 노폐물이 혈관 벽에 쌓이는 것을 억제한다. 또한 각종 영양소와 식이섬유가 풍부하고 칼로리가 적어 심장병, 고혈압 등의 위험도를 줄여 준다. 하루 7번 정도 채소와 과일을 섭취할 것을 권장한다. 즉, 세 끼 식사 때와 간식으로 과일이나 당근, 오이 등을 먹으면 좋다.

3 **견과류** : 호두, 땅콩, 잣 등 견과류에 들어 있는 불포화지방산은 혈관을 보호하고 혈액이 끈끈하게 되는 것을 막아 심혈관 질환을 예방하고 노화를 방지하는 데 효과가 있다. 하루에 호두는 한두 개 정도, 땅콩과 잣을 한 주먹 정도면 된다. 견과류는 지방함량과 열량이 높으므로 많이 먹으면 살이 찌게 된다.

4 **콩** : '밭에서 나는 쇠고기'로 비유되는 콩에는 단백질과 생물학적 활성을 지닌 이소플라본(isoflavon)이 풍부하여 혈액 흐름을 좋게 하고 혈관을 깨끗하게 유지하는데 도움을 준다. 콩에 함유되어 있는 식물성 단백질을 섭취하면 나쁜 콜레스테롤(LDL Cholesterol)과 중성지방이 감소된다. 특히 대두, 검정콩 등이 좋으며 두부 등 콩제품도 좋다.

5 **마늘, 양파** : 마늘이나 양파에 들어 있는 휘발성 물질인 알리신 성분은 혈중 지방수치를 낮추어 준다. 또한 마늘은 흡연에 의한 혈관손상을 막아주고, 동맥경화를 지연시키는 효과도 있다. 그러나 마늘을 과다하게 먹을 경우 지혈장애 등이 생기므로 하루에 2~3쪽 정도 먹으면 적당하다. 미국 국립암연구소는 마늘을 항암식품으로 추천하고 있다.

6 **해조류** : 미역, 다시마, 김 등 해조류는 혈관 보호 작용을 한다.

**<심장에 나쁜 식품>**

1 **트랜스지방**

트랜스지방(trans fat)은 빵, 과자, 튀김류 등을 만들 때 사용하는 반고체기름(쇼트닝, 마가린 등)에 들어있다. 식품의 고소하고 바삭바삭한 맛을 내기 위하여 트랜스지방을 넣는다. 식물성 지방을 쇼트닝(shortening)이나 마가린(margarine)등 반고체 상태로 만들때 기름이 산패하는 것을 막기 위해 수소를 섞는다. 이 과정에서 트랜스(전이)지방이 생성된다.

트랜스지방은 혈관에 나쁜 영향을 미치는 식물성 불포화지방으로 각종 튀김, 과자, 빵, 케이크, 팝콘 등에 많이 들어 있다. 가공식품에 들어있는 트랜스 지방 함량은 <표 11-6>과 같다.

<표 11-6> 가공식품의 트랜스지방 함량

(단위 : g)

| 구분 | 함량 |
|---|---|
| 튀김류 | 감자튀김 1봉지(100g) 4.6, 오징어 튀김 1개 0.6, 닭튀김(치킨 1조각) 0.4 |
| 빵, 과자, 스낵류 | 전자레인지용 팝콘 1봉지(100g) 24.9, 크루아상 1개 4.6, 페이스트리 1개 4.6, 초콜릿 입힌 과자 1봉지(100g) 3.2, 케이크 1조각 3.1, 마가린 발라 구운 토스트 1장 2.8, 비스킷 1봉지 2.2, 파이 1조각 1.6, 스낵 1봉지(80g) 1.0, 꽈배기 1개 0.8, 도넛 1개 0.7, 식빵 1장 0.4 |
| 패스트푸드 | 햄버거 1개 0.7, 핫도그 1개 0.4 |

자료 : 식약청 2005년 발표

심혈관계 질환을 일으키는 가장 큰 요인은 포화지방과 트랜스지방 섭취이다. 특히 트랜스지방은 혈액 속의 나쁜 콜레스테롤(LDL)을 증가시키는 동시에 좋은 콜레스테롤(HDL) 수치를 낮추기 때문에 포화지방보다도 건강에 더 해롭다. 이에 트랜스 지방이 심혈관계 질환의 주범으로 지목을 받고 있다. 또한 트랜스 지방은 비만, 당뇨병, 노화의 원인으로도 지적되고 있으며, 특히 지방조직을 복부(腹部)에 쌓이게 유도하여 복부비만의 원인이 된다. 트랜스 지방은 우리 몸의 신진대사를 서서히 떨어뜨리고 세포 기능을 마비시켜 노화를 촉진시킨다.

하루에 섭취하는 전체 칼로리에서 트랜스지방 섭취가 2%만 늘어도 심장병 발병률은 23%나 높아진다. 이에 덴마크에서는 2005년부터 트랜스지방이 2% 이상 들어 있는 식품은 유통을 금지하고 있다. 미국심장학회(AHA)는 2006년에 발표한 '심장혈관 건강지침'에서 트랜스 지방을 전체 칼로리 섭취량의 1% 이하로 제한하도록 권고하고 있다. 미국 뉴욕시 보건위원회 결정에 의하여 2007년 7월 1일부터 뉴욕 시내 모든 식당에서 트랜스지방이 함유된 튀김기름 사용이 금지되며, 2008년 7월 1일부터는 모든 종류의 음식에 트랜스지방을 사용할 수 없다.

2 **포화지방** : 동물성 식품에 들어 있는 포화지방(飽和脂肪)을 섭취하면 우리 몸에 나쁜 LDL-콜레스테롤이 증가한다. 육류 섭취가 증가하면서 포화지방 섭취량도 늘어나 성인의 경우 대장암, 유방암 등 각종 암도 증가하고 있다.

포화지방은 흰색 고기에 비해 빨간색 고기에 더 많이 함유되어 있다. 육류를 기름에 튀겨 먹으면 포화지방으로 인한 피해는 더욱 커진다. 고기를 푹 삶아서 기름기를 건져 내거나, 굽는 조리 방법으로 지방을 줄일 수 있다.

3 **콜레스테롤** : 콜레스테롤은 일종의 기름과 같아 물에 녹지 않고 혼자서는 혈액 속에 존재할 수 없지만, 지단백(脂蛋白)이라는 단백질과 결합해 수용성으로 탈바꿈해 혈액 속에 머문다. 지단백

에는 저밀도지단백(LDL)과 고밀도지단백(HDL)이 있다.

저밀도(低密度)지단백과 결합한 콜레스테롤은 저밀도단백 콜레스테롤(LDL Cholesterol)이라고 하며 총 콜레스테롤 양의 60~70%를 차지하고 있으며, 심장병을 일으키기 때문에 '나쁜 콜레스테롤'이라고 불린다. 반면 고밀도지단백과 결합한 고밀도지단백 콜레스테롤(HDL Cholesterol)은 혈액 속 콜레스테롤을 제거해 심장병 예방에 '좋은 콜레스테롤'이다.

[4] **소금** : 소금은 적게 섭취할수록 심장혈관 보호뿐만 아니라 우리 몸 전체 건강유지에도 좋다.

Chapter 12

# 가장 두려워하는 질병

우리나라 노인들이 가장 두려워하는 질병 중 1위는 치매(35.4%)이며, 2위 뇌졸중(26.5%), 3위 암(24.9%) 순으로 나타났다.

## 1. 치매

### (1) 세계 치매의 날

9월 21일은 '세계 치매의 날'이다. 독일의 신경과 의사 알쯔하이머(Alois Alzheimer, 1864~1915)가 치매에 걸린 50대 여자를 4년 동안 추적 조사해 뇌 신경조직의 손상이 원인이라고 1906년 학계에 보고하였다.

치매(dementia)는 뇌의 기질적 변화에 의한 후천성의 회복될 수 없는 지능장애이다. '알쯔하이머병(Alzheimer's disease)'은 노인성치매로 신경계섬유의 병변 및 피질경화(皮質硬化)를 특징으로 하고, 소위 초로성반점이 나타난다.

평균 수명이 늘면서 증가하는 대표적인 질환이 치매다. 일명 노망(老妄)이라 불리는 치매(癡呆)는 지능이나 학력 수준과는 무관하게 발병하기 때문에 더욱 공포를 느끼는 질병이다. 치매는 주로 노년기에 많이 생긴다. 치매의 유병률은 65세 이상에서는 약 5~7%, 80세 이상에서는 약 20~30%에 이른다.

치매환자는 통상 노인 인구(서울 75만 1,400명)의 8.2%(서울 6만 1,615명)로 잡는다. 고령화 추세로 치매환자 수가 늘고 있어 서울의 경우 2010년에는 7만 5,000명이 넘을 것으로 예상하고 있다. 우리나라 치매 노인은 약 38만 명으로 추산되며, 치매환자로 인한 사회경제적 손실은 2조 8,000억원에 달한다.

'노인의 저주'로 불리는 치매(노망)는 거의 완치가 되지 않고 보통 8~10년, 길게는 20년 동안 천천히 죽음을 향해 다가갈 뿐이다. 미국의 레이건 전 대통령은 "인생의 황혼으로 가는 여행을 떠난다."며 치매에 걸린 사실을 고백하였으며 결국 치매로 2004년 93세에 사망하였다.

치매 환자 관리는 가족의 보살핌이 제일 좋다. 그러나 가족의 고통이 엄청나 누가 모시느냐로 형제간 의가 상했다는 예기는 허다하다. 밥 한 끼 드시게 하는 것도, 목욕을 시켜드리는 것도 모두 전쟁이다. 툭하면 가출을 하므로 밖에서 문을 잠가버리는 집도 많다. 이에 치매는 환자 개인은 물론, 가족까지 파괴하는 고령 사회의 최대 적(敵)이다.

전국에 노인 요양시설이 540여 곳이 있으나 3만 5,000명 정도 수용할 수 있다. 민간 시설에 치매 노인을 부탁하면 한 달에 100만~250만원을 지불해야 한다. 일반 가정에서는 부담스러운 금액이다.

일본에서는 64세 이하에 나타나는 치매를 '중년 치매'라고 부르며 약 10만 명으로 추산한다. 중년 치매는 처음에는 가벼운 건망증에서 시작해 언어장애와 이상 행동 등을 나타내게 된다. 중년 치매는 '노인 치매'와 다른 형태의 간호가 필요하다. 우리나라도 중년 치매가 증가하고 있으며 전체 치매 환자의 약 5%를 차지하고 있다.

### (2) 치매와 건망증

최근 치매가 일반인에게 많이 알려지면서 건망증을 치매로 여겨 병원을 찾는 사람도 많다. 그렇다면 치매는 건망증과 어떻게 다를까?

건망증은 일시적으로 기억해야할 것을 자주 잊어버리는 일종의 기억 장애이다. 치매는 기억을 되살리지 못하지만, 건망증의 경우에는 누군가가 말해 주면 자신이 잊었다는 사실을 금방 깨닫게 된다. 사람의 뇌세포는 30세 이후 위축되기 때문에 누구나 나이가 들면서 기억력이 다소 저하되는 것은 자연스러운 현상이다. 또 건망증은 시간이 어느 정도 지난 일을 주로 잊어버리지만 치매는 최근의 기억부터 잊어버린다. 따라서 치매 환자는 며칠 전에 들었던 이야기를 잊어버려 같은 질문을 반복한다.

건망증은 안경을 둔 장소라든지 약속시간이라든지 단편적인 일을 잊어버리지만 치매는 자신에게 일어났던 일 전체를 잊어버린다. 가령 "약속이 있었는데 어디서 몇 시에 모이기로 했더라?"고 말하면 건망증이고 "뭐? 나는 그런 약속을 한 적이 없다."고 하면 치매일 가능성이 높다.

또 건망증은 우울증이나 불안, 불면증, 폐경 후 증후군 등의 질환을 가진 중년 주부나 기억할 일이 많고 걱정거리가 많은 중년 남자에게서 자주 나타난다.

### (3) 치매란

우리가 흔히 노망(老妄)이라 부르는 치매(癡呆)는 정상적으로 성숙한 뇌(腦)가 후천적인 질병이나 외상 등 외부 요인에 의해서 기질적으로 손상 내지는 파괴되어 전반적으로 기억, 지능, 학습, 언어 등의 인지 기능과 고등 정신 기능이 감퇴하는 복합적인 임상증후군을 말한다.

즉, 치매란 지적 수준이 발달한 사람에서 뇌의 손상으로 인하여 지적 능력이 상실되는 경우로서, 병이 진행되면서 기본적인 생활 능력 및 운동장애까지 초래하게 되는 신경정신계 질환이다.

치매의 원인 질환으로는 70~80가지가 알려져 있다. 즉, '알쯔하이머'병 치매, 뇌혈관성 치매, 알코올 같은 물질로 유발된 치매, 두부 외상과 관련된 치매, 바이러스 등의 감염에 의한 치매, 영양이나 대사장애로 인한 치매, 염증에 의한 치매 등이 있다.

그중에서 알쯔하이머병이 가장 흔히 발생되는 치매로 전체 치매의 약 50%를 차지하고 있다. 혈관성 치매는 10~15%, 그리고 알쯔하이머병과 혈관성 치매가 동시에 발생하는 경우는 약 15%인 것으로 알려져 있다. 우리나라에서는 알코올성 치매, 두부 외상 후에 오는 치매 등도 문제가 되고 있다.

알쯔하이머병의 원인은 아직 모르고 있으며, 다만 유전적 요인이 20~40%, 환경적 요인이 60~80% 정도 영향을 미치는 것으로 추정하고 있다. 환경적 요인으로는 스트레스, 우울증, 고혈압, 당뇨병 등 뇌혈관에 영향을 미치는 생활습관병 등이 원인으로 추정되고 있다. 대개 60대 이후에 발병하지만 실제로는 40대부터 서서히 진행되므로 혈관 건강에 해로운 흡연, 음주 등을 자제하고, 뇌세포에 충분한 혈액을 공급하기 위해 걷기 등 유산소 운동을 규칙적으로 하는 것이 바람직하다.

현재 아일랜드, 스위스, 일본에서 알쯔하이머병 예방 백신을 개발하여 임상실험 중에 있다. 이 백신들은 모두 알쯔하이머 환자의 뇌 속에 생성돼 정상 세포들을 고사(枯死)시키는 아밀로이드 단백질을 차단하는 기능을 한다. 백신 개발이 순조로울 경우 5~10년 안에 알쯔하이머 예방접종을 받는 시대가 올 것으로 예상된다.

### (4) 치매 증상과 진단

치매는 단순한 기억장애가 아니라 다른 여러 인지 기능 장애가 동반돼 사회생활이나 일상생활에 지장을 준다.

치매 초기에는 정신적인 일을 할 때 피로해 하고 힘겨워하며 복잡한 일을 하기 힘들어 한다. 결국은 간단한 일이나 기본적인 일상생활조차할 수 없는 상태로 변하게 된다. 기억장애 및 언어 능력에 장애가 나타나 물건 이름을 잊어버리기도 한다. 성격도 변하고 자극에 쉽게 과민해 지며, 피해망상 증세를 보이기도 하며 폭력적이고 공격적인 면을 보이기도 한다. 우울 및 불안 증세를 나타내기도 한다. 말기에는 대소변도 가리지 못하게 된다.

치매를 초기, 중기, 말기 등 3단계로 나눌 수 있다. 치매 전 단계인 경도인지장애도 최근 부각되고 있다. 경도 인지장애는 치매 초기와 증세가 비슷하지만 그 정도가 덜한 것이다.

초기엔 기억력 감퇴가 먼저 생긴다. 방금 전 있었던 일을 잊어버리고 같은 말을 반복한다. 또 단어나 물체의 이름을 찾는 데 어려움을 느끼며 자주 물건을 잃어버리는 등 건망증이 자주 나타난다. 처음에는 본인만 기억력 감퇴를 느끼지만 점차 주변의 동료나 가족도 알게 된다.

전날 저녁에 뭘 먹었는지 기억이 안 나고, 계획을 세울 수 없거나 두 가지 일을 동시에 처리할 수 없다면 치매 초기 단계가 아닌지 의심해야 한다. 이런 증상이 나타나면 뇌의 집중력과 계획 기능을 자극하는 활동이 필요하다.

중기에 접어들면 최근에 있었던 중요한 사건을 기억하지 못하고 자주 만나지 못한 친척이나 친구도 알아보지 못한다. 또 시간이나 장소에 대한 개념이 떨어져 혼자서 조금 먼 곳에 외출하기 힘들어진다. 그러나 잘 아는 장소는 찾아갈 수 있다.

말기가 되면 최근에 일어났던 사건은 거의 기억하지 못하고 과거에 대해서도 대략적으로만 알고 있다. 가족, 심지어 배우자의 이름도 잊는다. 올해가 몇 년인지와 현재 있는 장소도 알지 못한다. 환각과 망상이 자주 나타나 헛것이 보인다고 한다. 아주 말기가 되면 언어소통이 불가능해지고 식사하는 방법도 잊어버리고 걷지도 못하는 상태가 된다.

치매의 진단은 대부분 환자의 경과 및 임상 양상에 의존하며 기억력, 언어력, 지남력, 실행 능력 등을 위주로 하는 신경인지 기능검사가 사용되고 있다. 유전학적 지표나 뇌영상의 급속한 발전에 따라 조기 발견의 가능성을 제시하고 있다.

일반적으로 노인성 치매환자들은 기억력 감퇴, 언어 능력 감퇴, 청각 등의 감각이 떨어지면서 초조, 불안 등의 정서적 불안정, 피해적인 사고 및 강박적 집착 등의 성격 변화를 보일 수 있다. 문제 행동으로는 수면장애, 환청, 환각으로 인한 야간 착란 및 과격한 행동을 자주 보일 수 있다. 또한 배회 및 성기 노출 등의 성적 문제를 보여 가족들을 당황하게 할 수도 있다.

치매환자의 가족은 논쟁을 하거나 같이 화를 내는 방법보다는 개방적이며 포용적인 태도가 필요하다. 또한 조기에 전문가와의 상담을 통해 이러한 증상에 대해 효과적으로 대처할 수 있으므로 수치심이나 죄책감으로 인해 환자의 치료 시기를 놓쳐서는 안 된다. 또한 치매는 만성 경과와 기능상실로 인해 환자에게 들어가는 치료 비용이 비교적 높기 때문에 가족들에게 부담이 되기도 한다.

기억 기능, 주의 기능, 언어 기능, 사고력 가운데 어느 하나가 현저하게 떨어진 노인들의 약 30%는 치매에 걸린다. 특히 75세를 경계로 치매에 걸릴 확률이 급격히 높아지기 때문에 60대 후반부터 치매 예방에 노력하여야 한다.

### (5) 예방 및 치료

치매를 예방하기 위해서는 금연, 적절한 운동 등 건강한 생활 습관을 갖는 것이 중요하다. 취미생활의 경우 세밀한 손동작을 필요로 하는 서예, 자수, 그림그리기 등이 좋다. 매일 TV나 신문, 잡지를 읽으면서 두뇌 활동을 지속하는 것이 좋다. 글을 쓰거나 일기를 매일 쓰는 것도 기억력을 유지하는 방법이다.

과거 노망, 망령으로 일컬어지며 불치의 병으로 인식되어 왔던 치매가 현재는 약물치료제의 개발로 치료 가능한 질병으로 바뀌어 가고 있다. 치매는 각종 신체 질환을 동반하고 있기 때문에 신체적, 정신적, 사회적인 종합 치료가 필수적이다.

치매의 치료 원칙은 의학적 치료로서 개개인에 초점을 맞추어야 하며, 지속적인 관리가 필요하다. 치료 영역은 인지 기능 증진과 행동·정신 증상의 완화에 두고 가족도 환자와 함께 치료의 대상이 되어야 한다. 치료 목표는 독립적인 일상생활 유지, 지속적인 사회 활동 참여, 보다 나은 삶의 영위와 인격적인 존엄성 창조에 두어야 한다.

아리셉트, 엑셀론, 레미닐 등이 초기 중기 치매환자에게 사용되며, 최근엔 중기와 말기 치매 환자에게 사용되는 에빅사라는 치료제도 나와서 증세 호전에 도움을 준다. 하지만 이들 약제는 근본적인 치료제라기보다는 증세를 늦춰 주는 보조 요법에 해당된다. 유전적 치료나 알츠하이머병의 주원인인 아밀로이드 단백질 효소를 막아 주는 약물 등이 동물 또는 임상시험 중이지만 아직 효과적인 치료제는 나와 있지 않다.

대표적인 치매인 알쯔하이머병과 혈관성 치매의 치료 원칙은 다음과 같다.

알쯔하이머병의 치료 원칙은 1) 약물치료를 통한 증상의 완화 및 병의 급속한 진행의 억제, 2) 지속적이고 일관성 있는 치료, 3) 환자 및 가족의 정신적·사회적 종합치료 등이다.

혈관성 치매의 치료 원칙은 1) 급성기에는 뇌조직 괴사방지 및 최소화에 중점을 두어야 하며, 2) 만성기에는 뇌졸중의 재발 방지 및 위험인자 조절 등 재활 치료에 중점을 두며, 3) 재활 치료로 예방 가능한 합병증의 예방, 뇌졸중으로 인한 증상 치료 등 장애에 대한 기능적 재활로 일상생활 수행 능력 및 삶의 질 회복에 중점을 둔다. 치매의 예후는 약 10~15%는 조속한 원인 규명 및 적절한 치료 시 가역적(可逆的)일 수 있으나, 대부분의 경우는 비(非)가역적으로 점진적으로 진행된다.

최근 재미(在美) 한국인 과학자 이정웅 박사(하워드휴즈 의학연구소)는 유전자는 정상이지만 단백질 합성 과정에서 재료 하나가 뒤바뀌면 치매(알쯔하이머)나 헌팅턴병 같은 퇴행성 뇌질환이 일어날 수 있다는 사실을 밝혀냈다. 〈네이처〉지에 발표(2006년 8월)된 논문에서 단백질을 이루는 아미노산 중 하나가 유전자가 정한 것과 다른 것으로 뒤바뀌면 뇌질환을 유발하는 독성 단백질이 축적됨을 동물 실험을 통해 처음으로 규명했다. 뇌세포에 독성단백질이 축적되면 퇴행성 뇌질환이 발생한다.

치매는 예방처럼 좋은 치료제가 없다. 치매를 예방하기 위해서는 균형 잡힌 식사, 적당한 운동, 금연, 절주 등 건강한 생활 습관을 갖는 것이 중요하다. 취미생활의 경우 세밀한 손동작을 필요로 하는 서예, 자수, 그림그리기 등이 좋으며, 매일 TV나 신문, 잡지를 읽으면서 두뇌 활동을 지속하는 것이 바람직하다. 글을 쓰거나 일기를 매일 쓰는 것도 기억력을 유지하는 방법이다. 또한 두부(頭部) 손상을 조심하고, 고혈압, 당뇨, 심장병 등 성인병을 조기 발견 및 치료가 중요하다. 긍정적인 마음으로 생활하며 봉사활동 등의 사회적 활동이 함께 이루어져야 한다.

또한 뇌(腦)에서 신경에 자극을 전달하는 시냅스의 수가 줄어들면 치매에 걸릴 확률이 높은데, 크게 웃거나 속 시원히 울어버리는 적극적인 감정 표현이 시냅스를 늘릴 수 있다. 운동도 치매 예방에 도움이 된다. 뇌의 혈류를 좋게 하는 유산소운동은 치매 예방에 필수적이며, 저녁 운동은 하루의 생체 리듬을 바로 잡아 기억 기능을 개선하는 효과가 있다.

치매를 예방하려면 ① 뇌에 산소와 영양분을 원활히 공급해야한다. ② 계속적인 정신 활동(신문, 라디오, TV 등을 통하여 현실 생활에서 멀어지지 않도록 한다.) ③ 적당한 신체적 운동(산책, 달리기, 등산, 수영 등 신체적 조건에 맞는 운동을 한다.) ④ 취미생활(독서, 바둑 등) 및 사회 봉사활동 참여, ⑤ 부부간의 사랑, ⑥ 금연과 절주, ⑦ 균형 잡힌 식사(비타민 E, 엽산을 많이 섭취한다.) 등이다.

포도에 함유되어 있는 폴리페놀 성분인 레스베라톨(resveratol)은 치매를 예방하는데 도움이 된다. 포도씨에는 카테킨(catechin) 성분이 있어 항암 및 항산화 효과가 있다.

### (6) 치매 노인의 영양관리

치매는 대뇌기능에 이상이 생겨 기억력, 사고력, 이해력, 계산 능력, 학습 능력, 언어력, 판단력 등의 장애를 나타내는 질환이므로 치매노인은 식품 섭취에 많은 제한점을 가지기 때문에 영양불량에 걸릴 위험이 높아진다.

우리나라 노인을 위한 영양권장량에 맞추어 식사를 제공한다. 치매 노인이 과체중이나 비만인 경우 체중 감량을 위하여 열량을 제한하며, 체중 감소가 있거나 음식 섭취를 거부하는 경우 열량 밀도가 높은 식품을 이용한다. 또한 치매 노인의 활동량이 많은 경우 이에 맞게 에너지 섭취량을 증가시켜야 하며, 오히려 활동이 감소하고 누워서 지내는 시간이 많은 경우 에너지 섭취량을 감소시켜야 한다. 열량의 급원은 소화가 잘되는 탄수화물 식품이 좋다.

치매 노인을 위한 영양관리의 목표는 균형 잡힌 식사를 통하여 치매 상태의 악화를 방지하고 신체 건강을 유지시키는 것이다. 치매 노인의 식사 문제는 기억력이나 판단력의 감퇴로 인하여 혼자서 식사하기가 어렵다는 것이다. 또한 먹을 수 있는 것과 먹을 수 없는 것의 구별이 잘되지 않고, 기억력의 감퇴가 심화되면 식사한 사실을 잊어버리고 바로 전에 식사를 하고도 음식을 요구한다. 음식을 삼키기 어렵거나, 수저 등으로 음식을 먹일 때 입을 벌리거나 삼키는 것을 거부하기도 한다. 인식력과 운동력의 손실로 일상생활의 동작들을 수행하는 능력이 떨어지면서 환자 스스로 식사를 하는 능력이 저하되어 타인에 더욱 의존하게 된다.

치매 노인의 식사관리를 위해서는 먹는 모습을 잘 관찰하는 것이 중요하다. 실제로 어떤 것을 먹고 있으며, 얼마나 섭취하고 있는지를 파악한다. 음식 섭취량이 줄어들고 있는 경우는 그 이유를 파악하여 문제점을 해결해야 한다. 치매 노인이 공복감을 호소하는 경우에는 식사량의 부족, 식사한 것을 잊어버리고 있는 것, 약물의 영향, 질환, 또는 정신 심리적 상태로 인한 것인지를 관찰해야 한다. 한 달에 한번 정도 체중을 측정하여 체중의 변화를 살펴본다.

치매 노인에게는 음식을 편안하게 먹을 수 있도록 조용한 음악을

틀어 놓는 등 편안하고 조용하며 즐거운 분위기를 조성하고 천천히 식사할 수 있도록 한다. 강압적으로 음식 섭취를 강요한다든지 소란한 분위기를 만들면 치매 노인의 불안증이 증가되어 정상적인 식사가 어렵게 된다.

특별한 이유 없이 음식의 섭취를 거부하는 경우 구강 내 염증 등 신체적 또는 우울증 등 정신과 질환이 있는지 또는 식단에 치매 노인이 좋아하는 음식이 없는지 등을 살펴본다. 영양 섭취 부족과 체중감소는 노인의 건강을 약화시키므로 질환이 발견된 경우 치료를 받도록 하고, 심리적인 문제인 경우 불만이 무엇인지 알아내고, 환자가 좋아하는 음식을 만들어 준다.

치매 환자가 항(抗)우울제, 진정제 등을 복용하고 있는 경우에는 식욕의 변화나 영양소 필요량의 변화가 나타날 수 있다. 항우울제를 복용하는 환자의 경우 식욕이 증가하고 당질에 대한 탐식이 높아져 흔히 체중의 증가가 일어난다. 진정제는 비타민 D의 활성을 감소시켜 장에서의 칼슘 흡수가 감소되어 뼈의 칼슘이 용해가 증가된다. 따라서 진정제를 복용하는 환자의 경우 골격이 약화될 위험이 높으므로 칼슘과 비타민 D의 섭취량을 증가시키고 일광욕을 하는 것이 좋다. 또한 진정제는 나이아신의 대사에 영향을 준다는 보고가 있다.

### (7) 치매관리 및 예방을 위한 식생활 지침

① 균형 식사로 적정 체중을 유지한다.
② 비타민과 무기질의 공급을 위하여 채소와 과일을 충분히 섭취한다.
③ 변비를 예방하고 탈수를 막기 위하여 수분을 충분히 섭취한다.
④ 비타민 E와 콜린, 무기질 등의 공급을 위하여 콩 및 콩제품을 충분히 섭취한다.

⑤ 단백질의 급원 식품으로 육류 대신 불포화지방산이 많은 생선과 콩 및 콩제품을 이용한다.
⑥ 음식의 간은 싱겁게 한다.
⑦ 알코올의 섭취를 금한다.
⑧ 담배를 피우지 않는다.
⑨ 가능한 스스로 식사할 수 있는 능력을 유지하도록 도와준다.
⑩ 식사 내용은 인식력과 체력이 하루 중 가장 좋을 때인 점심에 중점을 두는 것이 식사량을 높이는데 도움이 될 수 있다.
⑪ 한번에 주는 음식 수는 적게 주어 혼돈을 최소화하고, 한 가지 음식을 먹고 난 후 다시 다른 음식을 내어놓는다.
⑫ 치매 환자는 뜨거운 것을 피할 수 있는 판단력이 부족하므로 적당한 음식 온도를 유지하도록 점검한다.
⑬ 가능한 한 식사 시간을 규칙적으로 하고, 조용한 분위기를 유지하며, 식사에 대한 감독과 보호가 필요하다.
⑭ 조용하고 안정된 분위기에서 식사를 하도록 한다.

치매 환자에게 좋은 식품과 음식에는 과일류와 녹색 채소류(감귤류, 토마토, 딸기, 복분자, 풋고추, 키위, 녹색 엽채류, 당근, 황호박, 단호박죽 등), 식물성 유지류(견과류, 면실류, 홍화유, 콩기름 등), 콩 및 콩제품(두부, 두유, 비지찌개 등), 생선 및 해조류(고등어, 꽁치, 정어리, 명태, 굴, 새우탕, 추어탕, 부추 굴전, 연어구이, 해초 샐러드, 미역 초무침 등) 등이 있다.

치매 노인의 영양관리에는 가족 전체의 노력과 사랑이 필요하며, 어린 아기의 음식을 준비하고 만드는 정성으로 이루어져야 한다. 음식의 섭취량과 활동량, 체중을 수시로 관찰하여 균형 잡힌 식생활이 이루어지도록 하는 것이 가장 중요하다. 치매의 관리에 유용한 것으로 알려진 여러 비타민과 무기질, 콜린, 불포화 지방산 등이 골고루 함유된 식사를 준비하고, 알코올과 담배는 금하도록 하며 염분과 동물성 지질의 섭취를 줄인다. 지속적이고 균형된 식생활을 통한 영양관리로 치매의 악화 방지와 예방이 이루어 질 수 있다.

### (8) 치매 노인을 위한 복지 사업

#### 1 보건소 치매 상담센터

전국 시군구 보건소의 '치매 상담센터'에서는 치매 상담 및 치매 조기 발견을 위한 정밀검사 등을 실시하고 있다. 치매 환자 조기 발견을 위해 치매 간이 사전검사를 실시하고 치매 위험군을 선별하여 치매 전문병원과 연계해 치매 전문의에 의한 신경심리검사 및 신경학적 검사를 포함한 치매 정밀검진을 실시한다.

치매 정밀검진 진단 결과에 따라서 약물 투여, 입원 또는 추후 검진 등 전반적이고 전문적이 치매 치료 및 관리를 하게 된다.

또한 치매 환자로 진단될 경우 보건소 치매환자로 등록해 관리하며 전화 상담, 가정방문 등을 통해 거동이 불편한 치매 노인에게 필요한 노인 용품을 보급하거나 재활기구를 빌려주고 있다. 이밖에 치매 가족모임 실시, 치매 환자 신원 확인용 팔찌 보급, 치매 예방 강좌, 치매 간호 요령 책자 보급, 치매 노인시설 안내 등을 실시하고 있다.

#### 2 치매 노인 홈케어 사업

2006년 서울사회복지 공동모금회와 함께하는 치매 노인 홈케어 사업은 치매 노인을 부양하고 있는 가정에서 '케어 도우미'를 요청할 경우 전문 수발 교육을 받은 케어 도우미를 가정에 직접 방문토록 하여 서비스를 제공하고, 가족의 행복과 건강을 위한 지킴이 활동을 하는 새로운 복지사업이다.

치매 노인 간병에 관심과 열정을 가진 사람은 무료로 치매 노인 케어도우미 교육생 교육 과정을 이수할 수 있다. 교육 과정은 이론 30시간과 실습 30시간 총 60시간이다. 교육 이수 후 센터 치매 노인 홈케어 사업 케어 도우미로 활동할 수 있다. 활동비는 4,500원/기본 4시간이다.

**3 노인 주간보호센터**

연꽃마을 마포 노인 주간보호센터는 주간 보호센터를 이용할 심신 허약 및 치매 노인들을 모집한다. 모집 대상은 마포구 관내 및 인근 지역에 거주하고 있는 65세 이상 심신 허약 및 경증 치매 노인으로 매주 월요일~금요일 9시부터 오후 6시까지 이용할 수 있다.

이용료는 국민 기초생활 수급권자는 무료, 일반은 1일 5천 원, 월 10만 원이며, 기초 간호, 건강 증진, 의료, 위생, 정서・여가 활동 서비스 등을 받으며 중식 및 간식이 제공된다.

## 2. 뇌졸중

뇌졸중은 암에 이어 한국인 사망 원인 2위. 매일 100명 정도가 사망한다. 뇌졸중은 생존을 해도 후유증이 커 장기 관리가 필요하다. 이종욱 세계보건기구(WHO) 사무총장이 2006년 4월 사무실에서 근무 중 뇌졸중을 일으켜 병원에서 응급 수술을 하였으나 애석하게도 사망했다.

### (1) 뇌졸중이란

뇌졸중(腦卒中, cerebral apoplexy)이란 뇌경색(腦梗塞)과 뇌출혈(腦出血)을 통틀어 지칭하며, 뇌졸중은 하루 중 오전에 발생 빈도가 높다. 뇌졸중의 위험 인자에는 고혈압, 심장병, 동맥경화, 당뇨병, 비만, 흡연, 과음, 스트레스, 운동 부족 등이 있으며, 성격적으로 화를 잘 내는 사람은 뇌졸중 위험이 3배 높다.

뇌졸중에는 뇌혈관이 터져 생기는 출혈성과 막혀 발생하는 허혈성이 있다. 출혈성은 혈관의 압력이 갑자기 올라가면서 터지는 것이다. 주로 중, 노년기 고혈압 환자에게 많다. 선천적으로 혈관이 꽈리처럼 튀어나온 동맥류도 뇌출혈의 원인이다.

출혈성 뇌졸중은 어느 날 갑자기 나타난다. 반면 허혈성 뇌졸중은 경고 증상이 있는 경우가 많다. 혈관이 혈전(핏덩어리)으로 완전히 막히기 전에 일시적으로 막혔다가 풀리는 현상이 종종 있기 때문이다. 찻잔을 잡으려다 떨어뜨리거나 단추 채우기가 힘들어지는 경우, 혀가 말려 어눌해질 때 등 전구 증상이 몇십 초에서 몇 분간 나타난다. 이 상태에서 신속히 검사를 받고 치료하면 무사하지만 방치하면 심각한 상황을 맞는다.

목에 꽉 조이도록 매는 잘못된 넥타이 착용 습관이 뇌졸중(腦卒中)을 유발할 수 있다. 넥타이는 목 부위의 혈관을 눌러 뇌의 혈액 순환에 이상을 일으킬 수 있다. 즉, 너무 조여 맨 넥타이는 뇌로 공급된 혈액이 다시 심장으로 돌아오는 길인 경정맥(頸靜脈)을 압박해 뇌졸중 위험을 증가시킨다. 특히 넥타이를 매고 화장실에서 힘을 주거나, 크게 소리를 지르면 순간적으로 뇌졸중을 초래할 수도 있다. 손가락 두 개가 들어갈 정도로 느슨하게 넥타이를 매는 것이 바람직한 착용법이다.

서울 소재 한 병원에서 뇌졸중 진단을 받은 314명의 환자 중

67%(210명)가 대사증후군을 갖고 있었던 것으로 조사됐다. 성별로는 뇌졸중 환자 중 남성의 56%(170명 중 95명), 여성의 80%(144명 중 115명)가 대사증후군을 지니고 있어 여성들에게 대사증후군이 더 위험한 것으로 드러났다. 또한, 아직 증상이 나타나지 않은 무증상 뇌졸중 환자 중에서도 64%가 대사증후군을 가지고 있었다.

뇌졸중은 노령일수록 많이 발생하는 병이다. 노인 인구의 증가와 함께 뇌졸중의 주요 위험 요인인 고혈압, 당뇨 환자들이 늘어나면서 뇌졸중 유병 환자가 증가하고 있는 실정이다. 뇌졸중 입원 발병 연도별 추이를 보면 35~74세 기준으로 1천 명 당 2000년 4.65에서 2003년 5.04로 증가하였다.

뇌졸중은 암 다음으로 많은 사망 원인 2위로 보고 되어 있으며, 단일 질환으로서는 우리나라에서 가장 주요한 사망 원인이다. 더욱이 뇌졸중은 사망하지 않는다 하더라도 반신미비, 언어장애 등의 후유증으로 고생하는 등 질병의 위험도가 매우 높은 질환이다.

뇌졸중의 원인 및 위험 인자에는 고혈압, 당뇨병, 심장병, 부정맥, 심 근경색증, 동맥경화, 고지방혈증, 흡연, 저혈압, 비만 등이 있다. 증상으로 반신불수, 감각이상, 의식 및 정신장애, 대소변장애, 구안와사, 두통, 어지럼증, 구토, 언어장애 등이 나타난다.

### (2) 뇌졸중 예방수칙

뇌졸중의 전조 증상에는 ① 한쪽 팔 다리에 힘이 빠진다, ② 갑자기 혀가 굳어진 것 같고 발음이 어눌해진다, ③ 갑자기 한쪽 얼굴이 저리거나 둔해 진다, ④ 갑자기 한쪽 눈이 침침하여 잘 보이지 않는다, ⑤ 갑자기 생각나지 않는 단어들이 생겨 표현 능력이 떨어지거나 말을 잘 이해하지 못한다, ⑥ 치매 증상이 갑자기 나타난다 등이다.

뇌졸중을 예방하려면 ① 1년에 1~2회 주기적으로 뇌졸중 위험 인자의 발생 여부를 점검한다. ② 성인병(생활습관병) 예방을 위해 절제된 생활을 하고 규칙적인 운동으로 체력을 단련한다. ③ 과로와 스트레스를 피한다. ④ 갑자기 화를 내지 않도록 노력한다. ⑤ 금연, 절주(한 두잔 음주)를 한다. ⑥ 과식을 피하고 설탕, 소금, 동물성 지방 섭취를 줄인다. ⑦ 칼륨이 풍부한 식품(감귤, 곶감, 바나나, 토마토, 참외, 시금치 등)을 충분히 먹는다.

혈압 관리가 뇌졸중 예방의 첫 단추이다. 즉, 가장 문제가 되는 것은 고혈압이다. 약물로 조절이 잘되는 고혈압 환자라도 하루 중 혈압이 늘 일정한 것은 아니다. 환경이나 생체리듬에 따라 비정상적으로 오를 수 있다. 하지만 치료를 받지 않는 고혈압 환자는 하루 종일 혈압이 높다.

스트레스는 불에 기름을 붓는 격이다. 혈압이 높을수록 뇌졸중 위험은 높아진다. 예컨대 분노로 혈압이 60㎜Hg 올랐다고 가정하자. 평상시 혈압이 110/70㎜Hg라면 최고 혈압은 170㎜Hg에 이른다. 만일 혈압이 140/90㎜Hg인 환자라면 수축기 혈압이 220㎜Hg까지 치솟는다. 통상 수축기 혈압이 200㎜Hg를 넘으면 뇌졸중 발생 위험이 상존한다. 화날 때뿐 아니라 성행위나 변비 때문에 복압이 올라가는 상황도 위험하다. 평상시 혈압을 5㎜Hg만 낮춰도 뇌졸중 가능성이 40% 줄어든다.

고혈압 이외에 흡연, 당뇨병, 심장질환, 과음, 비만, 고지혈증 등 혈관벽을 손상시키는 요인은 모두 뇌졸중의 원인으로 작용한다. 특히 이런 원인이 겹치면 뇌졸중 위험이 곱으로 증가한다. 예컨대 고혈압 환자의 뇌졸중 발생률은 5배, 흡연은 3배인데 흡연을 하는 고혈압 환자라면 발생률은 곱하기인 15배 이상으로 증폭된다.

평상 시 위험 인자를 없애고 건강한 생활 습관을 들이는 게 최우선이다. 예컨대 고혈압 환자라 하더라도 약에만 의존하면 혈압이 하루 중 등락이 있지만 약물치료와 운동, 저(低)염식, 소식 등을 생활화하면 혈압은 안정된 상태에서 조절된다.

일단 뇌졸중이 발생하면 초응급 상황이다. 따라서 동네 병원을 전전하지 말고 대학병원급 응급실로 직행해야 한다. 뇌는 두개골이라는 요새에 둘러싸여 혈관이 터지거나 막히면 급속히 뇌압이 올라가 생명이 위험하다. 출혈성 뇌졸중은 출혈 부위의 혈액을 제거하는 등 응급수술이 필요하다. 뇌경색도 혈전용해제 등으로 3시간 이내에 치료해야 효과를 본다. 뇌졸중 환자는 응급 시술로 위기를 넘겼더라도 재발 위험이 늘 있다는 점을 인식하고 평상시 위험 인자 제거에 적극 힘써야 한다.

### (4) 뇌졸중(중풍) 예방 점검표

뇌졸중은 특별한 사람만이 걸리는 것이 아니라 누구에게라도 걸릴 가능성이 있다. 어떤 사람이든 혈관이 노화하여 동맥경화가 올 수 있으며, 과거에는 60대 이후에 많이 발생하였으나 점차 연령이 낮아져 40대에서도 발생 되고 있으므로 늘 조심하여야 한다.

#### 1 날마다 나타나는 증상

머리가 무겁거나 상기(上氣)되거나 한다. 목뒤, 목덜미 부위가 굳어지고 아프다. 눈이 가끔 흐리고 눈앞에 검은 점이 떠다니다가 사라진다. 시야에서 왼쪽 반이나 오른쪽 반이 안 보인다. 가끔 몸이 흔들리고 현기증이 난다. 좌우 또는 한쪽에 귀울림이 있다. 손발이 마비될 때가 있다. 양손이 떨린다. 혀가 잘 안 돌아갈 때가 있다. 무엇을 마실 때 숨이 막힐 때가 있다. 입으로 침을 가끔 흘린다. 혀가 잘 움직일 수 없고 앞으로 내밀기도 어렵다. 찬 것, 뜨거운 것에 대한 손발의 감각이 무딜 때가 있다. 갑자기 팔다리에 힘이 없고 넘어지거나 물건을 떨어뜨리거나 한다. 건망증이 심해졌다.

② 과거에 있던 질병

혈압이 높은 적이 있다. 콜레스테롤이나 중성 지방이 높다는 진단을 받은 적이 있다. 혈당이 높고 당뇨병에 걸린 적이 있다. 심장비대 또는 부정맥이 있다. 통풍이 있다. 갑상선기능 저하증이 있다. 안저(眼底) 출혈이 있다. 비만증이 있다.

③ 좋아하는 음식과 습관

짠 음식을 좋아하고, 기름에 튀긴 것을 잘 먹는다. 대식가인 편이다. 단 것을 좋아한다. 설탕이 든 커피나 홍차를 많이 마신다. 담배를 하루 한 갑 이상 피우며 술을 많이 마시는 편이다.

④ 생활

밤샘이 잦고 생활에 질서가 없다. 잠을 잘못 이루고 만성적인 수면 부족 상태이다. 운동을 거의 하지 않는다. 정신적 긴장이나 스트레스가 많은 편이다.

위의 점검표 중에서 ①에 해당하는 증상이 몇 개 있고 ② ③ ④에도 해당하는 항목이 있을 때에는 반드시 뇌졸중을 예방할 수 있는 적절한 조치를 해야 한다.

### (5) 실비형 노인 전문요양원

서울시가 치매·뇌졸중 등 만성질환 노인의 요양과 치료를 위해 실비형(實費型) 노인 전문요양원을 설립하여 전문 복지재단에 위탁하여 운영하고 있다. 사설(私設) 요양원(월 150만~250만 원)에 비하면 훨씬 저렴한 가격(월 42만 5,000원~70만 6,000원)에 이용할 수 있다. 낮에 치매 노인을 맡기는 주간 보호센터(53곳, 하루 5,000원, 한달 15만 원)와 3개월 한도에서 이용할 수 있는 단기 보호시설(26곳, 월 45만 원)도 있다.

노인 전문요양원은 동부노인센터를 비롯해 6곳(총 575명 수용)이 운영 중이며, 2007년에는 서부노인 전문요양원 등 8곳(총 820명 수용)이 추가로 문을 연다. 서울시가 운영하는 무료 노인 요양시설(11곳, 총 1,227명 수용)은 기초생활 수급권자에게만 이용 자격을 준다.

노인 전문요양원은 치매 노인들의 인지(認知)·언어·운동 능력을 되살리기 위해 다양한 프로그램을 운영하고 있다. 두뇌 회전과 인지 기능을 높이기 위해 그림도 그리고 음악도 감상한다. 낱말 퍼즐, 연상 게임, 악기 연주, 소품 만들기도 자주 사용된다. 또한 운동력을 향상시키고 병도 치료하기 위해 발마사지, 수지침, 한방 진료, 스포츠마사지 등도 병행하고 있다.

Chapter 13

# 암

## 1. 사망 원인 1위

### (1) 암(癌)이란

전염병이나 일반 질환의 경우 외부로부터 침입한 세균 혹은 바이러스에 의해 발병하지만, 암은 우리 몸의 일부가 악성으로 변해 발생한다.

우리 몸속의 정상조직은 세포 수가 일정하도록 세포 분열을 조절하는 반면 암세포의 경우 성장이 통제를 받지 않고 제멋대로 일어나며 계속 분열하며 퍼져나가는 병이다. 따라서 이런 세포들이 많아지면 시간이 지날수록 암세포들은 점점 커지고 정상적인 조직을 파괴하며 새로운 조직에 침윤 또는 림프관이나 혈관을 타고 주요 장기인 폐, 간, 뇌 등으로 퍼져 진행된다.

모든 암의 약 80%는 생활 습관 및 환경적 요인에 의해 발생하는 것으로 알려져 있다. 세계보건기구(WHO)에 의하면 암 발생 원인 중 음식에 의한 것이 약 30%이므로 식이 습관 및 영양 상태와도 관련이 깊은 것으로 알려지고 있다. 그 외 암의 원인으로는 흡연, 음주 등 여러 가지 발암물질에 대한 직접적 노출, 환경 공해, 방사선에 노출, 각종 약물, 바이러스 등을 꼽을 수 있다. 유방암과 대장암의 경우 유전적인 원인에 의해 발생하는 경우가 있다.

암의 주요 증상으로는 배변 습관 또는 배뇨 습관의 변화, 잘 낫지 않는 피부의 욕창·궤양, 비정상적인 출혈이나 분비물, 유방이나 몸의 다른 부위에서 만져지는 덩어리(종괴), 소화불량, 삼킬 때 걸리는 듯한 느낌, 사마귀나 반점의 변화, 지속적인 기침이나 쉰 목소리, 체중감소, 피로감 등이다.

### (2) 암환자 급증

암의 종류는 270여 종에 이른다. 암의 발생 빈도를 보면, 전 인류의 4분의 1이 평생 암과 관련을 맺고 살아간다. 즉, 이들 중 3분의 1은 암 진단을 받지만 다른 원인(사고, 다른 질병 등)으로 사망하고, 3분의 1은 암에 걸린 사실을 모르다가 죽은 후에 부검에 의해 암을 발견하게 되며, 나머지 3분의 1은 암 때문에 사망한다. 이에 암에 대해 공포심을 갖게 되는 것은 당연하며, 현대인에게 가장 무서운 질환은 역시 암이다.

세계보건기구(WHO)는 전 세계적으로 암(癌)으로 사망하는 사람 숫자가 연간(2002년) 600만 명에서 2020년 1,000만 명으로 늘어나며, 매년 암에 걸리는 사람(1,000만 명)도 2020년에는 1,500만 명으로 증가할 것으로 전망했다. 이는 암에 걸리기 쉬운 고령(高齡) 인구 증가와 흡연으로 인한 폐암 발생 빈발로 암 환자가 크게 늘어날 전망이라고 했다.

WHO 보고서에 따르면 전 세계 사망자의 12%는 암 환자이며, 선진국들의 경우 암이 심장병에 이어 사망 원인 2위를 차지하고 있다. 발병 빈도가 가장 높은 암은 남성의 경우 폐암과 위암이, 여성은 유방암과 자궁경부암(子宮頸部癌)인 것으로 조사됐다.

### (3) 사망 원인 1위

우리나라도 사망 원인 1위이자, 한국인 5명 중에 1명(2004년 26.3%)은 암으로 사망하는 등 암환자가 해마다 급격히 늘고 있다. 신규 암환자가 2002년에는 11~12만 명, 2005년 14~15만 명, 그리고 2015년에는 17~18만 명으로 증가할 것으로 예측된다. 연간 6만 5천 명(10만 명당 사망률 133.5명)이 암으로 사망하며, 암으로 인한 사회 경제적 비용이 연간 11조 원에 달한다. 또한 국립암센터에 의하면 암환자는 암 진단 후 53%가 직장에서 사직, 43%는 휴직을 하여 가정에서 경제적으로 생활고를 당하고 있다.

식생활의 서구화와 환경오염 등으로 전 세계적으로 늘어나고 있는 암은 특별한 증세가 없이 진전되며, 자각 증세 역시 암의 진행 상황에 따라 다르다는 점에서 더욱 고질적이다. 게다가 암세포가 일단 생기면 세포의 성장 및 전이는 엄청나게 빨라 몸에 이상이 생겨 진찰을 받게 되면 이미 완치를 기대하기 어려운 상태에까지 이른 경우가 대부분이어서 가장 무서운 불치병의 대명사로 손꼽힌다.

그러나 평소의 식생활이나 습관도 물론 중요하지만 암 조기 발견을 위한 정기검진만 게을리 하지 않는다면 암은 얼마든지 피해 나갈 수 있는 질병이다. 이제 웬만한 암은 내시경, 초음파, CT, PET 등 검진 기술의 발달로 조기 검진이 가능해졌고 조기 검진된 암, 특히 위암, 대장암, 갑상선암, 유방암, 자궁경부암 등은 90% 이상 완치된다. 그러나 4기 위암의 5년 생존율은 5% 미만이며, 말기 유방암이나 대장암도 30% 미만이다. 따라서 조기 검진이 중요하다.

한국인에게 발병률이 높은 폐암, 위암, 간암, 대장암, 자궁암, 유방암 등 6대 암 가운데 현재 증가율이 가장 높은 폐암은 담배만 피우지 않는다면 80% 이상 안심해도 되며, 간암의 경우 간염백신 예방접종

만 확실히 한다면 발병 확률이 거의 없다. 위암, 대장암, 유방암, 자궁암 등의 경우 정기검진으로 비교적 쉽게 발병 여부를 판별할 수 있는 만큼 정기검진을 통한 자신의 건강 체크에 항상 관심을 기울려야 한다. 아울러 암은 가족력과도 밀접한 경우가 많으므로 가족 중 누군가가 암 발병 경력이 있다면 건강에 대해 보다 세심하게 관심을 가질 필요가 있다.

### (4) 암관리 정책

세계보건기구(WHO)는 세계 모든 나라가 국가 암 관리 계획을 수립해 시행할 것을 주문하고 있다. 암 관리 계획에는 암의 예방, 조기검진, 진료 및 재활에 이르기까지 총괄적인 계획의 수립 및 수행, 연구 등이 포함된다.

우리나라는 1980년부터 암환자 등록사업을 실시하고, 1996년 '암 정복 10개년 계획'을 수립하여 추진해 오고 있다. 2001년 6월에는 경기도 일산에 국립암센터(National Cancer Center)를 설립하여 개원했다.

정부(보건복지부)에서는 암에 대한 치료율을 높이고 암으로 인한 사망률을 낮추고자 5대 암(위암, 간암, 대장암, 유방암, 자궁경부암)에 대한 '조기검진사업'을 실시하고 있다.

검진 대상자는 의료급여수급권자(1종, 2종), 건강보험 가입자 중 소득 수준이 일정 수준 이하인 자(보험료 부과 기준 하위 50% 즉, 2006년 경우 건강보험 대상자 중 본인 부담 보험료가 직장은 50,000원, 지역은 60,000원 이하인 자) 등이다.

암 검진을 받으려면 건강보험공단에서 보내온 무료 암검진 대상자임을 증명하는 대상자 표지와 신분증(건강보험증 또는 의료급여증)을 지참하고 검진 기관을 방문하여 검진을 받는다. 검진 결과는 검진을 받은 후 15일 이내에 검진기관에서 직접 알려 준다.

5대 암의 검진 대상, 검진 방법, 검진 주기 등은 다음과 같다. 건강보험 대상자 중 비사무직인 경우 1년에 1회, 사무직과 지역가입자 및 피부양자는 2년에 1회 검진이 가능하다.

위암의 검진 대상은 40세 이상 남녀이며, 검진 방법은 위장조영촬영술 또는 위내시경검사이며, 검진 주기는 2년이다.

간암의 경우, 40세 이상 남녀 중 간장질환(간경변증이나 B형 간염 바이러스 항원 또는 C형 간염 바이러스 항체가 양성으로 확인된 자)이 있는 자에 한하여 간초음파검사와 혈청 알파태아단백검사 병행검사를 받을 수 있다. 다만, 의료급여 수급권자의 경우 간장질환 여부를 모를 경우에는 기초 검사를 우선 실시하고 있다.

대장암의 경우, 50세 이상 남녀를 대상으로 1차 검사(분변잠혈반응검사) 결과 이상 소견이 있을 경우에 대장내시경검사나 이중조영바륨검사를 실시한다.

유방암의 경우, 30세 이상 여성에게 매월 유방 자가검진을 권장하며, 40세 이상 여성을 대상으로 2년마다 유방촬영술을 실시하고 숙련된 의사의 유방 촉진을 병행토록 하고 있다.

자궁경부암은 30세 이상 여성을 대상으로 2년마다 자궁경부질세포검사를 실시한다. 건강보험 가입자의 경우, 당해연도 건강검진 대상자 중 30세 이상 여성 중 희망하는 경우 자궁경부암 검진을 무료로 받을 수 있다.

암 확진을 받은 자는 의료기관에서 암환자 등록 신청서를 발급 받아서 국민건강보험공단에 신청하여야 혜택을 받을 수 있다. 건강보험에서 암환자에 대한 지원이 대폭 확대되었다. 즉, 건강보험이 적용되는 진료비 중 본인이 부담하는 금액이 종전 20%에서 10%고 줄었다. 또한 항암

제 투여 횟수 제한 등 각종 제한 규정들이 완화되면서 보험이 적용되지 않던 비급여가 보험 적용을 받고 있다. 한편 정부는 가정에서 치료 중이거나 용양 중인 암환자를 대상으로 환자의 가정을 직접 방문하여 서비스를 제공하고 있으며, 치료 약품이나 소모품 등을 무료로 지급하고 있다.

암 관리는 국민에게 암에 대한 홍보로 암 예방을 위한 올바른 건강생활을 실천(금연, 절주, 올바른 식이, 예방접종 등)하는 1차 예방, 조기 암 검진을 통한 2차 예방, 그리고 암환자를 치료하고 관리하는 3차 예방으로 나눌 수 있다. 상당수의 말기 암 환자들이 경제적 어려움과 말기 암 관련 증상에 의한 고통에 시달리고 있는 점을 고려하여, 말기 암 환자 삶의 질 향상을 위한 대안으로 '호스피스·완화 서비스' 모형을 개발하고 있다. 따라서 암은 의학적 치료 기술의 개발과 더불어 암을 예방하는 생활을 습관화하고, 정기적인 암 검진을 통해 조기에 암을 발견하여 치료하는 것이 매우 중요하다.

첨단 의학의 발달에 따라 암은 곧 정복될 것이라는 잘못된 믿음을 갖고 있는 사람이 많다. 하지만 아무리 좋은 치료법이 나와도 암 발생 자체를 막을 수는 없고, 일단 발생한 암을 완벽히 치료하기란 아직 요원한 일이다. 결국 암은 정복하는 것이 아니라 고혈압 등 만성질환처럼 관리하는 것이다. 즉, 암을 일으키는 각종 요인을 줄이면서 암을 일찍 발견해 관리한다는 인식이 중요하다.

## 2. 암 예방

### (1) 암 예방 생활수칙

암은 여러 가지 원인, 인자들의 복합적인 작용에 의해 발생하기 때문에 암을 예방할 수 있는 단적인 방법은 없다. 그러나 암의 원인 인자가 뚜렷이 밝혀진 암의 경우 예방이 가능하다. 암의 발생을 막는 '1차 예방'은 암이 발생할 수 있는 환경이나 인자를 방지하고 개인의 건강 행태 및 습관 등을 모두 포함하고 있다.

대한암협회는 '암 예방을 위한 14개 권장 사항'을 제시하고 있다.

① 편식하지 말고 영양분을 골고루 균형 있게 섭취한다.
② 녹황색 채소를 주로 한 과일 및 곡물 등 섬유질을 많이 섭취한다.
③ 우유와 된장의 섭취를 권장한다.
④ 비타민 A, C, E를 적당량 섭취한다.
⑤ 표준 체중을 유지하기 위하여 과식하지 말고 지방분을 적게 먹는다.
⑥ 너무 짜고 매운 음식과 너무 뜨거운 음식은 피한다.
⑦ 불에 직접 태우거나 훈제한 생선이나 고기는 피한다.
⑧ 곰팡이가 생기거나 부패한 음식은 피한다.
⑨ 술은 과음하거나 자주 마시지 않는다.
⑩ 담배는 금한다.
⑪ 태양광선, 특히 자외선에 과다하게 노출하지 않는다.
⑫ 땀이 날 정도의 적당한 운동을 하되 과로는 피한다.
⑬ 스트레스를 피하고 기쁜 마음으로 생활한다.
⑭ 목욕이나 샤워를 자주하여 몸을 청결하게 한다.

우리나라 국립암센터(National Cancer Center)가 권장하는 '암 예방 식사요법'은 다음과 같다.

① 매끼 식사에 두세 가지 이상의 채소 반찬을 섭취한다.
② 고기는 다양한 채소와 함께 먹는다.
③ 나물이나 생채 등 소금을 덜 쓰는 조리법을 선택한다.
④ 과일과 채소를 간식으로 손쉽게 먹을 수 있도록 항상 충분히 준비한다.
⑤ 외식을 할 때는 채소 반찬이 있는 식단을 선택한다.

일본 국립암센터는 '암을 예방하기 위한 12개 지침'을 만들어 국민에게 널리 홍보하고 있다.

① 여러 가지 풍부한 식단을 통해 균형 잡힌 영양을 섭취한다.
② 한 가지 음식을 매일 먹어서는 안 된다. 매일 변화 있는 식생활을 한다.
③ 좋아하는 음식이라도 적당히 먹는다. 지방은 모자라다 싶게 취한다.
④ 술은 즐겁게, 그리고 적당히 마신다.
⑤ 담배는 끊는다.
⑥ 녹황색 채소를 듬뿍 먹는다. 식품에서 비타민과 섬유질을 많이 섭취한다.
⑦ 위와 식도를 편안하게 한다. 짜고 맵지 않게, 뜨거운 음식은 식혀 먹는다.
⑧ 불에 그을린 고기는 돌연변이를 일으키는 발암물질이므로 피한다.
⑨ 곰팡이가 생긴 음식은 절대 먹지 않는다.
⑩ 태양광선을 직접, 오래 쬐는 것을 피한다.
⑪ 땀을 흘리는 운동을 한다.

⑫ 기분은 상쾌하게, 몸은 청결하게 한다.

세계암연구재단(World Cancer Research Fund)과 미국암연구협회(American Institute of Cancer Research)는 '암예방 식생활' 권고안을 제시했다. 식생활을 개선하면 암을 상당부분 예방할 수 있는 것으로 밝혀졌다.

① 일년 내내 여러 종류의 야채, 과일을 즐기되 하루 5회 이상 먹는다.
② 여러 종류의 곡식, 콩, 감자 등을 하루 7회 이상 먹는다.
③ 정제된 설탕은 피한다.
④ 음주는 가능한 한 억제하되 피할 수 없으면 남자는 하루 두 잔, 여자는 하루 한 잔으로 끝낸다.
⑤ 붉은색 육류는 하루 80g 이하로 제한하고 되도록 생선, 닭고기를 섭취한다.
⑥ 지방산, 특히 동물성 지방산의 섭취를 제한하고 대신 식물성 기름을 적당히 섭취한다.
⑦ 소금에 절인 음식은 최소화하고 음식물에 소금은 최소한도로 넣으며 대신 자연산 향료로 맛을 낸다.
⑧ 실온에서 장기간 보존되어 곰팡이 오염 우려가 있는 음식을 피한다.
⑨ 불에 탄 음식은 삼가며, 직접 불꽃에 닿아서 익힌 고기나 생선 또는 훈제 음식은 먹더라도 조금씩만 섭취한다.
⑩ 식품첨가물, 오염 및 잔류 물질은 제대로 규제되는 상황에서는 위험하지 않으나, 그렇지 않은 국가에서는 이들 물질의 섭취를 최소화한다.

### (2) 암 예방 식품

우리 몸이 필요로 하는 열량보다 섭취하는 열량이 불필요하게 많으면 독소를 형성하여 세포에 돌연변이를 일으켜 암을 유발할 수 있다. 따라서 평소 먹는 것을 절제하면서 항암 효과가 입증된 식품들을 꾸준히 섭취하면 암을 예방하는 데 어느 정도 도움이 된다. 암을 예방하는 식품의 효과를 제대로 얻으려면 평소 영양을 골고루 섭취하는 것이 전제되어야 한다.

한편 암환자의 직접 사망 원인 중 약 20%는 영양실조(malnutrition and host tissue wasting)이므로 암환자는 충분한 열량과 단백질을 섭취하여야 한다. 암 종류별 영양실조 발생률은 위암 83%, 폐암 60%, 대장암 60%, 전립선암 56%, 유방암 36% 등이다. 항암 치료도 환자가 정상 체중을 유지하여야 치료가 순조롭게 진행될 수 있다.

① 항암 효과가 입증된 식품 중 대표적인 식품이 버섯이다. 상황버섯, 영지버섯, 꽃송이버섯, 아가리쿠스 등은 이미 많은 연구들을 통해 항암작용이 증명됐다. 최근에는 자작나무에 기생하는 차가버섯이 항암작용이 있다는 연구가 보고되고 있으며, 일본에서는 위암, 간암 등에 효과가 있다고 알려져 있다.

② 미국 국립암연구소가 55세 이상 전립선암 발병 위험이 높은 남성 3만 명을 대상으로 조사한 결과에 따르면 비타민 E가 풍부한 음식이 전립선암을 예방하는 데 유리한 것으로 밝혀졌다. 즉, 강력한 항산화(抗酸化) 작용을 통해 전립선 세포를 암세포로부터 보호하는 것으로 나타났다. 비타민 E는 곡물 씨눈(맥아), 달걀, 콩, 잣, 호두, 녹색 야채, 식물성 기름 등에 많이 들어 있다.

③ 마늘 속의 유황 화합물이 체내 활성 산소를 제거하는 강력한 항

(抗)산화 작용을 발휘해 암세포를 억제하는 것으로 알려져 있다. 참깨에도 항암 성분인 '셀레늄'이 많이 들어 있다. 특히 검정 참깨에만 들어 있는 '안토시아닌'이란 물질이 항산화 및 항암작용에 있어 일반 참깨보다도 강력하다. 녹차의 떫은 맛을 내는 '카테킨'은 암세포의 자살을 유도하는 항암 성분으로 주목 받고 있다.

④ 지방 섭취를 조정한다. 지방의 과다 섭취는 유방암, 대장암, 전립선암 등의 발생을 높인다. 고(高)지방 음식물은 담즙산(膽汁酸)의 분비를 촉진하고, 장내 세균에 의해 발암 촉진 효과를 나타내는 2차 담즙산이 합성된다.

⑤ 덜 정제된 곡물, 과일, 채소 등으로 섬유질을 충분히 섭취한다. 음식물 내 섬유질이 많으면 대변이 증가해 장(腸)운동을 활발하게 하고, 장내의 해로운 물질(발암물질)을 희석함으로써 이들이 장 점막과 접촉하는 시간을 단축시킨다. 또 장내 세균을 조절하고, 신진 대사에서 발생된 독성 이온 등을 흡착해서 배설시킨다. 섬유질은 현미, 보리, 대두, 해조류, 버섯, 야채, 과일 등에 많이 들어 있다.

⑥ 비타민 A, C, E가 많이 든 음식을 먹는다. 이들 비타민들은 발암억제 효과를 인정받고 있으며, 암 치료에도 응용되고 있다. 당근, 토마토, 시금치, 복숭아, 식물성 기름, 호두, 녹색 잎 야채 등에 많이 함유되어 있다.

⑦ 염장식품과 훈제식품 등을 줄인다. 소금은 종양 세포의 형성 과정에 필요한 효소를 활성 시키는 역할을 한다. 또 훈제식품에는 담배 속의 타르와 같은 발암물질이 있어 암 발생률을 높인다. 특히 위암과 식도암 위험성이 커진다.

⑧ 곰팡이 핀 음식을 피한다. 일부 곰팡이 속의 아플라톡신은 간암 발생의 중요한 원인이 된다. 이밖에도 술, 식품첨가물, 인공감미

료 등도 암을 유발하는 것으로 추정되고 있다.

## 3. 암환자 관리

### (1) 암 치료 시스템

암환자는 내과·외과·방사선과·병리과 등의 의사들이 진단·치료 방침 등에 관해 서로 토론하면서 진료해야 치료 성적이 좋다. 그러나 우리나라는 의사 여러 명이 같이 진료하는 다원(多元)진료 체계가 갖추어 있지 않다.

미국에서는 항암(抗癌) 치료가 주로 병원 외래에서 이뤄진다. 입원비가 워낙 비싼 탓도 있지만 환자가 통원 치료를 받으면 항암 치료에 대한 정신적인 부담이 작아 치료에 잘 순응한다. 그런데 우리나라는 입원비가 싸니 대부분 입원해서 치료를 받고 있다.

암환자들이 버섯 등 식품의 효과에 너무 많은 기대를 한다. 식품은 약이 아니라 식품으로 봐야 한다. 또한 근거 없는 민간요법에 매달리고 있는 경우도 있다.

암환자는 암과 같이 살아간다고 생각해야 한다. 암 치료 몇 번 하고 나서 안 된다고 포기해선 안 되고, 당뇨병처럼 치료를 하면서 평생을 살아간다고 생각하는 것이 중요하다. 우리나라 암환자들은 암의 세력에 압도되어 '죽어가는' 반면 구미 선진국 암환자들은 암과 더불어 '살아가고' 있다.

### (2) 암 통보

암 통보는 누가 어떤 방법으로 하는 것이 좋을까? 여기에 정답은 없다. 암 전문의들은 경험에 비춰 통보 시기는 환자가 받을 정신적 충격을 충분히 감안해 결정해야 한다고 조언한다.

비교적 초기 암이어서 완치 가능성이 높은 환자에게는 암 진단 즉시 현 상태와 앞으로 치료 과정을 충분히 설명하여 완치에 대한 자신감을 갖도록 하는 것이 좋다. 반면 치료가 불가능한 3~4기 진행암 환자에게는 늦추는 것이 유리할 수 있다. 의지가 약한 환자에게는 말하지 않을 수도 있다.

누가 통보할 것인가를 두고 의사들은 '가족 중 환자와 정신적 교류가 가장 깊은 사람이 하는 게 좋다'고 말한다. 환자의 생활 환경, 교육 정도, 인생관, 종교 등을 고려해 적절한 어휘를 선택해야 한다. '몇 달 안에 죽는다' 식의 격렬한 표현은 환자에게 정신적 타격을 주므로 피해야 하며, 통보자가 감정에 휩싸여 흥분하거나, 울음을 터뜨리는 비이성적 태도를 보여서는 안 된다.

때로는 단계적 통보 방법을 쓸 수도 있다. 처음에는 '혹이 있어 검사가 필요하다'고 했다가 '검사에서 암세포가 나왔으나 아직 희망은 있다'고 여러 날에 걸쳐 통보할 수도 있다.

### (3) 암환자 심리 변화

미국 정신과 의사 퀴블로 로스 박사는 《인간과 죽음》이라는 책에서 임종 환자 심리를 5단계로 구분하고 있다.

1단계는 '부정의 시기'로 의사 진단이 잘못됐을 것이라 생각하며, 이 병원 저 병원을 찾아 헤맨다. 2단계는 '왜 하필 나에게 이런 병이 생겼느냐'식으로 생각하는 '분노의 시기'이며, 3단계는 '내 자식이 결혼할 때까지만 살게 해준다면…'식으로 생각하는 '타협의 시기'다. 4단계는 슬픔과 침묵에 젖어 아무하고도 얘기하지 않는 '우울의 시기'이며, 마지막 5단계는 죽음을 받아들이는 '수용의 시기'다.

그러나 환자에 따라 각 단계가 순서대로 진행되는 것은 아니며, 여러 단계가 한꺼번에 나타나기도 한다. 또한 죽을 때까지 죽음을 수용하지 않고 침묵으로 저항하다 죽는 사람도 있다.

죽음을 앞두고 있는 말기암(末期癌) 환자들은 무엇을 두려워할까 미국 캘리포니아주립대 패티슨 교수는 ▶ 죽음이 누구도 가보지 못한 미지(未知) 세계라는데 대한 두려움, ▶ 가족이나 친지 동료들로부터, 사회적으로 고립되는 두려움, ▶ 가족을 비롯해 사랑하는 사람과 영원히 헤어진다는 두려움, ▶ 자기 신체가 없어지는데 대한 두려움, ▶ 병에 따른 자기지배능력 상실 두려움, ▶ 고통에 대한 두려움, ▶ 내가 무엇을 위해 이 세상을 살아 왔던가 하는 식의 주체성 상실, ▶ 병(病)들어 어린애처럼 될지 모른다는 퇴행에 대한 두려움 등으로 구분했다.

### (4) 말기환자 증상

말기암 환자들에게 나타나는 대표적인 증상은 통증이다. 진행암 환자 중 60~90%가 통증을 느끼며, 통증 환자 80% 이상이 두 가지 이상 통증을 느낀다. 체중 감소는 보편적인 증상이며 병의 악화를 의미하는 경우가 많다.

우울증이나 수면장애, 메스꺼움과 구토, 변비, 욕창, 부종, 열 증상도 흔하다. 환자들은 암에 걸렸다는 사실과 그 때문에 정상적인 육체적 정신적 기능을 못한다는 사실에 우울해진다. 화를 쉽게 내고, 안절부절못하며, 대화가 단절되곤 한다. 암 환자는 쉽게 피로하고 수면장애 증상이 나타나기도 한다.

변비는 장(腸)운동이 저하되기 때문에 생기며, 마약성 진통제 등은 변비를 악화시킨다. 암이 장을 폐쇄시키거나 누르는 경우에도 변비가 생긴다. 환자가 지속적으로 누워있으면 바닥과 피부가 닿는 곳에 욕창이 생긴다. 면역력이 떨어진 환자가 바이러스나 세균 등에 감염되면 열이 난다. 그밖에 딸꾹질, 숨 가쁨, 근육경련, 호흡곤란, 복수(腹水) 등도 빈번하게 나타나는 증상이다.

### (5) 암환자 삶의 질

국립암센터 조사에 따르면, 암 환자들의 60~80%가 통증을 호소하고, 약 20%의 환자들은 우울증 등 정서적 장애를 가지고 있다. 또한 약 40%의 환자가 원래의 직업으로 복귀를 못해 경제적 곤란을 겪고 있다.

암 치료가 잘 끝난 환자 중 50%는 해결할 수 없는 피로감에 시달리며, 대인관계, 성생활 등 사회생활 전반에 심각한 장애를 가지게 된다. 예를 들면 유방암 환자는 유방 상실로 정서적 고통을 겪고, 부부 관계마저 어려움을 겪는다. 대장암 수술로 인공 항문을 갖게 된 환자들도 대인관계를 회피하는 경우가 많다.

## 4. 위암과 대장암

### (1) 위암

#### [1] 위암 발생

위암은 20세기 초까지만 해도 전 세계적으로 가장 많이 발생하는 악성 종양이었다. 그러나 냉장고를 사용하기 시작하면서 신선한 야채와 과일을 많이 섭취하게 되어 위암의 발생률이 현저하게 줄어들었다.

소화기 계통의 암 중 위암이 한국, 일본의 남자에서는 20% 이상이다. 한국, 일본 등 아시아에 위암이 많은 것은 민족이나 인종의 차이로 보기는 어렵고, 암 발생에 제일 중요한 생활 환경의 차이, 특히 식생활의 차이에서 오는 것으로 추측된다.

위암 유발 요인으로 만성 위축성 위염과의 연관성, 유전적 요인, 식습관, 위 속에 서식하는 헬리코박터 세균, 흡연 등 환경적 요인 등을 들 수 있다.

### 2 위암의 증상

위암은 변화가 많아서 전혀 증상이 없는 경우에서부터 격심한 통증에 이르기까지 당양한 양상을 나타낸다. 그러나 중요한 것은 위암의 증상이 어떤 특성을 가지는 것이 아니라 일반적인 소화기 증상을 나타낸다는 것이다.

위암은 초기에는 별다른 증상이 없는 경우가 대부분이다. 위암이 좀 더 진행되면 복부에 종괴가 만져지고 구토가 나며 복부 팽만감, 상복부 불쾌감, 체중 감소, 빈혈 등이 있다. 위가 헐거나 궤양이 같이 오면 속쓰림 등 위궤양 증상이 나타난다. 다른 신체 부위로 전이되면 황달, 설사, 기침, 신경증상, 열 등의 증상이 나타날 수 있다.

### 3 위암 예방 식생활

음식물의 종류 중에서 어떤 음식물이 암을 잘 일으키는가 하는 것은 논란이 많으나 대체로 짠 음식을 많이 먹는 사람에게서 위암의 발생률이 높다. 고추 같은 매운 음식에 관해서는 아직 그 설이 많다. 술과 담배는 관계가 있다.

위암의 발암물질로 알려진 나이트로조아민(Nitrosoamides)은 위 속에서 형성되는 것으로 소금에 절인 식품, 가공육류, 방부제, 착색제, 방향제 및 인공감미료 등에 많이 함유되어 있는 질산염이 위 속에서 바뀐 것이다.

또한 불에 태운 음식, 훈제식품, 젓갈류 등에는 다른 발암물질인 폴리 시이클릭 하이드로카본(polycyclic hydrocarbon)이라는 물질이 포함되어 있는 것으로 알려져 있다. 염장 채소 및 생선 등과 같이 짠 음식을 섭취하면 위암의 발생 위험도가 4배 정도 높다. 소금을 과다하게 섭취하게 되면 위점막에 손상을 주어 발암물질들의 위 내 작용을 돕게 되는 보조 발암물질의 역할을 하는 것으로 알려져 있다.

이에 위암 예방을 위한 식생활의 개선 방안으로 위암 발생과 연관이 있는 것으로 알려진 식품 즉, 질산/아질산염으로 처리되는 가공 식품을 피해야 하며, 생선이나 채소를 소금으로 절인 염장식품, 훈제식품, 불에 태운 고기, 짜고 매운 음식도 삼가야 할 식품이다.

반면, 신선한 야채나 채소의 섭취를 늘리고, 두부나 고기전과 같이 단백질이 풍부한 식품을 자주 들며, 과일이나 비타민류의 섭취를 지속적으로 하는 것이 위암을 예방하는 식습관이 된다. 비타민 A, C, E는 동물실험에서 항암효과가 인정되었는데 비타민 C의 경우, 위 내에서 나이트로조 화합물의 생성을 억제하는 효과가 인정되었고, 비타민 E는 면역기능의 유지와 위점막에서 발암물질의 작용을 억제하는 효과가 있다.

### (2) 대장암

#### 1 증상

대장(大腸)은 소장(小腸) 끝 부분에서 시작하여 항문까지 이르는 장기로 그 길이는 약 150cm 정도이다. 대장은 소화되고 남은 음식물 찌꺼기를 소장으로부터 받아 그중 수분과 전해질은 흡수하고 나머지는 배설에 적당 변으로 만들어 이를 저장하고 배출하는 역할을 한다.

대장암 증상은 암이 생긴 위치에 따라 달라진다. 우측 대장에 암이 생기면 증상이 비교적 늦게 나타나고 배에 혹이 만져지고 빈혈과 피로감 등 막연한 증상이 생긴다. 반면에 좌측 대장에 암이 생기면 더 빨리 장이 좁아져서 배에 가스가 차고 아프기도 하며, 변이 가늘거나 잘 안 나오고 항문으로 검은 피가 보일 때도 있다.

항문 바로 안쪽인 직장에 암이 생기면 변이 자꾸 마렵지만 잘 안 나오거나 가늘게 나오고 검은 피가 나오는 등 보다 뚜렷한 증상이 나타난다.

대장내시경을 받은 후 혹이 있다면 용종(茸腫)이나 암(癌), 둘 중 하나이다. 장(腸) 내벽에 사마귀처럼 돌출하는 일종의 작은 혹을 용종(폴립 polyp)이라고 한다. 중년 이상 성인의 경우 서구인은 열 명 중 세 명꼴로, 한국인은 열 명 중 두 명꼴로 용종이 발견된다. 용종은 나이가 들수록, 특히 남자에게 더 잘 생긴다. 국립암센터는 대장암은 일반인 기준으로 50세 이상부터 5~10년마다 검사할 것을 권장하고 있다.

용종이 암으로 변할 가능성은 1%가 채 안 되지만 안심할 수는 없다. 특히 용종의 크기가 직경 1cm가 넘을 경우, 조직검사 결과 선종인 경우, 용종이 30개 이상 한꺼번에 발견되는 다발성 용종인 경우 암으로 진행할 확률이 높다. 따라서 내시경으로 발견되는 용종은 모두 제거하여야 한다.

용종은 섬유소와 황산화제를 적게 섭취하는 경우에 생길 가능성이 높다고 알려져 왔으나 최근의 연구결과에서는 그리 큰 영향이 없다고 발표하고 있다. 그러나 불에 태운 육류와 동물성지방의 과다 섭취, 과음 등은 용종의 위험 요인으로 생각되고 있다. 한편 칼슘과 엽산은 용종 예방효과가 있다고 본다.

② 대장암 예방 식생활

대장암은 식생활 습관이 무척 중요하다. 신선한 야채와 과일을 많이 섭취하고 음식물을 골고루 규칙적으로 섭취하는 생활을 하여야 한다. 칼슘을 많이 섭취하고 규칙적인 배변 습관을 지키도록 한다. 한국인의 전통적인 음식, 보리밥, 야채, 김치 등은 대장암의 예방에 적격이다.

섬유소는 자체로 발암물질의 생성을 억제하며 또한 변비를 예방해 줘서 대장점막이 발암물질과 접촉한 수 있는 기회를 줄여 준다. 반대로 지방질이 많은 육류, 특히 쇠고기 섭취는 줄이는 것이 좋다.

식이섬유가 풍부한 음식(신선한 야채, 과일) 섭취, 비타민 C · E · 칼슘 섭취, 적당한 운동 등은 대장암 발생 위험도를 감소시킨다. 한편 동물성 지방, 지나친 당분 섭취, 지나친 음주, 짠 음식이나 굽거나 튀긴 음식 등은 대장암 발생 위험도를 증가시킨다.

## 5. 폐암과 간암

### (1) 폐암

① 폐암과 흡연

지난 2002년 8월에 사망한 코미디언 이주일씨는 사망하기 전까지 TV 공익광고에 나와 "담배 맛있습니까. 그거 독약입니다"라고 강조하면서 금연(禁煙)운동에 앞장섰다. 애연가로 알려진 그가 2001년 10월 폐암 말기 선고를 받은 후 '금연 전도사'로 나섰다.

한국인의 경우 담배를 하루 한 갑 이상 피우면 폐암으로 인한 사망 위험이 4.1배 높아진다. 폐암은 발생 이유가 다른 암보다 분명하다. 즉,

폐암의 90%가 담배로 인해 발생한다. 따라서 폐암 예방은 금연이 우선되어야 한다.

현재 전 세계적으로 약 13억 명이 담배를 피우고 있다. 흡연으로 인한 사망자 수는 매년 약 5백만 명에 달한다. 현재의 흡연 추세가 계속되면 2020년에는 사망자 수가 1천만 명에 육박할 것으로 전망하고 있다.

담배를 피우면 4천여 종의 화학물질(독성물질, 발암물질 등)을 들이마시게 되며, 이들 물질들은 암을 비롯한 각종 질병을 일으킨다. 흡연으로 인해 발생하는 질병의 종류는 계속 늘어나고 있다. 흡연 관련 질병으로 폐암, 후두암, 구강암, 인후암, 식도암, 위암, 췌장암, 자궁경부암, 폐렴 등 각종 폐질환, 백내장, 백혈병, 치주염, 심장마비 및 심혈관계 질환 등이 있다.

### 2 증상과 치료

폐암은 특별한 증상이 없으며 환자가 증상을 자각할 때는 암이 상당히 진행된 상태이다. 초기에 기관지와 폐에 나타나는 증상으로 잦은 기침과 가래가 많으며, 피를 토하는 객혈을 한다. 일반적으로 식욕이 감소하고 체중이 줄며 권태감, 피로, 호흡곤란 등을 느낀다. 잦은 호흡기 질환과 가슴, 어깨 등의 통증을 수반한다. 신경증상, 관절통, 저혈당, 저나트륨증, 청색증, 두통 등이 나타난다.

종양(암덩어리)이 폐의 기관지를 막아 폐렴이 생기기도 하고 암이 더 퍼지면 늑막에 물이 고이고 숨이 차게 된다. 또한 암세포가 혈류나 림프선을 따라 뇌, 간, 뼈 등 신체의 여러 부위에 퍼지게 되면 이에 수반되는 증상이 나타난다.

폐암을 진단하기 위해서는 첫 단계로 종양의 존재를 찾는 과정으로 흉부 방사선 검사, 기관지 내시경 검사를 실시한다. 다음 단계는 발견된 종양을 조직검사하여 암세포의 존재를 확인한 후 종양이 어느 정도 퍼져 있는가를 결정하는 단계로 흉부전산화 단층촬영과 폐 이외 다른 장기에의 전이 여부를 확인한다. 한편 조기검진은 증상이 없는 40세 이상 흡연자 경우 매년 흉부엑스(X)선, 객담, 전선량 흉부단층촬영 검사 등을 받아야 한다.

폐암은 암세포의 크기에 따라 소세포(小細胞)암과 비(非)소세포암(편평세포암, 선암, 대세포암 등 포함)으로 나누어진다. 폐암은 암 세포 종류에 따라 성장 속도와 퍼지는 정도가 다르고 치료도 달라진다.

전체 폐암의 80% 정도를 차지하는 비소세포암는 조기에 발견하여 절제 수술을 한다. 빨리 발견해 한쪽 폐를 완전히 잘라낼 수 있다면 장기 생존을 기대할 수 있으나, 3기 이후에는 화학요법과 방사선치료를 병행하여 치료해야 한다. 한편 소세포암은 성장과 전이 속도가 매우 빨라 수술이 불가능한 경우가 많으며, 항암제 요법을 사용해 치료한다.

우리나라 폐암 환자의 70~75% 정도는 너무 늦게 발견되고 있어 수술이 불가능하거나 수술해도 장기 생존율이 크게 떨어진다. 코미디언 이주일씨의 경우, 비소세포 폐암이었지만 너무 늦게 발견돼 수술을 받지 못했다.

### (2) 간암

#### 1 원인

우리나라 간암(肝癌)의 발생 빈도는 전체 암 환자의 약 10%를 차지한다. 그러나 간암에 걸리면 다른 암보다 훨씬 치명적이다.

간암의 원인으로 환경적 요인과 유전적 요인이 복합적으로 작용한다. 환경적 요인으로 바이러스성 간염, 만성 간질환(혈색소성 및 알코올성 간질환 등), 화학물질(곰팡이에서 유래한 아플라톡신 등), 영양 상태, 호르몬 등이 제시되고 있다.

우리나라에서는 바이러스성 만성 간질환에 의해 간암이 생기는 경우가 가장 흔하다. 특히 B형간염 바이러스성 간질환이 가장 문제가 되며, C형간염 바이러스에 의해서도 간암이 발병한다.

### [2] 증상과 진단

간암은 발생 초기에는 거의 증상이 없다. 암이 진행되어 간기능에 영향을 미칠 정도에 이르면 소화 불량, 식욕 부진, 우측 상복부 불쾌감, 몸이 노곤하고 헛배가 부르는 막연한 증상이 있을 수 있다. 가끔 우측 늑골 아래에서 단단한 것이 만져지거나 통증과 간헐적으로 바늘에 찔린 듯한 아픔이 간 부위에서 느껴진다. 병세가 악화되면 황달이 오고 복수, 토혈 등이 생긴다.

간은 대개의 경우 증대되어 있다. 또한 황달, 복수, 비장(脾臟)비대 등이 나타나나 이는 종양보다는 내재되어 있는 만성 간질환(肝疾患)에 의한 경우가 많다.

간암의 말기 증상은 점차 암세포가 증식함에 따라 정상적인 간 기능을 유지하지 못하므로 여러 가지 간부전의 증상이 나타날 수 있다. 특히 음식을 먹을 수 없도록 소화불량이 심해져서 몸이 쇠약해진다. 암 종괴가 더욱 커져서 복벽을 밀어 올려 겉으로 보아도 종괴가 튀어나온 것이 쉽게 확인될 때도 있다.

간암은 조기에 발견하면 치료가 가능하다. 이에 30세 이상 성인은 간암에 대한 위험도를 평가하기 위한 1차 검진, 간암에 대한 위험도가 있는 경우는 복부 초음파 검사와 혈액검사(혈청 알파 태아성단백 수치 측정)를 6개월마다 시행한다.

3 치료와 예방

간암의 치료는 간절제술, 간이식, 간동맥 화학색전술, 경피적무수알코올주입요법 등이 있으나 간암의 근본적 치료는 수술적인 절제술이다. 간동맥 화학색전술과 전신적 항암 화학요법은 수술이 불가능할 경우 사용되는 보조적 치료법이다.

간암도 다른 암과 마찬가지로 수술을 통해 암 조직을 완전히 제거하는 것이 가장 확실한 치료법이다. 그러나 위암, 대장암과 같이 상당 부분을 잘라내도 살아가는 데 그다지 큰 문제를 일으키지 않는 데 비해 간암은 암을 제거하는 과정에서 어느 정도 이상을 잘라내게 되면 간이 제기능을 발휘하지 못해 환자 생명이 위태로울 수 있다.

비수술적 방법인 간동맥 화학색전술은 간암 조직의 대부분이 간동맥으로부터 혈류를 공급받기 때문에 그 혈류를 차단해 종양괴사를 일으켜 치료하는 방법이다. 이 방법은 시술 후 간 기능이 약화될 수 있기 때문에 황달이나 복수가 심한 환자에게는 시술할 수 없다. 전신적 항암 화학요법은 항암제를 정맥에 주사하는 요법으로 수술 등으로 치료할 수 없는 경우 이용한다.

간암은 예방이 가장 현명하다. 간암의 대부분은 간경변(肝硬變)에서 생기고, 우리나라에선 간경변이 초래되는 가장 큰 원인은 B형간염 바이러스의 감염이다. 따라서 간암을 예방하기 위하여 B형 간염백신 예방접종, 간염바이러스 감염 경로에 노출되지 않도록 주의하여야 하며, 만성 간질환을 가진 환자는 간질환의 관리를 철저히 하고 정기적으로 검진을 받아야한다. B형간염 바이러스 보균자는 정상인과 똑같이 생활해도 되지만 1년에 3회 정도 초음파검사를 통해 간암 발생 여부를 체크해야 한다.

아울러 금연, 위생적인 생활 습관, 고른 영양 섭취 등 올바른 생활

습관을 갖는 것도 중요하다. 또한 가족 중 간염환자가 있으면 가족 사이의 감염 전파를 방지하여야 하며, 적절한 음주 습관(절주)을 생활화하여야 한다.

## 6. 유방암과 자궁암

### (1) 유방암

#### ① 원인 및 증상

유방(乳房)은 여성의 상징이자 모성(母性)의 상징이다. 유방암(mastocarcinoma, cancer of the breast)의 역사를 보면 BC 2~3세기 이집트 유물에서 이 병에 관한 기록이 있다. 대체로 후진국보다 선진국에서 발병률이 높은 질환으로 구미에서는 여성암(女性癌) 중 유방암이 1위이다.

유방암의 원인은 아직 확실치 않으나 음식물의 지방 섭취와 비만증, 가족력, 임신, 출산 및 수유 등이 관계가 있으리라고 추측한다. 유방암의 약 10% 정도는 유전적인 전이로 발생하므로 친정 식구 중 유방암 환자가 있을 경우는 더욱 관심을 가져야 한다.

유방암의 위험 신호로는 종괴(혹), 유두 출혈 등이다. 유방암의 증상은 병기에 따라 차이를 보이나 공통된 증상은 촉지되는 종괴이다. 즉, 유방에 딱딱한 혹 또는 덩어리가 있으면 암을 일단 의심해야 한다. 암세포가 계속 성장하면 섬유소와 유착하여 피부에 보조개 또는 당겨 들어가는 것 등 유방암 특유의 소견을 수반하게 된다.

### 2 치료와 예방

유방암의 조기검진은 35세 이후 매년 임상검진 및 기본적 유방촬영술 검사, 40~49세 여성은 매년 의사에 의한 임상진찰, 매년 유방촬영술/유방초음파 검사, 50~64세는 매년 진찰 및 2년 간격 유방촬영술 검사, 65세 이후 여성은 2년 간격으로 의사에 의한 진찰 및 2년 간격 유방촬영술 검사를 한다.

암은 조기 또는 말기의 병기에 따라 치료법이 달라진다. 유방암 1기는 혹이 유방에 국한되고 혹의 크기가 2cm 이하일 때를 말하며, 2기는 혹이 유방에 국한되어 있고 그 크기가 2cm 이상 5cm 이하이고 겨드랑이의 림프선이 증대되어 있고 그것이 촉진해서 움직일 때를 말한다. 제3기는 암이 유방에 국한되지 않고 더 넓게 퍼져 있는 것이며, 제4기는 이미 유방 부위보다 더 먼 원격 부위에 전이되어 다른 장기에 퍼져 있는 상태이다.

유방암의 치료와 수술은 환자의 전신 상태, 암의 확산, 전이 여부 등이 종합적으로 고려되어야 하며, 근치수술 후 보조요법으로 방사선요법, 화학요법 등을 사용하여 암의 재발률을 감소시킨다. 보조요법은 유방암의 종류, 크기, 겨드랑이의 림프선 침범 여부, 폐경 전후 등의 조건에 따라 차료가 달라질 수 있다.

유방암의 수술 방식은 다른 장기의 악성종양에 대한 수술 방법보다 다양하다. 표준 근치술(standard radical mastectomy), 수정 근치술(modified radical mastectomy), 부분 절제술(partial mastectomy) 및 액와부 림프선 절제술, 확대 근치술(extended radical mastectomy) 등이 있다. 수정근치술은 유방 밑에 있는 대흉근을 보존하고 소흉근을 남기거나 또는 잘라내는 수술법이다. 근래에는 단순 유방 절제술 혹은 유방암이 위치하는 부분의 부분 절제와 겨드랑이의 림프선 제거 후 방사선요법으로 유방의 형태를 보존하는 방법이 인기가 있다.

유방암에 관한 세계 여러 나라의 연구결과를 종합하면 유전적인 요인을 제외할 때 유방암의 가장 중요한 인자는 호르몬 및 그와 관련된 일련의 과정이다. 특히 위험 인자의 50% 이상은 음식과 연관돼 있는 것으로 사료된다. 즉, 채식을 많이 하고, 술을 삼가고, 적당한 체중을 유지하고, 운동을 규칙적으로 하면 유방암을 30% 이상 예방할 수 있다. 적정 영양 상태 유지를 위한 건강 식생활과 생활 습관을 사춘기 이전에 시작하여 평생 지속하면 가장 효과적이다.

식이와 유방암의 관련성을 연구한 여러 보고서에 의하면 총지방량(total fat)과 포화지방량(saturated fat), 그리고 총열량의 소비가 많은 나라에서 유방암 발생률이 더 높은 것을 보여주고 있다. 예컨대 채식이나 생선을 즐기는 일본 여성의 경우 육식을 주로 하는 미국 여성들에 비해 유방암 발병률이 낮다. 따라서 저지방 고섬유질 식생활로 유방암을 예방할 수 있다.

노란 콩으로 만드는 두부에는 유방암 발생을 억제시키는 '제니스타인'이란 물질이 풍부하다. 제니스타인은 유방암을 예방할 뿐 아니라 유방암 세포를 정상으로 바꾸는 강력한 치료 효과까지 있는 것으로 알려져 있다. 미국 앨라버마대학교 연구팀도 노란 콩을 많이 먹는 남미인(南美人)들에게서 유방암이 적은 것은 콩 속의 제니스타인 때문이라는 연구결과를 발표한 바 있다.

비타민 E와 $B_6$도 유방암 발생을 예방과 억제하는데 효과가 있다. 비타민 E는 유방암 발생을 억제하는 에스트리올과 프로게스테론 호르몬의 수치를 높이는데 효능이 있다. 한편 비타민 $B_6$은 유방 세포 내에서 에스트로겐이 독소를 배출하는 것을 막아 줌으로써 유방암 발생을 억제한다. 비타민 E는 참깨, 들깨, 호두, 잣, 해바라기씨 등에 많이 들어 있으며, 비타민 $B_6$는 통밀, 통보리, 맥아 등에 풍부하게 함유되어 있다.

### (2) 자궁암

#### 1 원인 및 증상

자궁암(子宮癌)은 질(膣)과 자궁(子宮)이 이어지는 자궁경부에서 발생하는 자궁경부암, 임신 때 태아를 직접 감싸는 부분인 자궁내막에서 발생하는 자궁내막암으로 구분된다. 한국 여성의 자궁암 발생 비율은 자궁경부암이 95% 정도이고 자궁내막암은 약 5%이다.

자궁경부암(頸部癌)의 발생 원인은 아직 정확하게 밝혀져 있지 않다. 자궁경부의 상피세포는 외부의 자극(성행위 등)을 많이 받는 부위이다. 자궁경부는 사춘기까지는 기둥 모양의 상피세포로 덮여 있다가 사춘기가 되면 밖의 피부상피와 같이 여러 겹의 평편상피세포로 바뀌게 된다. 완전히 바뀌기 전(20세 전후)에 성행위나 외부 자극이 있는 경우 암 발병의 위험이 높아진다.

자궁경부암의 주요 증상으로 자궁 내 출혈을 들 수 있다. 성행위 시 또는 부정 출혈로 나타난다. 특히 폐경 후 이상 출혈이 있을 때는 주의하여야 한다. 이외에도 냄새가 많이 나는 대하, 동통 등이 나타난다. 자궁경부암이 진행되면 부정출혈의 빈도가 잦고 양도 증가하며 악취가 점점 심하게 된다. 암 세포가 방광이나 직장에 전이되면 소변보기가 어려워지고 혈뇨 또는 혈변을 보게 된다.

자궁경부암의 진단은 세포진 검사(cytology), 자궁경부 확대 촬영검사(cervicography), 질확대경 검사(colposcopy), 조직검사 등이 시행된다. 세포진검사는 자궁경부의 암 발생 부위에서 떨어져 나온 세포가 자궁경관 분비물이나 질(膣)분비물에 섞여 있는 것을 현미경 검사를 통해 발견하는 방법이다.

세포진 검사는 자궁경부암의 조기 진단에 일차적으로 적용한다. 검사의 대상은 최근 성 접촉에 의한 자궁경부의 인유두종 바이러스(human papilloma virus) 감염증이 자궁경부암의 주요한 발생 인자임이 입증되고 있으므로 18세 이후 성 접촉이 있는 여성이면 누구나 정기검진의 대상이 된다. 자궁경부암의 발생 연령을 고려할 때 70세까지는 정기검진을 받아야 한다. 그리고 70세 이후에는 최근 5년 이내에 2회 이상 세포진 검사 결과 이상이 없으면 그 이상의 검진은 권장되지 않는다.

세포진 검사 결과 이상이 발견되면 인유두종 바이러스 검사, 질 확대경 검사 등의 추가 검사를 시행하여 세포진 검사의 낮은 민감도를 보완하여야 한다.

**2 치료와 예방**

자궁경부암은 조기에 발견하여 치료하면 치료 방법도 간단하고 거의 완치된다. 그러나 암이 진행된 경우에는 치료 과정도 복잡하고 완치율도 급격히 떨어진다.

자궁경부 '0기암'이란 암 조직이 상피(표면)조직 안에만 있어 결체조직(상피조직 밑 조직) 혈관이나 림프선에는 침입하지 못한 단계여서 '상피내암'이라고도 부른다. 제거 수술만 하면 생명에는 지장이 없다.

자궁경부암 예방을 위하여 정기적인 세포진검사 등의 검진을 하여야 한다. 특히 20세 이전에 성 경험이 있는 여성은 관심을 갖고 정기검진을 받아야 한다. 또한 자궁경부암은 출산이 끝난 30대 후반부터 50세까지의 연령층에서 비교적 발생률이 높고 정상 세포가 암 세포로 변화되기까지 수년이 걸린다는 것을 감안할 때 30세 이상의 여성들은 정기적으로 검진을 받는 것이 중요하다.

조기검진은 첫 성관계 후 바로 6개월 간격으로 2~3회 자궁세포진 검사, 검사 결과 정상이면 1~3년 간격으로 검사를 받는 것이 바람직하다.

또한 자궁경부암 예방을 위해 절제된 성관계, 비타민 A · 카로틴 · 엽산 · 비타민 C 섭취 등이 권장되고 있다.

Chapter 14

# 노년기 질병

## 1. 골다공증

### (1) 골격구조와 골절

우리 몸의 기초는 골격 구조이며 신체의 지지와 중요 장기의 보호를 맡고 있다. 성인은 206개의 뼈가 연결되어 있으며, 뼈의 구조는 복잡하다. 골원(骨元, 골단위, osteon)은 뼈세포들이 촘촘하게 겹겹이 얽혀진 조직이다. 골원의 중심에는 도관이 뚫려 있고, 이 도관은 골원 사이에 수평과 수직으로 운하처럼 연결되어 있다. 이 도관을 타고 신경과 혈관이 배열되어 골세포 간에 신호가 전달되고 산소와 영양이 공급된다. 부러진 뼈가 다시 붙고 치료되는 것은 뼈가 살아 있기 때문이다.

우리 몸의 뼈는 같은 무게의 철근보다 훨씬 강하다. 뼛속을 살펴보면 껍질뼈를 지나 속뼈로 들어가면 뼈가 성기고 공간이 많아진다. 이 공간을 골수(骨髓)가 채우고 있다. 골수에서 적혈구와 백혈구가 만들어 진다. 이 과정이 잘못되면 백혈병, 골수암 등이 생긴다. 우리 몸의 뼈는 1년에 15% 정도 오래된 뼈는 분해되고 새로운 뼈가 만들어져 교체된다.

우리 몸속의 뼈는 오래된 뼈는 흡수되고 새로운 뼈로 교체되는 대사과정인 뼈의 재형성 과정이 반복된다. 즉, 파골세포(破骨細胞, osteoclasts)가 오래된 뼈를 효소를 사용해 분해하면 조골세포(造骨細胞, osteoblasts)가 새 뼈를 설치한다. 파골과 조골은 몸의 여러 조건의 필요에 따라 각종 호르몬의 조절을 받아 진행된다. 파골과 조골의 대차대조표에 따라 골밀도(骨密度)가 결정된다. 골밀도는 30대에 최대치에 도달하고 그 이후부터는 낮아진다.

또한 나이에 따라 뼈의 재형성 과정이 다르게 나타난다. 즉, 어린 시절 성장기의 뼈는 소멸하는 것보다 더 빠른 속도로 형성되어간다. 청년기에도 호르몬의 작용이 왕성하여 새로운 뼈의 형성이 크게 증가하며, 성년에도 뼈는 계속 만들어져 교체되는 속도가 균형을 이루게 된다. 그러나 30대 후반~40대부터는 뼈의 생성보다는 흡수(손실)가 다소 많아지는 시기이다. 특히 폐경기를 맞는 여성은 더욱 많은 뼈의 손실이 일어난다.

우리가 뼈 관리를 소홀히 하면 이로 인한 골절로 인해 정상적인 생활이 어렵게 된다. 요즘 현대인의 건강 문제로 크게 대두되고 있는 질병이 골다공증(골조송증)이다.

### (2) 골다공증이란

골다공증(骨多孔症)이란 말 그대로 구멍이 많은 뼈란 뜻이다. 골다공증이 있는 뼈의 모양은 뼈 조직이 가늘어지고 공간(구멍)이 증가하여 뼈가 약해진다. 따라서 가벼운 외상이나 충격에도 골절이 쉽게 일어난다.

골다공증은 평균 수명이 길어짐에 따라 발생률이 증가하고, 골다공증의 진행은 쉽게 골절이 일어나게 되어 의학적, 사회적으로 많은 문제를 낳고 있다. 골다공증은 허리나 다리가 구부러지는 변형이나 골절이 발생하기 전에는 아무런 증상이 없는 '조용한 질환'이다.

우리나라 골다공증 환자는 약 200만 명 정도로 추산되며, 매년 이로 인한 골절 환자가 약 5만 명 이상으로 추산된다. 해가 거듭될수록 노년층 인구가 늘어나서 골다공증은 더욱 심각한 문제를 일으키며 이에 들어가는 의료 비용도 기하급수적으로 늘어나고 있다. 특히 여성은 폐경기 이후부터는 가벼운 외상으로도 손목이 잘 부러지고, 60세 이후에는 척추에 압박 골절이, 65~70세 이후에는 고관절 골절이 잘 발생한다.

일반적으로 골량(骨量, bone mass)은 사춘기를 지나 30대까지 증가되어 최고치에 달하고, 그 후부터는 점차적으로 골량이 감소하기 시작한다. 골량의 감소는 여러 가지 요인에 의해서 빨리 또는 느리게 나타난다. 일반적으로 일생을 통하여 여성은 최고 골량치의 1/3, 남성은 1/4의 골량이 감소한다. 그러나 정상적인 골량 감소도 과도하게 발생하면 골다공증이란 질병으로 진행하게 된다.

우리 인체의 뼈는 피질골(껍질뼈)과 소주골(속뼈)로 구성되어 있다. 즉, 뼈의 바깥층인 피지골은 아주 조밀하게 되어 있고, 안쪽인 소주골은 비교적 덜 단단한 스폰지 모양으로 되어 있으며 혈액이 통과할 수 있다. 뼈의 주요 성분은 유기질(교원질)과 무기질(칼슘과 인산염)이다.

골량의 감소는 뼈의 안쪽 부분에서 대부분 일어나게 되며, 뼈는 점점 엉성해지고 나중에는 바깥층 역시 전체적으로 얇아진다. 이에 뼈는 점점 약해지고 잘 부러지기 쉽다. 폐경기 후에는 골절이 척추골에서 자주 일어나며 그 후 노인층에서는 고관절부(대퇴골 근위부 - 허벅지뼈)등 장관골에서 호발된다. 특히 대퇴골의 경부나 전자부에서 골절이 생기면 걷지 못하게 되고, 합병증이 생기고, 심한 경우에는 사망하게 된다.

### (3) 증상과 진단

골다공증 초기에는 특별한 증상이 없는 경우가 대부분이나 점차로 등이나 허리에 둔한 동통 및 피로감이 있을 수 있다. 골다공증이 진행되면 뼈는 얇아지고 조그만 구멍들이 증가하여 부러지기 쉬워진다. 골절이 일어나기 쉬운 부위는 척추, 대퇴경부 및 전자부, 손목 관절 등이다. 골량의 감소로 발생하는 손목뼈의 골절은 향후 대퇴골 근위부 골절이 일어날 수 있는 예고(지표)가 되기도 한다.

세계보건기구(WHO)는 측정된 골밀도가 성인 골량의 평균값에서 편차가 1~2.5 감소된 경우를 '골감소증'이라 하며, 2.5 이상 감소된 경우를 '골다공증'이라고 한다. 그리고 골절을 동반하면 '심한 골다공증'이라고 한다.

골다공증의 조기 진단 방법으로 골밀도 측정, 컴퓨터 단층 촬영 등을 사용한다. 뼈에서 무기질이 30~40% 이상 손실되면 X-ray 사진 촬영으로도 진단이 가능하다.

### (4) 치료 및 예방

일반적으로 골다공증 초기에는 임상적으로 별문제가 되지 않는 경우가 많으나 골다공증이 진행되어 골절이 발생하면 치료가 어렵고 골절에 의한 합병증은 심각한 후유증이나 환자의 생명까지도 잃게 되는 경우가 있다.

대퇴골 근위부(대퇴부 경부 및 전자부) 골절은 가벼운 낙상이나 엉덩방아로 쉽게 발생되므로 타박상 정도로 생각하고 치료 시기를 놓쳐 고생하는 환자들이 많다. 따라서 엉덩 관절부에 외상을 받으면 반드시 X-ray 사진 촬영을 하여야 한다.

대퇴부 경부 골절의 치료는 골절 부위를 가능한 응급으로 수술을 시행하여야 한다. 수술 후에는 가급적 빨리 가동시켜서 합병증을 경감시켜야 한다. 대퇴부 전자부(경부보다 약간 아랫부분) 골절은 남자의 경우 80대에서 70대에 비해 약 8배, 여자의 경우 약 5배나 많이 발생한다. 가급적 빨리 견고한 내고정술을 실시하고 물리치료 및 조기 운동을 시키는 것이 치료 원칙이다.

일반적으로 고관절(엉덩관절) 골절은 발생 첫 수개월 내 사망률이 약 15%나 되며, 생존 환자의 대부분(1/2내지 2/3)에서도 골절 전 상태로 복원되지 않는 경우가 많다. 따라서 곡다공증이 있고 다리에 힘이 약한 노인층이나 골다공증에 의한 골절이 있었던 환자에게는 고관절 보호대(hip protector)를 착용하여 고관절 골절을 예방하기도 한다.

척추골절은 남자에 비해 여자에서 발생 빈도가 높아 폐경기 여성의 25~50%에서 골절이 일어나고 있다. 척추의 압박 골절은 뚜렷한 외상 없이 일상생활을 하는 동안이나 가벼운 외상 후 발생한다. 척추골절이 발생하면 우선 동통을 경감시키기 위하여 진통제 복용과 함께 약 1주일간 안정 가료 시킨다. 동통이 소실되면 보조구를 사용하여 가능한 빨리 일으켜 세워서 서고 걷도록 해야 한다. 일반적으로 척추신경 압박 증상이 있을 경우에 수술을 시행한다.

손목 골절(요골 원위부)은 성인 골절의 약 10% 정도를 차지하고 있다. 일반적으로 수술을 요하지 않고 골절 정복 후에 석고 고정으로 치료하게 된다. 그러나 골다공증이 심한 경우에는 분쇄골절이 일어나서 정확히 정복되지 않으며, 정복되더라도 정복된 상태가 그대로 유지되지 않는 경우라 있으므로 이러한 경우에는 수술적 치료를 하게 된다.

골다공증 예방을 위해서는 젊었을 때 뼈의 양을 최대한 높여줌으로써 나이가 들었을 때 골다공증 발생을 줄일 수 있다. 식생활은 편식하지 말고 칼슘이 풍부한 음식을 섭취하고, 매일 체중을 실은 걷는 운동, 드는 운동(장골에 긴장을 주는 체중부하 운동)을 하여 골량을 높여야 한다. 걷기, 조깅, 등산 등과 같은 운동을 규칙적으로 하면 뼈뿐만 아니라 심장과 폐에도 도움을 준다. 수영을 할 경우에는 수영장 물속에서 걷는 운동을 하여야 효과가 있다.

우리 인체는 사용하지 않으면 약해지므로 운동을 하지 않고 오래 누워 있는 사람은 골밀도가 낮아진다. 노인층은 보행 운동(1일 약 5~6km 정도)이 가장 좋다. 일반적으로 노인의 운동은 골량의 향상은 크게 기대할 수 없지만, 근력의 강화와 민첩성의 증진 등에 도움이 되며 쉽게 넘어지는 것을 방지하여 골절의 발생 빈도를 감소시킨다.

### (5) 식이요법

폐경 후 여성들은 미각의 변화와 생리적, 정신적 변화로 인한 식욕감퇴로 음식 섭취량이 감소하여 영양 상태가 저하되고, 특히 미량 영양소 섭취가 부족하기 쉽다. 골밀도는 칼슘과 인뿐만이 아니라 혈액 중의 구리, 아연, 망간 등 미량 무기질이 골밀도와 상관관계가 있다는 연구가 보고되고 있다.

우리나라 국민건강 영양조사(2005년) 결과에 따르면 국민 1일 1인당 평균 칼슘 섭취량은 553.1mg으로 권장섭취량의 76.3% 가량 섭취한 것으로 나타났다. 한편 50~64세에 연령층의 칼슘 영양섭취 기준에 대한 평균 섭취 비율은 77.7%, 65세 이상 노인층은 65.4%로 조사되었다.

골다공증 예방을 위하여 매일 충분한 칼슘을 섭취하여야 한다. 우유 및 유제품, 멸치, 달걀 등은 칼슘이 많이 함유되어 있는 식품이다. 채소 속에 들어 있는 칼슘은 몸에 흡수되기가 어렵다. 채식을 즐겨 먹는 사람들은 두부를 먹는 것이 좋다. 두부에는 칼슘이 풍부하며, 게다가 콩에는 뼈에 유효한 성분이 많이 함유되어 있다. 곰탕이나 사골탕은 칼슘 성분이 많기 때문에 언뜻 골다공증에 좋은 것으로 보일 수도 있지만, 이들 음식에 들어있는 인(燐) 성분이 칼슘 섭취를 방해한다.

한국인 영양섭취 기준(2005)에 따른 노년기 칼슘 섭취기준은 <표 14-1>과 같다.

### <표 14-1> 노년기 한국인의 1일 칼슘 영양섭취 기준

(단위 : mg/일)

| 성별 | 연령 | 평균필요량 | 권장섭취량 | 충분섭취량 | 상한섭취량 |
|---|---|---|---|---|---|
| 남자 | 50~64 | 580 | 700 | | 2,500 |
| | 65~74 | 580 | 700 | | 2,500 |
| | 75 이상 | 580 | 700 | | 2,500 |
| 여자 | 50~64 | 580 | 800 | | 2,500 |
| | 65~74 | 580 | 800 | | 2,500 |
| | 75 이상 | 580 | 800 | | 2,500 |

우리 몸에서 칼슘 흡수를 증가시키기 위해 비타민 D(노인층에서는 활성비타민 D)를 함께 섭취할 것을 권장하고 있다. 비타민 D는 뼈 성장에 필수적인 영양소로 충분히 공급 받지 못하면 구루병(佝僂病)이 생기며 골다공증, 다발성 경화증, 유방암 등의 위험도 증가시킨다.

비타민 D는 자외선 햇빛을 받아 피부에서 대부분 합성되며, 음식을 통해서는 극히 적은 양만 생성된다. 등 푸른 생선, 동물의 간, 달걀노른자 등에 비타민 D가 많이 함유되어 있다. 햇볕을 받아 피부에서 합성되는 비타민 D는 소장(小腸)에서 칼슘 흡수를 증가시켜 뼈를 튼튼하게 하는 데 결정적인 역할을 하는 영양소이다. 비타민 D는 음식으로 보충하기가 쉽지 않은 만큼 적당하게 햇볕을 쬐고, 그래도 부족한 경우엔 비타민 D 보충제를 복용할 필요가 있다.

한국인 영양섭취 기준(2005)에 의한 노년기 1일 비타민 D 섭취 기준은 <표 14-2>와 같다.

<표 14-2> 노년기 한국인의 1일 비타민 D 영양섭취 기준

(μg/일)

| 성별 | 연령 | 평균필요량 | 권장섭취량 | 충분섭취량 | 상한섭취량 |
|---|---|---|---|---|---|
| 남자 | 50~64 | | | 10 | 60 |
| | 65~74 | | | 10 | 60 |
| | 75 이상 | | | 10 | 60 |
| 여자 | 50~64 | | | 10 | 60 |
| | 65~74 | | | 10 | 60 |
| | 75 이상 | | | 10 | 60 |

## 2. 안과 질환

'몸이 천 냥이면 눈은 구백 냥'이라는 속담도 있듯이 '눈 건강'은 중요하다. 특히 백내장, 녹내장, 황반변성 등 노인성 안(眼)질환은 발병 초기 뚜렷한 자각증상이 없기 때문에 정기검진 등이 필요하다.

### (1) 백내장

백내장(白內障)은 노인성 안(眼)질환 중 가장 대표적이다. 한국실명

예방재단에서 2003년 전국 53개 지역 65세 이상 노인 7,750명을 대상으로 조사한 결과에 따르면 백내장 유병률이 42.8%로 나타났다.

백내장은 카메라의 렌즈와 같은 역할을 하는 수정체(水晶體)가 흐려져 빛을 투과시키지 못하면서 시력장애를 일으키는 병이다. 백내장은 뚜렷한 예방책이 없으므로 발병 초기에 발견하여 적절한 시기에 수술을 받아야 떨어진 시력을 회복할 수 있다.

### 1 증상과 치료

백내장의 증상으로 ① 시야가 안개가 낀 것 같이 뿌옇게 보인다. ② 눈 부심 현상으로 인해 눈을 자주 찡그리게 된다. ③ 밝은 곳에서 오히려 더 잘 보이지 않는 주맹(晝盲)현상이 나타난다. ④ 한쪽 눈으로만 봐도 사물이 간혹 둘로 보이는 복시(複視)현상이 나타난다. ⑤ 또한 갑자기 일시적으로 시력이 회복되어 사물이 잘 보이다가 시간이 지나면 더 안 보인다 등이 있다.

백내장의 치료에는 약물요법과 수술이 있다. 약물요법은 이미 진행된 백내장을 원래 상태로 회복시키지 못하고, 단지 진행을 더디게 하는 보조요법이다. 따라서 백내장은 안과 전문의에게 적절한 시기에 수술을 받아야 한다.

## (2) 녹내장

녹내장(綠內障)은 안구의 압력인 안압(眼壓)이 정상치(10~20mmHg)보다 상승하여 시신경이 손상돼 시야가 좁아지다가 결국 실명(失明)하게 되는 무서운 안과(眼科) 질병이다. 즉, 안압(眼壓)이 올라갈수록 망막과 시신경이 압박을 받게 되고, 결국은 시신경(視神經)이 손상되면서 영상이 눈에서 뇌로 제대로 전달되지 않게 된다. 따라서 최악의 경우 환자는 시력(視力)을 잃게 된다.

세계보건기구(WHO)에 의하면 녹내장으로 시력을 잃은 750만 명 중 절반이 아시아인이다. 아시아에서는 녹내장이 문제가 되고 있으며 인구가 고령화됨에 따라 발병률이 더욱 높아지고 있다. 녹내장은 젊은 사람에게도 나타날 수 있지만 대개 60세 이상 노인들에게 많이 발생한다. 우리나라에는 약 100만 명의 녹내장 환자가 있을 것으로 추정되고 있다.

녹내장에는 만성(慢性)과 급성(急性)이 있다. 만성 환자가 전체의 약 90%를 차지한다. 만성 녹내장은 증상도 없이 느리게 진행되기 때문에 양쪽 눈 모두 녹내장이 되거나 검사를 하기 전에는 본인이 모르는 경우가 많다. 급성 녹내장은 전체 환자의 5% 정도이지만, 아시아인들이 더 잘 걸리는 것으로 알려져 있다. 급성 녹내장은 즉각 치료를 하지 않으면 만성 녹내장조다 훨씬 빨리 실명할 수 있다.

급성 녹내장은 눈의 섬유주가 갑자기 꽉 막혀 안압이 급속히 상승한다. 급성 녹내장이 발생하면 갑작스러운 두통과 함께 눈 주위와 얼굴이 아프고 시력이 급속히 악화된다. 불빛 둘레에 무지개 색의 달무리가 보이며 구토 증세가 있다. 급성 녹내장은 응급 상황이므로 즉시 치료하지 않으면 1~5일 안에 시력을 잃게 된다.

### 1 증상과 치료

녹내장의 증상으로 ① 시력이 저하된 것 같은 느낌이 있다. ② 머리가 무겁거나 아프고, 어깨가 결린다. ③ 기분이 안 좋고, 오심 및 구토 증세가 있다. ④ 불빛을 보면 그 주위에 무지개 비슷한 것이 보인다. ⑤ 눈이 무겁고 피곤을 쉽게 느낀다. ⑥ 눈이 아프고 이물질이 들어간 듯한 느낌이 있다. ⑦ 시야가 흐리다 등이다.

이상과 같은 자각증상이 있으면 빨리 안과 전문의 진찰을 받는 것이 좋다. 한편 녹내장의 경우 자각증상이 없는 사람이 3명 중 1명이기 때문에 40세 이상이 되면 매년 안압검사와 시신경검사를 안과에서 정기검진을 받는 것이 좋다. 녹내장은 일찍 발견하면 더는 손상을 막을 수 있으므로 조기 발견이 녹내장 치료의 열쇠다.

녹내장의 원인은 모르지만 노화, 흡연, 유전 등이 주요 요인으로 꼽히고 있다. 가족이나 가까운 친척 중에 녹내장 환자가 있는 사람은 나이가 들면 녹내장이 발생할 가능성이 크므로 주의하여야 한다.

치료는 환자의 눈 상태에 따라 다르지만 일반적으로 약물요법, 레이저요법, 수술요법 등의 순서로 시술한다. 안압과 시신경 검사를 하여 녹내장으로 판명되면 더는 시력이 나빠지지 않도록 시신경에 대한 압박을 완화시키는 항녹내장 점안액을 처방한다.

점안액을 사용하여도 안압이 낮아지지 않는 경우에는 수술을 받아야 한다. 섬유주의 막힌 곳을 레이저로 뚫거나 눈의 흰자위 부분의 공막에 작은 배수구를 뚫어 방수가 서서히 빠지도록 한다. 즉, 눈의 방수를 줄여 안압을 낮추는 것이다. 그러나 수술도 완치 방법은 못되며, 안압을 낮추기 위한 치료일 뿐이다. 만성 녹내장은 평생 지니고 살아야 하는 병이다. 어떤 치료법으로도 완치가 되지 않으므로 더 나빠지지 않도록 억제할 뿐이다.

### (3) 황반부 변성

노인성 황반부(黃斑部) 변성은 나이가 들면서 황반부에 찌꺼기가 쌓여 신생혈관이 만들어지면서 황반부가 파괴되는 것으로 실명에 이를 수 있는 질환이다. 황반은 시신경이 밀집되어 있는 망막(網膜) 중심부를 가리킨다.

① 증상과 치료

황반부 변성의 자각 증상으로 ① 글 자체가 흔들려 보인다. ② 직성이 굽어보인다. ③ 책이나 신문을 읽을 때 글자의 공백이 생긴다. ④ 시야가 흐릿하고 검거나 빈 부분이 있다. ⑤ 물체가 찌그러져 보이거나 색이 이상하게 보이기도 한다 등이 나타난다.

황반부 변성은 습성과 건성으로 나눈다. 황반 아래쪽에 새로운 혈관이 생기는 '습성' 황반부 변성은 실명의 위험이 크지만 조기에 발견하면 레이저요법, 항산화제 처방 등의 약물요법으로 어느 정도 실명을 막을 수 있다. 망막의 빛수용체와 세포가 죽는 '건성' 황반부변성의 경우 아직까지 치료법이 없다. 다만, 시력 저하가 아주 서서히 진행된다.

황반부 변성 초기에는 특별한 이상을 거의 느낄 수 없어 한참 병이 진행된 후에야 발견되는 경우가 많다. 따라서 50세 이상 중년·노년층은 적어도 1년에 한 번 정도 안과 검진을 받는 게 좋다.

## 3. 노인성 피부질환

노인의 피부는 노화로 인하여 여러 가지 문제가 생길 수 있으며, 적절한 관리를 못하여 심각한 피부 질환으로 진행되기도 한다. 노인에게 흔한 피부 질환에는 피부 소양증, 대상포진, 피부암 등이 있다. 피부 소양증의 원인은 대개 건조한 피부가 원인이므로 피부가 건조하지 않게 잦은 목욕은 피하고, 목욕 후에는 보습제를 바르는 것이 좋다.

피부 건강을 위해 지켜야 할 10계명에는 ① 과도한 햇빛 노출을 피한다. ② 피부를 건조하지 않게 한다. ③ 피부를 청결히 한다. ④ 목욕할 때 심하게 때를 밀지 않는다. ⑤ 흡연을 하지 않는다. ⑥ 과도한 음주를 하지 않는다. ⑦ 과로를 피하고 적당한 수면을 취한다. ⑧ 영양 섭취를 고르게 한다. ⑨ 모발과 손톱 발톱을 깨끗이 한다. ⑩ 편안한 마음을 갖도록 노력 한다 등이다.

### (1) 대상포진(帶狀疱疹)

수두(手痘)를 일으키는 바이러스(Varicella-Zoster virus)가 감염의 원인이며, 수두를 앓은 사람의 신경세포 내에 잠복해 있다가 면역력이 떨어지거나 정신적 스트레스나 몸이 피곤할 경우 다시 활동을 시작해서 대상포진을 일으킨다. 특히 면역력이 약한 노인에게서 많이 나타난다.

신체의 한쪽 신경에 바이러스가 감염되어 좌측이나 우측에 수포가 군집을 이루거나 띠 모양으로 나타난다. 수포가 신경 분포를 따라 발생하기 때문에 신한 통증, 감각 이상, 가려움증 등이 있을 수 있다. 치유된 후에도 통증이 계속될 수 있는데, 이를 '포진 후 신경통'이라고 하며 노인에게서 많이 생긴다.

대상포진 증상이 나타나면 병원을 찾아 신속한 치료를 받아야 한다. 의사 처방에 따라 항바이러스 제제와 통증 완화를 위한 진통제를 복용하며, 수포(물집)를 건조하게 하고 청결하게 한다. 환자의 휴식과 안정이 매우 중요하다.

### (2) 피부암(皮膚癌)

피부암에는 기저세포암, 편평상피암, 악성 흑색종 등이 있으며 피부암의 발생 원인은 여러 가지가 있으나 가장 중요한 원인은 자외선 노출이다. 오전 10시에서 오후 3시 사이의 강렬한 태양광선은 피하도록 노력하며, 자외선에 노출을 피하고 자외선 차단제를 사용하는 것이 좋다. 또한 균형 잡힌 영양을 섭취하고 비타민과 무기질을 보충해 주는 것이 좋다.

기저세포암은 초기에는 작은 구진이나 낭종으로 투명한 상태이다가 경계가 편평해지면서 궤양으로 발전한다. 치료는 병소 부위를 절제하는 것이다. 60대~80대 노년층에서 많이 생기고 전이되는 경우는 적다.

편평상피암은 초기에는 원뿔 모양의 결절 형태를 하고 있다가 조직이 커지면서 연결되어 단단하고 고정된다. 60대에서 80대 사이에 많이 나타나고, 천천히 자라 다른 부위로 전이된다. 치료는 암 조직을 절제하는 것이다.

악성 흑색종은 40~60대에 많이 나타나며, 전이 경향이 매우 높다. 치료는 종양을 제거하는 수술을 한다. 뿌리가 깊은 종양일 때는 피부 이식이 필요한 경우도 있다.

Chapter 15

# 건강한 성생활

## 1. 노년기 성생활

흔히들 늙어가면서 특별한 이유도 없이 성생활(性生活)에 자신을 잃어가고, 또 떨어졌다고 여겨지는 성적 능력 때문에 더욱 자신이 늙어버렸다고 여기는 사람들이 많다. 또한 주위에서도 노인은 성에 무관심하리라 생각해 노인의 성적 고민을 간과해 버리는 경우가 흔히 있다.

또한 우리 사회는 전통적으로 성(性)에 대해서 수치스럽고 불결한 것이라는 인식을 가지고 있으며, 특히 노인이 성에 관심을 갖거나 추구하는걸 노추(老醜)라 하여 추잡하고 천하게 여겨 노인들의 성문제는 거의 방치되어 왔다. 이러한 노인의 성에 관한 인식을 바꾸어야 한다.

프랑스 작가 보부와르의 대작(大作) 《늙는다는 것》의 내용에는 프랑스의 역사학자 듀란이 85세까지 어떻게 성생활을 했는지를 비롯하여 저명인사들의 정력적인 노후 섹스에 대해 언급하고 있다.

스코틀랜드에서 생산하는 명품(名品) 위스키 '올드 파'는 실존 인물 '토마스 파(1483~1635)'에서 이름을 따왔다. 그는 102세 때 다시 결혼해 아이를 낳았으며 152세에 사망했다. 독일의 문호 괴테는 73세 때 18세 소녀 울리케와 사랑을 나눴으며, 20세기 최대의 화가 파블로 피카소는 79세에 35세의 자크린느와 결혼했으며 91세의 장수를 누렸다.

현대 사회에서 노인의 4대 고통거리는 경제적 빈곤·건강 악화·역할 상실·고독감이다. 이에 노인이 삶의 보람을 갖고 생활할 수 있는 기본적인 조건은 경제적 안정, 신체적 건강, 대화 상대, 타인을 위해 헌신할 수 있는 일 이외에도 성적(性的) 만족이다. 신경정신과 전문의 정동철 박사의 조사에 의하면 1천여 명의 성기능 장애를 치료하면서 고독감(孤獨感)을 느끼는 노인 중 상당수가 성(性)을 통해 삶의 존재를 확인하고 있었다.

노인의 성(性) 욕구는 일반적인 생각과는 달리 지속적이다. 한 조사에 따르면 노인들의 성적 욕구의 내용은 정신적으로 이성과 교제하고 싶다(33.6%), 육체적으로 접촉하고 싶다(17.6%), 성행위를 하고 싶다(14.8%)로 전체 응답자의 81.4%가 성적 욕구를 느끼는 것으로 밝혀졌다.

한 통계에 따르면 65세 이상 남자 노인의 89.4%, 여자 노인 중 30.9%가 성(性) 능력을 유지하며, 또 다른 통계에서는 66~70세 노년층의 62.2% 가량이 월간 1~5회의 성관계를 갖는 것으로 나타났다.

덴마크에서 실시된 조사 연구에 의하면 70대 전반기에 섹스에 흥미를 갖는 노인이 90%, 성관계가 활발한 노인이 58%이고 자위(自慰)행위로 성적 욕구를 해소하는 노인도 42%에 달했다.

서울에 거주하는 50~60대 남녀 4백 명을 대상으로 조사한 결과에 따르면 독신인 경우 70%가 이성(異性) 친구를 원하는 것으로 나타났다. 특히 홀로 사는 여성의 43%와 남성의 26%가 이성 친구를 통해 성적 욕구를 해소하며, 60대 홀로 된 여성의 14%가 남성 친구와 성관계를 갖는다고 응답했다. 그리고 상당수는 유흥가에서 매매춘(賣買春)을 통해 성적 욕구를 해결하고 있다. 노령화(老齡化) 사회에 즈음하여 노인의 성문제에 대해서도 청소년 성문제 못지않은 정책적 비중을 두고 관심을 기울여야 할 때이다.

성기능을 유지하고 있는 남자 노인의 경우 아내로부터 성적 접촉을 거부당할 때 경제력이 뒷받침되면 매춘 등을 통해 외도(外道)하는 경우가 많다. 반대로 남편이 성적 능력을 상실하면 여자 노인이 외도하는 사례도 보고되고 있다. 따라서 노년기 부부의 성기능의 불합치는 생리적으로 당연한 현상인 만큼 부부간에 흉금을 터놓고 대화하며 성생활의 조화를 꾀해야 한다.

노화에서 가장 먼저 나타나는 것이 성욕(性慾) 감퇴이나, 성욕이 아주 사라지는 것은 아니다. 인간의 성적 호기심은 출생에서부터 사망까지 계속된다. 한마디로 성생활엔 정년이 없는 것이다.

### (1) 섹스와 건강

나이가 들면 젊었을 때에 비해 생리적 변화로 인해 성 기능이 감소한다. 생리적으로 여성은 폐경(閉經)과 더불어 여성호르몬인 에스트로겐의 혈중농도가 떨어짐으로써 질벽(膣壁)이 얇어져 쉽게 상처를 입는 다든지 분비액이 현저하게 줄어 성교(性交) 시 통증이 심화되는 경향이 있다. 반면 남성의 성욕은 빈도와 발기력의 강도가 떨어지긴 해도 여전히 건재하다.

남녀간에 나이에 따라 성적 욕구나 완성도에 차이가 있다. 생리적으로 남성의 성적 능력은 사춘기 이후 20대 초반에 급격히 발달하여 최고조에 이른다. 그리고 30대 이후 서서히 하강하다가 40대 이후 급격한 하강곡선을 그린다. 반면 여성은 20대 후반을 지날 때까지 성적으로 서서히 발달하다가 30대 말에 완숙기에 도달한다.

남성호르몬은 어려서는 분비가 적으나 10~20대에 가장 많이 분비된다. 30대를 정점으로 해마다 1%씩 감소하고 40~60대에 정상보다 7%가 감소하며 60~80대에 21% 정도 감소한다. 여성은 50세 전후 폐경(閉經)을 계기로 급속한 변화가 나타난다. 젊은 여성은 성적 자극이 가해지면 15~30초 내에 바로 질(膣)에 분비물이 증가한다. 그러나 갱년기 여성은 2~3분 이상의 자극이 있어야 비로소 분비물이 나타난다. 오르가즘도 젊은 여성은 질(膣)벽 수축이 8~12회 정도 지속되나 노년기에는 4~5회로 끝난다.

또한 노년기에는 내분비계의 기능 저하로 성욕이 감소되고 신경계의 이상도 나타나며, 발기가 되는 데에 중요한 역할을 하는 음경 내의 동맥이나 해면체에 경화가 일어나고 피막이 약화되어 발기력이 떨어지게 된다.

여기에 더하여 노년기에 나타나는 여러 가지 질환이 겹쳐지면 발기불능이 초래되게 된다. 즉, 노화에 따라 성 기능이 감소하기는 하지만 노화가 곧 임포텐스는 아니며, 노화와 더불어 임포텐스를 일으키는 여러 질환이 동반되어 있을 가능성이 많다.

따라서 건전한 신체를 가져야만 정상적인 성생활을 영위할 수 있다. 소화불량으로 고생하는 사람이 자신의 건강을 의심하는 것과 같이 정상적인 성생활이 불가능할 경우 자신의 전반적인 건강 상태에 대해서 한번 고려해 보아야 한다.

성생활도 식생활과 마찬가지로 건강을 판정하는 척도가 되므로 이를 유지하는데 게을리하지 말며 늙어서도 성생활이 가능할 정도로 평소 몸 관리를 철저히 하여야 한다.

성행위는 혈액순환을 촉진하고, 심장의 활동을 자극하기 때문에 섹스를 자주 하는 사람은 심장병에 덜 걸린다.

1주일에 2회 이상 섹스를 하는 남자들은 한 달에 한 번 미만 섹스하는 남자보다 심장 발작을 일으킬 확률이 50% 줄어든다 (80년 영국 남성 대상 연구). 1주일에 1, 2회 성행위를 하는 사람들이 금욕 생활을 하는 사람보다 면역글로빈의 수준이 30% 가량 높았다 (99년 미국 연구진).

섹스를 할 때 약 200칼로리의 에너지가 소모된다. 이는 30분 동안 달리기를 할 때 연소되는 에너지와 맞먹는 열량이다. 또한 섹스를 하는 동안 뇌에서는 다양한 화학물질(엔도르핀, 옥시토신 등)이 분비된다.

노화가 생물학적으로나 정신적으로 성 능력에 있어 불안정한 상태를 부르기는 하지만 노후에도 성생활을 즐기는 것은 충분히 가능하며 건강에도 도움이 된다.

### (2) 발기부전(임포텐스)

발기부전(勃起不全)이란 과거 6개월간 성행위 시도에서 음경이 발기(erecton)를 유지하지 못하는 횟수가 50% 이상인 경우이다. 우리나라 40대 이상 남성 가운데 49.8%가 발기부전 증상이 있다 (40대 33.2%, 50대 59.3%, 60대 79.7%, 70대 82%). 한편 외국의 통계에 의하면 임포텐스의 발병률은 20, 30대에는 1% 미만이고 40대에 5%, 50대에 10%, 60대에 20%, 70대에 30%, 80대에 50% 정도이다.

발기부전의 원인에는 정신적인 것과 기질적인 것이 있다. 심인성 발기부전은 정신과 치료가 필요하며, 기질적인 증상에는 다양한 치료법('해피 메이커 의약품' 비아그라 복용, 음경 혈관 재건 수술, 음경 보형물 삽입 수술 등) 이 있다.

또한 노년기에 많이 생기고 임포텐스의 원인이 되는 질환으로는 고혈압, 당뇨병, 동맥경화, 고지혈증, 간질환 등이 있다. 이들 질환에 대한 예방 및 치료를 적절히 받고 금연, 절주, 규칙적인 운동 등으로 건강관리를 하면 정상적인 성생활을 유지할 수 있다.

노인들의 성생활에서 가장 중요한 것은 자기 자신에 대한 긍정적 평가로 스스로 육체적으로나 정신적으로 젊어지려는 노력을 기울여야 한다. 정신적으로는 활발한 사회적, 가정적 활동으로 자신의 역할에 대한 자신감을 높여 나가고, 육체적으로는 적당한 운동과 균형 잡힌 식생활을 통해 건강에 유의하는 것이 바람직하다.

정력을 증강시키는 방법에는 다음을 실천하는 것이 바람직하다.

① 정력제에 대한 미신을 없애고 더는 정력제를 찾지 말아야 한다. 땅속에서 겨울잠을 자는 뱀이나 개구리는 정력제가 아니다.

② 평소에 운동을 열심히 한다. 만족한 성생활을 지속하기 위해서는 심폐 기능이 좋아야 한다. 따라서 심폐 기능을 증가시키는 운동이 성생활에 도움이 된다.

③ 콜레스테롤이 많은 음식은 피한다. 콜레스테롤은 동맥경화증의 원인으로 음경 내의 미세한 혈관을 망가뜨려 발기의 강직도를 떨어뜨린다.

④ 술, 담배를 피한다. 특히 흡연은 미세혈관을 수축시켜 제대로 발기되는 것을 막는다.

⑤ 식사는 과식을 피하고 가급적 소식을 하며 육류보다 과일과 야채류 섭취를 많이 한다. 육류의 과도한 섭취는 생활습관병의 원인이 되며 발기부전의 원인도 제공한다.

⑥ 과도한 스트레스는 정력을 떨어뜨리는 주범이다. 과도한 스트레스를 받으면 심리적 압박감으로 인하여 성생활을 기피하게 된다.

## 2. 노년기 재혼

노부부가 등을 긁어 주며 더불어 살다가 할머니가 죽으면 할아버지가 3년 안에 죽는 확률이 50%나 된다. 이런 죽음을 마고장사(麻姑葬事)라 했다. 이는 마고 할미가 등을 긁어주면 시원했다는 고사에서 비롯된 말이다.

영국의 유명한 추리 작가 아가사 크리스티는 고고학자와의 재혼(再婚)을 발표하면서 나이가 들었다는 것이 부군을 사로잡은 매력이 아니었냐고 질문하는 기자들의 짓궂은 농담에 오히려 정색을 하며, “정말 그렇다. 늙으면 늙을수록 여자를 아끼고 소중히 보듬어줄 줄 아는 남자야말로 내 이상형이다.”라고 당당하게 대꾸했다고 한다.

3세대가 함께 사는 일은 점점 어려워지고 있다. 노인 부부만 살거나 홀로 사는 노인들이 늘어가는 추세다. 특히 배우자가 사망하거나 이혼해 혼자된 노인의 성(性)적 갈등은 젊은층이 상상하는 것보다 훨씬 심각하다. 평균 수명의 연장으로 노인으로 지내야 하는 시간도 갈수록 길어지고 있다.

노인의 재혼(再婚)은 비단 성(性)적 욕구의 충족뿐 아니라 고독(孤獨)의 해소, 규칙적인 식생활(食生活)로 인한 건강 증진, 간호를 통한 상호협조가 가능한 점 등 여러 면에서 권할만하다. 이를 위해서는 건전한 사교 모임을 통한 노인들의 이성(異性)교제 기회가 늘어나야 한다. 노인의 성과 결혼은 노인 문제의 핵심이다.

노년기 정신문화의 꽃은 역시 ‘사랑’이다. 노인들도 젊은이와 같은 열정으로 사랑을 꽃피울 수 있다. 단지 젊은이들과는 표현 방법이 조금씩 다를 뿐이다. 그러나 우리나라는 불필요한 체면과 부부문화(夫婦文化) 결핍 등으로 노년기를 황량하게 보내는 경우가 허다하다. 즉, 노인들 중 옷차림, 언행은 물론 성생활(性生活)을 비롯한 개인 생활이 지나치게 체면에 얽매여 지장을 받는 경우가 많다. 또한 ‘소 닭보듯 하는 사이’인 노부부가 많아지면 ‘노년 이혼’이 늘어난다. 이 같은 상황을 극복할 수 있는 묘약이 바로 '노년기 사랑'이다.

'행복한 노년'은 금실이 좋은 부부관계가 핵심이다. 남녀의 구분이 명확했던 것이 중년 시절이라면 노년에는 그런 구분이 희미해 진다. 남자가 일터로 나가고 들어오는 일이 없어짐으로 인해 같이 지내는 동료의 개념으로 바꾸는 것이 필요하다. 따라서 친구처럼 동등한 입장에서 상대에게 정서적인 지지를 보낼 수 있어야 동반자로서 신뢰가 구축된다.

부부는 당연한 관계라는 생각에서 벗어나 서로를 더욱 배려해야 한다. 노년의 부부관계는 공통적인 관심사나 취미가 없을 경우 서로에게 무관심해 지기 쉬운 시기이다. 따라서 부부는 대화를 많이 하도록 노력하고 국내외 여행도 자주 하는 것이 좋다.

## 3. 노인과 에이즈

최근 우리나라도 에이즈 감염인 수가 급속히 증가하고 있어 이제 더는 에이즈 안전지대가 아니다. 2006년 3월말 현재까지 내국인 누적 감염인수가 4천 명을 넘어서면서 하루 평균 2.1명꼴로 감염인이 늘어나고 있다. 2005년 일년 동안 내국인 신규 감염인 수는 680명으로 2004년(610명)에 대비 11.5% 증가하였다. 2005년 신규 감염인 중 41명(남자 37명, 여자 4명)은 60세 이상 노인이며, 2006년(9월까지)에는 노인 감염인이 56명으로 증가하였다. 감염 경로가 밝혀진 간염인들의 감염경로는 성(性)접촉이 가장 많았고, 혈액제제, 수혈(輸血), 마약 주사 사용 등의 순이었다.

에이즈(AIDS)는 Acquired Immune Deficiency Syndrome의 머릿글자로 우리말로 '후천성면역결핍증'이라 한다. 에이즈는 인간면역결핍 바이러스(HIV)가 인체 내에 침투하여 면역기능이 저하되어 건강한 인체에서는 활동이 억제되던 세균, 곰팡이, 바이러스 등 감염성 미생물이 병원체로 재활하거나 새로운 균이 외부로부터 침입, 증식함으로써 발병하는 일련의 모든 증상들을 총칭하는 말이다.

에이즈 바이러스(HIV) 감염 상태가 장기간 계속돼 발병하면 에이즈 환자가 된다. HIV 감염인은 겉으로 보기에는 대개 오랫동안 건강하다. 요즘은 여러 에이즈 치료제를 섞어 복용하는 '칵테일 요법'으로 치료하면 보통 10년에서 길면 20년 넘게 사는 경우도 있다.

1981년 미국에서 처음 발견된 에이즈가 세계적으로 급속히 확산되고 있으며, 세계보건기구(WHO)에서는 매년 12월 1일을 '세계 에이즈의 날'로 제정하여 범세계적으로 에이즈 예방을 위한 기념행사를 하고 있다. 우리나라의 경우 1985년 처음 에이즈가 발견되어 그동안 정부 및 에이즈 관련 단체에서는 효과적인 에이즈 대응을 위해 많은 노력을 기울여 왔다. 특히 영화 〈너는 내 운명〉의 개봉(2005년)으로 대중문화를 통해 에이즈에 대한 관심을 불러일으켰다.

에이즈는 범세계적인 질병으로 전 세계에 걸쳐 많은 나라와 사회에 막대한 고통을 주고 있다. 6천 5백만 명 이상이 HIV에 감염되고 2천 5백만 명 이상이 에이즈로 사망하였다.

유엔에이즈(UNAIDS) 보고서에 의하면 아시아에는 830만 명의 에이즈 감염인이 있다. 지난해(2005) 아시아에는 93만 명이 새로이 감염되었고, 60만 명이 에이즈와 관련하여 사망했다. 2010년까지 아시아 지역의 에이즈 관련 경제 손실은 매년 175억 달러에 달할 것으로 예상된다.

에이즈는 HIV 감염인의 혈액이나 체액(남성 정액 및 여성 질액)에 의해 전파된다. 우리나라에서 에이즈 감염 경로는 주로 성(性) 접촉에 의한 감염이다. 따라서 에이즈 예방의 가장 좋은 방법은 콘돔(condom) 사용이다.

Chapter 16

# 운동

## 1. 운동 안 하는 사람

질병을 예방하고 건강해질 수 있는 좋은 방법인 운동을 하지 않는 사람들이 많다. 최근 미국 〈뉴스위크지〉 조사에 의하면 운동 안 하는 사람들이 대는 핑계는 '너무 바빠서', '이젠 늙어서', '운동이 지루해서', '관절염 때문에' 등이다.

가장 흔한 핑계는 '바쁘다'는 것이다. 하지만 운동을 규칙적으로 하는 사람도 바쁘기는 마찬가지이다. 따라서 운동을 매일 세수하고 이 닦는 것처럼 빼놓을 수 없는 하루 일과로 인식하는 것이 중요하다. 하루 24시간 중 30분 정도를 운동하는 시간으로 정하고 매일 실천하여야 한다.

이젠 '늙었다'는 말도 흔히 하는 핑계이다. 노년기는 근육량이 감소하고 면역력이 떨어져 어느 시기보다 운동이 필요하다. 적절한 운동은 건망증이나 치매를 예방하는데 도움이 된다. 미국 스포츠의학회는 30분간 유산소 운동과 근력운동을 병행할 것을 권장하고 있다. 집안에서 의자를 잡고 제자리걷기와 같은 간단한 운동도 도움이 된다.

'운동이 지루하다'고 핑계를 대는 사람들은 재미있게 즐길 수 있는 운동 종목을 찾아 변화를 주어야 한다. '관절염 때문에' 운동을 하지 않으면 오히려 체중이 증가하여 관절에 더 무리가 간다는 사실을 깨달아야 한다.

## 2. 세 가지 운동

운동에는 유산소 운동, 근력강화 운동, 유연성 운동이 있다. 유연성을 기르는 운동은 체조, 요가 등과 같이 관절을 움직이고 근력을 스트레칭하여 다른 운동이나 일상생활에서 근육을 다치지 않도록 예방해주는 역할을 한다. 유산소 운동은 빨리 걷기, 조깅, 자전거 타기, 수영 등으로 심폐기능을 증진하며 동맥경화를 예방해 주는 HDL-콜레스테롤을 높여준다. 근력강화 운동은 웨이트 트레이닝, 계단 오르기, 테니스 등으로 근력과 균형 감각을 증진시킨다.

'새천년 건강체조'는 유연하고 역동적으로 구성된 새로운 형식의 체조이다. 우리나라 고유의 가락과 움직임을 현대인의 생활 변화에 맞춰 개발하였다. 또한 태권도와 탈춤을 응용하여 힘 있는 우리 민족의 기상을 표현하였다.

'새천년 건강체조'는 준비운동(땅 두드리기), 유연성 및 근력운동(하늘 보기), 심폐 지구력 증가 운동(사람 마주보기), 정리운동(하나 되기) 등으로 구성되어 있다.

하루 30분 정도의 걷기로 생활습관병(성인병)을 예방하는데 도움이 된다. 걷기운동은 뇌혈류를 활성화시켜 기억력 감퇴를 줄일 수 있으며, 걷기는 관절에 부담을 무리를 주지 않는 '유산소 운동'이다.

1분에 70~110보 정도의 속도로 바깥쪽 발꿈치가 먼저 닫게 하며, 무릎은 5~10cm 정도 벌어지도록 유지한다. 엄지손가락이 가볍게 허벅지를 스치는 듯한 기분으로, 시선은 30cm 정도 앞을 내다보며 걷는다. 아랫배에 가볍게 긴장감을 줄 정도로 숨을 살짝 들이마신 상태에서 가슴을 쫙 펴고 허리를 꼿꼿이 세운다.

영국(英國) 심장재단은 이상적인 걷기 운동량을 매일 30분씩 걷는 것으로 제시하고 있다. 걷기 운동의 효과는 수명을 연장시키며 삶의 질을 높인다. 즉, ① 규칙적으로 걷기를 하면 심장이 단련되고, 체력과 지구력이 향상되며 유연성이 길러진다. ② 혈액 순환을 개선하고 피부 노화를 막는다. ③ 스트레스를 해소해 주고 불안, 초조 등의 심리적 불안을 안정시킨다. ④ 당뇨병과 심장병, 골다공증, 요통, 천식, 기관지염 등을 예방 및 개선하는 효과가 있다. ⑤ 숙면을 유도하고 신체 전반의 건강과 컨디션을 조절한다. ⑥ 친구들이나 가족과 함께 걷기를 하면 대화가 늘고 유대감이 깊어진다 등이다. 건강한 삶을 위하여 매일 꾸준히 30분씩 걷자.

인체에서 운동을 관장하는 근육(筋肉)은 크게 백색근(속근 섬유)과 적색근(지근 섬유)으로 나뉜다. 백색근는 색깔이 희기 때문에 적색근은 붉기 때문에 이런 이름이 붙었다. 백색근은 순간적인 수축능력이 뛰어나지만 쉽게 지치는 것이 흠이다. 반면 적색근은 순발력은 떨어지지만 지구력이 매우 강하다.

사람의 근육은 부모로부터 이어받은 유전자에 따라 차이는 있지만, 대체로 백색근 55%, 적색근 45%의 비율이다. 훈련받은 운동선수의 경우를 보면, 단거리 종목에서 황제로 군림했던 미국의 칼 루이스는 백색근·적색근의 비율이 84 대 16이었다. 반면 마라톤 선수들은 10대 90 정도로 적색근의 비율이 압도적이다.

사람은 나이가 들수록 백색근의 비율이 줄어들기 때문에 순간적으로 힘을 집중하는 순발력이 약해진다. 이에 종전의 스포츠 의학에서는 나이가 들면 역기 등 근육운동을 하지 말고 걷기 등 유산소운동을 하라고 권장했다. 그러나 최근에는 중년층과 노년층도 근육운동을 하는 게 좋다는 것이 정설이 됐다. 특히 여성은 근육량이 남성의 절반 수준이므로 나이가 들수록 근육운동에 신경을 써야 한다. 따라서 유산소운동과 무산소 운동을 병행하는 것이 바람직하다.

스트레스로 인하여 긴장될 때는 가쁜 숨을 쉬기 마련이다. 그러나 '길고 느린' 복식호흡(複式呼吸)은 몸이 편안히 이완되도록 돕는다. 또 정신이 호흡에만 집중되기 때문에 스트레스 상황에서 정신을 분산시킬 수 있는 것이 장점이다.

목을 기댈 수 있는 등받이 의자에 앉아 한 번에 10분 정도 복식호흡을 한다. 순서는 다음과 같다.

① 눈을 가볍게 감는다. 오른손은 가슴에, 왼손은 배에 올려놓고 숨을 쉴 때 움직이는 부위가 어디인지를 확인한다.
② 의식적으로 오른손은 움직이지 않도록 하고 왼손만 움직이도록 배로 호흡한다.
③ 오른손을 내려 배 위에 올리고 배가 움직이도록 호흡하며 정신을 배의 움직임에만 집중한다.
④ 초기에는 천천히 들이쉴 때 '하나', 내쉴 때 '둘'하고 속으로 센다. 속도는 일정하게 유지한다.

## 3. 노년기 운동의 장점

노년기를 건강하게 보내기 위해서는 적극적인 자세가 필요하다. 직장에서 은퇴한 후 정신적으로 소극적인 성격을 띠어 우울증에 빠지는 경우가 많으며, 일상생활이 비활동적으로 되므로 건강을 해치게 된다. 활기찬 노년 생활을 위해 적극적으로 생활하려는 본인의 노력이 필요하다. 지역사회의 봉사활동에 적극적으로 참여하며, 자신의 건강 증진을 위해서 운동을 하거나 취미생활을 하도록 노력하여야 한다.

운동은 심장, 폐, 혈관, 근육 등의 기능을 향상시킨다. 고혈압, 당뇨병, 동맥경화, 관절염, 심장병 등 각종 노인성 질환들은 심장, 폐, 혈관, 근육의 기능이 떨어지는 것과 관계가 깊다. 따라서 운동을 통해 신체 기관을 발달시킴으로써 각종 질환을 예방할 수 있으며, 운동을 통한 체력 증진 효과는 일상생활을 더욱 활기차게 할 수 있게 해준다.

대부분의 사람들은 죽음보다 신체의 허약성과 의존성에 대해 더 두려워한다. 사람은 체력이 유지될 때 독립심 증진을 경험할 수 있으며, 높은 수준의 신체적, 사회적 활동을 지속함으로써 생활의 질을 향상시키고 사회적 만족감을 얻을 수 있다.

운동을 하면 근력과 유연성이 향상되며 몸의 균형을 잘 유지할 수 있어 노년기에 잘 넘어져 골절이 되는 것을 예방할 수 있다. 근육조직을 더욱 강화시킬수록 신진대사를 높여주므로 체중 조절이 용이하다.

운동을 통해 심폐기능이 강화되며, 말초조직의 혈액 순환을 개선시키고 동맥경화증, 고혈압 등의 순환기 계통 질병을 감소시킨다. 운동은 뼈의 노화를 지연시키며 골다공증을 예방한다. 또한 자세를 개선시켜 요통이 줄어든다.

운동을 통해 열량을 소모함으로써 식욕이 증진되고 더 많은 영양소를 섭취하게 해 준다. 이에 많은 에너지를 갖게 되어 일상생활을 더 활기차게 수행할 수 있다.

## 4. 운동의 일상화

운동을 일상화하려면 자신이 쉽게 실천할 수 있는 현실적인 계획이 필요하다. 자신의 생활 습관과 취향에 맞는 운동 종목을 선택하여 운동의 횟수를 서서히 늘려나가는 것이 좋다. 가정에서 하루 한 시간 TV를 시청한다면, 그 시간에 실내 운동기구를 이용한 운동을 하면서 TV를 보면 일석이조의 효과를 볼 수 있다. 또한 가족들과 함께 운동을 하면 가족간의 대화도 나눌 수 있는 기회도 함께 가질 수 있다.

짬짬이 나누어 하는 운동도 효과가 있다. 예를 들면 아침에 15분 실내 자전거 타기를 하고 저녁 시간에 30분 정도 걷기를 하면 45분 내내 운동하는 것과 비슷한 건강상의 효과가 있다.

보건소와 주민 자치센터에서는 관내 노인들을 대상으로 '어르신 운동교실'을 운영하고 있다. 운동교실 등록회원을 대상으로 건강검진, 체력검사를 실시한 후 운동을 통한 체계적인 건강관리를 한다. 또한 다양한 건강 강좌 후에는 발표회도 실시해 노인들의 운동에 대한 관심을 제고시킨다. 전통민속체조, 민요춤, 국선도, 양생체조, 맷돌체조 등 다양한 프로그램으로 운영되는 운동교실은 규칙적인 운동을 통해 만성질환을 개선하고 관리하여 건강한 노년기를 보내는 데 큰 도움이 된다.

노인이 운동할 때 주의해야 할 사항은 사고의 위험성을 최소화하여야 한다. 노년기의 신체는 약간의 충격에도 쉽게 부상을 입을 수 있기 때문에 강한 충격이 가해지는 운동은 삼가야 하며, 강하게 힘을 주어야 하는 운동은 혈압을 높이기 때문에 피해야 한다. 관절 부위 및 활동근육에 무리를 주지 않는 운동을 선택하여 30분~60분 정도 지속할 수 있는 강도로 운동할 수 있어야 하며, 피로하지 않는 범위 내에서 팔과 다리를 많이 사용해야 한다.

몸이 피곤하면 운동 중에 부상의 위험이 높기 때문에 휴식을 취해야 한다. 운동을 시작하기 전이나 운동 실시 후에는 반드시 준비 운동과 정리 운동을 하여야 한다. 따라서 운동 전후에 가벼운 걷기, 스트레칭 등으로 몸 풀기를 하도록 한다. 운동 후 몸이 풀려 있을 때는 근육을 펴는 체조 등으로 정리 운동을 하여야 한다. 가능하면 흙이나 잔디 위에서 운동을 하는 것이 좋다.

노인 개개인의 건강 상태, 기호나 가용 시간, 장비와 시설 등을 고려하여 운동을 하여야 한다. 나이가 들어감에 따라 갈증을 느끼지 못할 때가 많으므로 운동으로 땀을 흘린 경우에는 물을 충분히 마시도록 한다.

## 5. 운동과 영양

우리 몸의 근육이 운동을 하기 위해서는 자동차의 휘발유에 해당하는 에너지원이 있어야 한다. 근육이 움직일 때 사용하는 에너지원은 근육 내에 저장되어 있거나 필요할 때 합성되는 아데노신삼인산(ATP)이다.

운동을 시작하면 우리 몸에 저장된 ATP는 금방 고갈된다. 그 후에는 근육 내에 저장되어 있는 크레아틴인산과 포도당의 복합체인 글리코겐을 분해하여 ATP를 합성하여 에너지원으로 사용한다.

쌀, 밀, 감자 등에 많이 함유되어 있는 탄수화물은 우리 몸에서 소화가 된 후 혈중 포도당, 그리고 근육이나 간(肝)에 글리코겐 형태로 저장된다. 따라서 근육에 저장되어 있는 글리코겐의 양은 장시간 고강도의 운동을 할 때에 그 수행 능력을 좌우하게 된다. 글리코겐 함량이 클수록 운동 수행 능력이 좋아지며 탈진 상태에 이르는 시간이 지연되어 운동 수행 시간이 길어진다.

따라서 경기를 앞두고 근육 내의 글리코겐 저장량을 증가시키기 위해 총 열량의 60%를 탄수화물로 공급하는 고(高)탄수화물 식사를 하다가 경기 3일 전에는 훈련을 줄여 근육을 휴식시키고 탄수화물 섭취를 70%까지 늘리는 방법을 이용한다. 경기 당일의 식사는 적어도 3~4시간 전에 하는 것이 좋다.

등산, 사이클과 같이 장시간 운동을 하는 중에는 꿀(과당), 엿, 잼이 든 과자, 양갱, 미숫가루, 바나나 등을 조금씩 자주 먹는다. 그리고 땀을 많이 흘리기 때문에 15~30분 간격으로 이온(전해질)이 함유된 음료 등으로 수분을 충분히 보충한다.

Chapter 17

# 호스피스와 웰다잉

## 1. 삶과 죽음

어떤 생명(生命)이 삶과 죽음을 벗어 날 수 있을까? 그 어느 생명도 삶과 죽음을 벗어날 수 없다. 그래서 사람들은 삶과 죽음의 문제를 두고 고민을 거듭한다. 생사(生死)에 대한 견해가 잘못돼 있으면 삶도 죽음도 모두 그르칠 수 있기 때문에 생사에 대한 바른 견해를 가져야 한다.

생사는 본래 하나이고, 변화하는 것이고, 오고 가는 것이고, 돌고 도는 것으로 생각하고 진리를 깨달은 사람들은 생사를 일여(一如), 변화(變化), 거래(去來), 순환(循環)으로 표현했다. 생사의 속성을 이해하면 '잘 죽은 사람이라야 잘 나서 잘 살 수 있으며, 잘 나서 잘 사는 사람이라야 잘 죽을 수 있다'고 말할 수 있다.

《잡보장경(雜寶藏經)》에는 임종(臨終)에 이르러 후회하지 않으려면 "어떠한 부귀영화도 결국은 사라지게 마련이고, 아무리 건강한 몸이라도 질병에 시달리게 마련이며, 젊음도 끝내는 늙음으로 돌아가고, 어떠한 목숨도 죽음 앞에 무너지게 마련이니 항상 자비로운 마음으로 정법을 닦아야 할 것이다. 그러면 임종에 이르러 후회하지 않게 될 것이요, 임종에 이르러 후회하지 않으면 집착이 없어 좋은 곳에 날 것이다."라고 기술되어 있다.

미국 작가 펄 벅(Pearl Buck)은 그녀의 작품 《해일(海溢)》에서 "바다는 삶과 죽음의 이중주가 울려 퍼지는 인생 음악당이다. 이 폭풍이 지나가고 나면 인생이 얼마나 멋진지 알게 될 거야. 우리가 살아가는 모습이 아름다울 수 있는 것은 삶이 유한하기 때문이다"라고 말하였다.

이에 우리의 소중한 생명을 그냥 얻어진 것으로 생각하고 수단과 방법을 가리지 않고 나쁜 짓을 해서라도 한 세상 잘 살고 가면 된다는 생각을 가져서는 안 될 일이다. 우리는 개인 욕심을 채우고 명예를 구하는 일보다 나의 생사 문제를 해결하는 일로 '죽음'을 진지하게 생각해야 한다.

사람들은 건강, 장수, 웰빙(well-being)에만 관심을 갖지만 우리 삶을 보다 의미 있게 해주는 것은 죽음에 관한 성찰이다. 죽음은 그 자체로서 의미를 찾기보다는 그에 대한 성찰과 태도가 삶의 방식에 영향을 주는 까닭에 의미가 있다.

현대 사회에서 종교가 삶에 영향을 미치면서 얼마나 도덕적으로 사느냐에 따라 사후(死後) 세계가 결정된다는 '종교적 죽음관'이 영향력을 갖게 됐다. 종교적 죽음관(觀)은 사람들이 사후 세계를 걱정하며 더욱 도덕적인 삶을 살게 하는 계기가 됐으나 동시에 죽음을 걱정하고 두려워하게 만들었다.

공포의 대상인 죽음은 누구에게나 어디에서나 기피되어 왔다. 죽음을 싫어하고 죽음이란 말조차 입 밖에 내기를 꺼려하는 우리의 삶 속에도 죽음은 다가오고 있다. 죽음은 미리 체험해 볼 수도 없으며 먼저 간 사람들의 경험담도 들어 볼 수 없는 죽음에 대해 우리가 할 수 있는 일은 무엇일까.

죽음에 대한 연구와 관심이 최근 미국 사회에서 크게 일어나고 있다. 유럽 여러 나라에서는 초등학교 아동들에게까지 여러 형태의 죽음에 대한 준비 교육을 실시하고 있다. 죽음에 대한 준비 교육을 실시하므로 죽음 기피와 공포심을 불식하고, 안정되고 풍요로운 삶을 모색하는데 이바지할 수 있다.

죽음의 문턱을 넘었다가 깨어나는 임사(臨死) 체험을 한 사람들은 절명(絶命)한 순간에 긴 통로를 지나 환한 빛을 마주하고, 커다랗고 따스한 손에 감싸이는 것을 느낀다고 한다. 작가 권태기는 그의 소설 《파라다이스 가든》에서 이를 가리켜 죽음의 영역으로 넘어가기 직전에 탄생의 과정을 생생하게 기억하는 것이라고 본다. 즉, 죽음의 문턱에서 본 빛은 자궁(子宮)에서 산도를 거쳐 나올 때 마주쳤던 세상의 빛이고, 죽음의 순간에 드리우는 커다랗고 따스한 손은 탄생을 도왔던 조산원(助産員)의 손의 재생이라는 것이다. 따라서 인간은 죽음을 받아들이면서 탄생의 희열을 다시 느낀다는 것이다.

죽음에 대한 직면은 인생의 마지막 발달적 도전이다. 이 커다란 인생의 과업을 성취하기 위해서는 죽음을 이해하고 받아들이기를 배워야 한다. 노인들은 젊은 사람들보다 죽음의 임박을 잘 알고 있다. 또한 노인들이 죽음을 현저히 덜 두려워하며 공허해지는 인생에 대해 받아들일 수 있는 하나의 대안으로 지각하기조차 한다. 전문가들(Turner & Helms)은 죽어가는 환자들이 그들의 임박한 죽음을 감지할 때, 그들의 감정을 언어로 표현할 필요를 느낀다고 말한다. 이러한 언어화는 죽음에 대한 수용을 북돋운다.

또한 자신의 수의(壽衣), 묘지(墓地) 등을 생전에 준비하는 것도 불가피한 죽음을 정서적으로 수용하는 것뿐 아니라 사후의 일을 예측할 수 있게 함으로써 죽음에 대한 불안이나 두려움을 어느 정도 조절하고 대응하고자 하는 심리적인 효과가 있다.

## 2. 죽음을 맞이하는 과정

죽음은 한 생명체의 생물학적 종말이지만 단순히 죽은 개인에게만 영향을 주는 것이 아니라 배우자, 자녀, 친구 등 많은 사람들에게 영향을 주며, 만일 죽은 사람이 사회 지도자라면, 그의 죽음은 사회적 사건이 될 수 있다. 대부분 사람들은 성인 중기에 부모의 죽음을 맞게 되고, 성인 후기가 되면 배우자, 동년배의 죽음을 보게 된다. 이러한 사태는 성인을 슬픔이나 애도와 같은 정서적 과정의 경험과 더불어 죽음을 받아들여 이해하고자 하는 인지적 긴장에 빠져 들게 하는 심리적 스트레스의 원천이 된다.

의학자 Elizabeth Ross는 죽음을 맞이하는 수백 명을 관찰, 면담한 결과 사람이 죽음이 임박했음을 확실히 아는 시간과 죽음 사이에 부정-분노-협상-우울-수용 5단계가 있다고 말하였다. 로스의 이론은 죽어가는 사람의 심리적 측면에 관심을 일깨웠고, 죽어가는 환자나 가족, 친구와 상호 작용하는 사람들에게 도움이 되었다.

① 부정 : 환자는 명백한 증상을 무시하면서 흔히 "나는 아니야."라고 말한다.

② 분노 : "왜, 나지? 왜 지금이지?" 라고 말하며 의사, 가족 등에 대해 그 누군가가 책임이 있는 것처럼 적개심을 보인다.

③ 협상 : 환자가 그의 죽음의 불가피성에 대응하여 신(神) 또는 초자연적 존재에게 용서 또는 죽음의 연기를 위한 탄원을 한다. 환자는 착한 행동으로 생명을 연장하기를 바라면서 고분고분해지기도 한다.

④ 우울 : 죽음을 피할 수 없음을 인식한다. '예비적 슬픔'은 임박한

죽음을 수용하기 위해 필요하다.

⑤ 수용 : 수용은 행복한 단계는 아니지만 슬픈 것도 아니다. Stewart Alsop는 죽음은 감정들의 공백 상태이며, 죽어 가는 사람은 졸린 사람이 그러하듯이 잠을 필요로 한다고 말했다.

죽음을 맞이하는 과정은 몇 가지 요인에 의해 영향을 받는다. 질병의 특성, 성(性), 인종, 죽음의 상황에 따라 차이가 있다. 10대의 젊은이가 죽음을 맞이하는 것과 80대 노인이 죽음을 맞이하는 것은 다르며, 집에서 죽음을 맞이하는 것과 병원에서 죽음을 맞이하는 것 역시 다르다. 사람의 성격이 중요한 역할을 하므로 자신의 스타일로 죽음에 접근한다. 그러나 죽기 직전의 사람은 대부분 그가 영위해 온 인생의 결실인 자아 통합 또는 절망의 정도를 명백하게 보인다.

죽음을 우리 인간의 생활주기의 일부로 인식하고 두려움 없이 받아들이는 사람이 있는가 하면, 어떤 사람에게는 죽음이 단지 시간이 다 소모되어 버렸다는 일련의 오랜 좌절들 속에서 최종적인 좌절로 생각한다. 죽음 가운데에서 통합을 달성하는 사람은 남은 사람들에게 하나의 본보기를 제시하고 생에 대한 신뢰의 기초를 제공한다.

## 3. 호스피스

호스피스(hospice care)는 임종(臨終)을 맞이한 환자가 존엄성 있게 임종을 맞이하도록 도와주는 서비스이다. 또한 호스피스 서비스는 환자가 사망한 후에도 유가족(遺家族)에 대한 배려로 슬픔을 극복하도록 돕는 등 유가족에게 많은 도움을 준다. 호스피스는 죽음을 앞둔

말기 환자가 여생 동안 인간의 존엄성과 높은 삶의 질을 유지하다가 평안하고 복된 죽음을 맞이하도록 환자와 그 가족을 사랑으로 돌보는 행위이다.

호스피스는 중세(中世) 유럽에서 병든 여행자를 여관에서 돌보아 주었던 것에서 처음 시작되었다. 호스피스는 1960년대부터 구미(歐美) 지역에서 활발히 전개되었으며, 말기 환자나 임종자의 비(非)인간화, 비(非)인격화 현상에 대한 반응으로 시작된 인간성(人間性) 회복 운동이다.

1960년대부터 영국에서 실시하고 있는 호스피스는 통증 치료, 가족의 참여, 다중 서비스, 환자의 결정 등의 방법으로 편하고 존엄성 있게 임종을 맞이하도록 도와준다. 우리나라에서는 1982년에 호스피스 운동이 시작됐다.

통증 치료(pain control)는 임종을 맞는 사람들을 불치병 환자로 대하지 않으며, 고통을 없애고 거동을 할 수 있도록 적절한 약을 처방해 준다. 약물의존(중독)은 큰 문제가 되지 않으므로 환자가 원할 때는 진통제를 투약해 준다.

가족의 참여(family involvement)를 통하여 환자가 임종할 때까지 따뜻하고 가정적인 분위기를 만들어 준다. 가족들에게 환자를 집에서나 병원에서 돌볼 수 있도록 가르쳐주고 도와준다.

다중 서비스(multidisciplinary approach)란 특수교육을 받은 의사, 간호사, 사회복지사, 상담사, 자원봉사자 등으로 구성된 팀이 환자와 가족을 위해 제공하는 서비스를 말한다.

환자의 결정(patient decisions)이란 호스피스 서비스는 환자 자신이 결정을 내리도록 한다. 즉 식사, 산책, 잠, 혼자 있는 시간 등을 환자 스스로 결정하게 해준다. 입원 환자의 경우 잠시 외출하는 것도 인정해 준다.

호스피스 관리의 원칙은 다음과 같다.

① 호스피스 관리는 24시간 계속 이루어지며, 대상자가 시설이나 장소를 이동하더라도 지속적인 관리가 이루어진다.
② 호스피스는 모든 말기 환자와 그의 가족에게 서비스를 제공하며, 간호의 단위는 환자와 그 가족이다.
③ 임종 환자와 가족의 신체적, 심리적, 사회적, 영적, 경제적 요구를 충족시키기 위해 호스피스 전문 훈련을 받은 전문 인력과 자원봉사자가 함께 활동한다.
④ 호스피스 팀은 대상자 중심의 개별화된 임종 간호 계획에 따라 서비스를 제공한다.
⑤ 호스피스는 환자나 가족의 요구에 부응하는 최적의 간호를 제공하기 위해 적정 시설을 배정한다.
⑥ 호스피스는 서비스의 질과 효율성을 지속적으로 평가하고 개선하여야 하며, 책임을 질 수 있는 조직적 관리 체계를 갖춘다.
⑦ 호스피스 관리기구는 기관과 서비스의 기획, 조직, 인사, 평가를 포함한 호스피스 운영에 전반적인 책임을 지는 행정 담당자를 확보한다.

호스피스의 대상자는 치유할 수 없는 질환의 말기 상태에 있는 환자와 가족이다. 말기 환자의 심리 상태는 개인차가 있지만 대개 부정, 분노, 협상, 우울, 수용의 단계를 거친다. 또한 남은 여생 동안 마음 한구석에는 그래도 혹시나 낫게 되지 않을까 하는 희망을 간직하고 있다.

호스피스 환자의 정서적 특성을 고려하여 돌보는 것이 바람직하다. 즉, 짧은 시간이라도 함께 있어 주는 것 자체가 환자에게는 자신이 가치 있는 사람이라는 느낌을 갖게 해준다. 또한 환자의 말에 관심을 갖고 적극적으로 환자의 이야기를 들어준다. 환자의 언어뿐 아니라 감정에도 귀를 기울여 환자의 얼굴 표정, 태도, 목소리 등을 통하여 환자의 감정을 알아차리도록 한다.

임종이 가까워서 언어로 의사소통이 어려울 때는 눈이나 손으로 '예', '아니오'의 간단한 표현을 하도록 하고 환자의 손을 잡아준다. 환자의 질문에 답을 피하려는 태도나 평가적, 해석적 태도는 호스피스 환자와의 관계에 단절을 가져오게 한다. 따라서 환자의 마음이나 기분, 감정을 있는 그대로 이해하고 노력하는 자세가 필요하다.

인간에게는 육체와 영혼이 있다. 인간의 영적 측면은 눈에 보이지 않지만 인간을 인간답게 하는 요소이다. 말기 환자는 심한 육체적 손상과 함께 영적 고통과 영적 요구가 나타나게 된다. 영적 안녕이란 자신, 이웃, 하나님과의 관계에서의 조화된 삶으로서 영적 고통이나 갈등이 감소되고 영적 요구가 충족된 평안한 상태를 말한다. 이 상태에서는 어렵고 힘든 처지와 환경에도 불구하고 자신의 생애에 대해 긍정적인 태도를 보인다.

죽음에 직면하고 있는 환자의 가족들은 어떤 상황에서보다 심각한 영적 고통과 그에 따른 영적 요구를 갖는다. 따라서 호스피스 팀은 이를 이해하고 해결하려는 노력을 함으로써 죽음의 과정에서 하나님, 자신, 이웃, 환경과의 올바른 관계를 유지, 증진하고 영적 안녕 상태에서 희망을 가지고 평온한 죽음을 맞이하도록 도와주어야 한다.

## 4. 애도의 과정

가족 또는 친구의 죽음을 겪은 사람들의 감정을 포괄적으로 애도(哀悼)라 한다. 애도의 표현은 죽음 사람(死者, 亡者)을 죽은 사람으로 서서히 인정하는 과정이다. 사랑하는 사람이 죽은 후 애도하는 사람들은 간헐적으로 목이 뻣뻣한 느낌이 들고 숨이 막히며 힘이 없으며 정신적 고통으로 육체적 피로를 느낀다.

애도하는 사람들은 다른 사람으로부터 소외된 느낌을 갖고 멍해지거나 충격을 받은 것처럼 느낀다. 또한 하루에도 여러 번 죽은 사람에 대해 생각하며, 좀 더 잘해주지 못한 것에 대해 죄책감을 느낀다. 어떤 사람에게는 슬픔이 몇 주, 몇 달, 심지어 몇 년 후에 나타나는 경우도 있다.

애도의 과정은 애도하는 사람이 새로운 대인관계를 만들고 다른 사람을 편하게 대하며 긍정적인 자세로 사자(死者)의 삶에 대해 돌이켜 볼 수 있을 때까지 지속된다.

애도의 4단계는 죽은 사람을 마음속에 그리는 단계, 죽음에 대한 인식 단계, 감정 조절 단계, 행동 조절 단계 등으로 구성된다. 감정 조절 시기는 종종 길어지기도 하는데, 애도하는 사람은 결국 슬픔에서 벗어나 죽음을 인정하게 된다. 그리고 결국 현실 생활로 돌아와 일상을 회복하거나 필요하면 새로운 방식을 선택하여 슬픔으로부터 완전히 벗어난다. 그러나 각 단계는 사람마다 시간과 유형이 다르다.

레밍(Leming)과 딕슨(Dickson)의 조사에 따르면, 유가족이 가장 큰 슬픔을 느끼는 시기는 장례식을 치룬 다음 주(週)라고 한다. 애도하는 사람을 위로할 가장 좋은 방법이 정해져 있는 것은 아니지만 돕는 방법은 다양하다. 즉, 유가족에게 슬픔은 자연스러운 일이라는 것을 알게 해주며 고통이 심화될 경우 전문가의 도움을 구하도록 조언해 준다. 슬픈 감정을 표현하되 연민을 갖지는 말고 솔직하게 말해야 하며, 죽은 사람에 대해 말해도 좋다. 이것은 죽은 사람을 생각해 준다는 의미로 받아들여질 것이다. 또한 지속적으로 관계를 유지하여 그들에 대한 애정을 표현하며 필요할 경우 가사(家事)를 돕는다.

## 5. 장묘문화

우리 조상들은 죽음에 대해 긍정적으로 생각했으며 두려워하지 않았다. 생명은 모름지기 죽게 돼 있고 죽음은 피할 수 없다는 '자연주의적 죽음관'을 가지고 있었다.

상여(喪輿)문화는 우리의 독특한 풍속이다. 상여는 죽은 사람이 마지막으로 타고 가는 '가마'이다. 즉, 죽은 자가 현세에서 누리는 마지막 호사였고, 평민에게는 평소 고관대작(高官大爵)이나 탈 수 있는 가마를 죽을 때 타 보게 해주려는 의도도 담겨있다.

최근 우리나라의 장례(葬禮)문화가 많이 변하고 있다. 상여를 장식한 조각들은 죽은 사람을 위한 조각이지만 하나같이 밝고 경쾌하다. 화려한 모란·연꽃, 학, 닭, 기러기, 줄타기와 물구나무서기를 하는 익살스런 사당패, 가슴을 다 내놓은 기생, 봉황을 타고 날아가는 어린아이 등이 조각되어 있다. 남은 사람들이 망자(亡者)에 대해 비는 소망을 담은 것으로 상여 조각엔 그 사회의 시대상이 들어가 있으며 주로 조선 후기에 왕성하게 만들었다.

서울시 시설관리공단 장묘문화센터가 2005년 7월부터 1년 동안 상담 실적을 분석한 결과에 따르면 산골 상담이 40%(4038건)로 가장 많았다. 이어 납골(34%), 매장・개장(7%), 상장례(5%), 화장(5%) 등으로 나타났다.

수목장(樹木葬) 등 산골(散骨)에 대한 문의가 많은 것은 고액의 설치 비용, 관리의 어려움 등 가족 납골묘에 대한 부정적인 인식이 커지고 윤달을 맞아 선산 분묘를 개장하려는 경우가 늘었기 때문이라고 분석했다. 산골에 대한 반응은 대체로 긍정적이었으나 현행 대행 산골(여러 사람의 유골을 모아뒀다 한꺼번에 매장하는 방식)에는 부정적이었고 전통적인 개별 산골을 희망하는 경우가 많았다.

수목장이란 주검을 화장한 뒤 뼛가루를 나무뿌리에 묻는 자연장(自然葬)으로, 묘지 부족 문제를 해결하기 위해 등장했다. 우리나라에서는 지난 2004년 김장수 고려대학교 명예교수의 장례식이 처음으로 수목장으로 치러지면서 관심을 모았다.